일러두기

1. 외국 인명의 한글 표기는 국립국어원의 외래어 표기법을 따랐으나, 일부 인명의 경우 지은이가 인용한 자료에 쓰여 있는 대로 표기했다. 이때 괄호 안에 현재 통용되는 표기를 적어주었다. ex) 쉬띄꼬프(스티코프), 사사끼(사사키)
2. 본문의 각주는 각주가 달린 부분에 대한 설명주이며, 후주에는 지은이가 참고한 자료들을 밝혀두었다.
3. 지은이가 인용한 신문기사의 경우, 맞춤법 또는 표현을 현대어로 고치지 않고 기사 발행 당시의 표현을 살렸다.

대한민국 탄생 피땀눈물의 역사

이 책은 촉박한 국가 수립 일정, 부족한 예산 및 자원 속에서 초라하게
탄생했지만 현재 세계 10위권의 경제 강대국이자 세계 7위의 군사 강대
국으로 성장한 대한민국의 근대국가 건설 과정에 관한 이야기이다. 즉
이 책은 대한민국의 초라한 탄생의 실상을 보여준다. 하지만 여기에서
다루는 이야기는 우리에게 자부심을 주기에 충분하다. 대한민국은 2차
대전 이후 미국이 건설을 지원한 자유민주주의 국가들 가운데 상대적으
로 부족한 원조와 지원을 받았지만, 가장 성공적인 신화를 연출한 국가
가 되었기 때문이다. 그동안 대한민국 건설 과정에서 발생한 학살이나
잘못을 기술한 연구들은 많았지만, 실제 건설 과정을 외부의 시선과 국
가 건설 이론에 비추어 살펴본 연구는 거의 없었다. 그 소수의 연구 역시
여러 명의 연구자들이 공동으로 저술한 탓에 동일한 목소리를 유지하지

못했다. 무엇보다도 그 연구들 가운데 상당수가 정부 지원금을 받아 출판되면서 정치적 의도와 순수성을 의심받아 큰 호응을 얻지 못했다. 따라서 이 책은 어떠한 제도권이나 기관의 간섭 또는 영향력에서 벗어나 선조들이 건설한 대한민국의 피땀눈물의 역사를 객관적·실증적으로 재구성한 최초의 책으로 자리매김할 것이다.

왜 대한민국은 여전히 정치적 혼란 속에 있는가?

우리는 왜 짧은 시간 동안 이루어낸 놀라운 성과에도 불구하고 조국을 자랑스러워하지 못하는가? 왜 청산되지 못한 친일 잔재들을 부끄러워하며 급기야 일본과 외교적으로 극한의 갈등을 빚는 것일까? 왜 우리 정치권은 지금도 극한의 대치 정국을 연출하면서 갈등을 반복하고 있는 것일까? 왜 우리는 높은 경제력과 교육 수준을 갖추고도 '되는 것도 없지만 안 되는 것도 없는 나라, 헬조선'을 탄식하고 있는 것일까? 나는 이 책에서 그 이유를 몇 가지로 제시할 것인데, 가장 큰 이유는 '취약국가'라는 출발에서 찾을 수 있다.

먼저 우리나라는 근대국가 건설에 필요한 거의 모든 자원이 부족했고, 정부 수립 이후로도 가장 부족한 자원의 결핍을 감추기 위해 다른 자원들로 땜질식으로 돌려막기했던 아픔의 역사가 반복되었다. 이러한 임시 처방의 역사는 민주화와 서울올림픽 개최 이후의 OECD 가입 신청 결정을 계기로 끝나는 듯했다. 하지만 군사작전용 임시 교량이나 가건물을 건설하듯 지어졌던 성수대교와 삼풍백화점이 붕괴되면서 겉으로만 멀쩡했던 취약국가의 민낯이 여지없이 노출되었다. 곧이어 발생한 IMF 사태는 우리가 성취했다고 생각한 모든 것을 원점으로 돌려놓았다. 한국 사회는 생존을 위해 각자도생해야 하는 적자생존의 정글로 변했다. 그리

취약국가 대한민국의 탄생

취약국가 대한민국의 탄생

국가 건설의 시대
1945~1950

이택선 지음

미지북스 靑林

| 차례 |

고 사회 전반에 만연한 그 끝을 알 수 없는 탐욕 추구로 인해 지금의 한국 사회를 붕괴 직전의 구한말로 비유하는 담론이 일부 사회 구성원에게 묘한 설득력을 얻으며 전파되고 있는 지경에 이르렀다.

다음으로는 한국의 지배층이 형성된 역사적 기원의 특수성을 들 수 있다. 부르주아Bourgeois가 스스로 얻은 경제력을 바탕으로 귀족과 왕을 제압하고 정치적 정당성을 획득해 근대국가를 건설했던 서양과 달리, 우리의 경우 국가가 인위적으로 부르주아를 육성했다. 그 결과, 정치적 정당성을 바탕으로 사회적 인정을 받으면서 시민사회를 이끌어나갈 수 있는 지배 계층이 존재하지 않는다. 민주화 이후 정치권과 국민들은 '한풀이의 정치'를 되풀이했고, 급기야 대통령이 탄핵되는 초유의 사태까지 발생했다.

이처럼 정치적인 혼란이 모습을 조금씩 달리해 반복되면서 서구의 근대국가에서 발견하기 어려운 이러한 현상들을 전근대국가인 조선에서 발생했던 '환국換局'이라는 용어로 설명하는 움직임 역시 빈번해지고 있다. 이러한 상황에서 우리는 외형적인 성장만을 가지고 과연 대한민국이 근대국가로 완성되었다고 자신 있게 말할 수 있을까? 아니다. 대한민국의 근대국가 건설은 여전히 진행 중이라고 보아야 할 것이다.

나는 이 책에서 모든 자원이 부족한 가운데 국가 건설 과정에서 가장 중시되었던 민족주의라는 이념 자원마저도 제대로 반영되지 못해 대한민국의 국가 건설이 주인공 없는 국가 건설로 전락하게 되는 과정과 이유를 가능한 한 객관적으로 조망해, 우리가 과거를 딛고 더 나은 미래로 나아가는 동력으로 삼고자 한다. 특히 1장 서두에서 다루는 '파시즘 국가론'은 우리 현대사 해석에서 민족주의를 필수 요소로 삼는 이론으로, 그 의미를 톺아볼 필요가 있다. 파시즘 국가론 역시 그 적실성과 유용성을 의심받았지만, 국가 건설 과정에서 충분히 흡수하지 못한 통일된 민족국가에 대한 염원과 아쉬움을 간직하고 있는 상당수 국민들의 묵인으로 인해 지금까지도 명맥을 유지하고 있다.

이를테면 파시즘 국가론은 그 지지자들이 비판하고 있는 이승만이나 우익 청년단체 같은 당사자들과 적대적인 공존을 하고 있는 셈이다. 이승만과 함께 국가 건설에 참여한 많은 인물들은 주어진 여건과 현실적 제약 속에서 최선을 다했지만, 결국 통일된 민족국가를 바라는 민족주의의 바람을 충분히 흡수하고 반영하지 못한 국가 건설을 진행한 원죄 때문에 주인공이되 주인공으로 평가받을 수 없었다. 이에 그치지 않고 급기야는 원래 악당이라는 의미에서 출발해 지금은 법적으로 처벌받지 않지만 도덕적으로 지탄받을 만한 일을 한 사람들을 지칭하는 빌런과 유사하게 인식되는 경우 역시 커지고 있다.

물론 이는 파시즘 국가론이 '만들어낸 현실'의 한 측면일 수도 있다. 하지만 이러한 현실을 외면하고 일부에서 자행하는, 이승만과 우파 인물들을 성경에조차 존재하지 않는 도덕적 흠결이 없는 완벽한 영웅들로 묘사하려는 신파조 위인전기의 답습 때문에 대한민국의 국가 건설에서 주인공을 발견할 수 없는 현실이 더욱 심화되었다. 예컨대 20~50대의 상당수에게 이승만과 우파 인물들은 영화《다크 나이트》에 등장하는 주인공이나 영웅같이 악한 면모를 뚜렷하게 가지고 있으나 선을 행하는 다크 히어로로서의 위상을 갖지 못한다. 전통적인 영웅에서 벗어난 주인공이거나 영웅이지만 악당 같은, 혹은 악당이지만 영웅적인 행동을 하는 인물을 뜻하는 안티히어로조차 되지 못하고 '악의 축'으로 간주되는 경우도 적지 않다.

특히 자칭 보수의 관점에서 역사를 재구성하고 싶어하는 사람들은 이러한 흐름이 왜 전개되고 있는지 그리고 어떻게 대처해야 할지에 대한 고민 없이, 고장 난 낡은 축음기처럼 똑같은 소리만 반복하는 경우가 많다. 결과적으로 자신들의 영웅들을 '벌거벗은 임금님'으로 만들어버리는 상황의 아이러니는 한국에서 특히 폭발적인 인기를 끌고 있는 마블코믹스의 성공이 시대상을 반영한 리부트에 있었다는 점에서 뼈아픈 성찰을 요구한다. 시대를 초월해 큰 사랑을 받는 고전이나 007시리즈, 비교적 팬층이 노년층에 한정되었던 트로트 장르 역시 끊임없는 리메이크를 통해 그 생명력을 유지해왔기 때문이다. 하지만 나는 이러한 점을 인식하고 있는 연구나 도서들을 본 기억이 별로 없다.

과연 이것은 단순한 우연의 일치인가? 아니면 의욕만 따를 뿐 능력과 안목이 따르지 못한 '반지성주의'가 부른 참사인가? 사실은 고정 마니아층을 확보하고 있는 이승만과 우파 인물들을 그때그때 이용할 뿐 처음부터 재구성 따위에는 전혀 관심이 없었던 것은 아니었을까? 변화의 흐름에 대한 수용 없이 '응답하라 1948'을 반복하는 태도를 비판하는 목소리 역시 점점 커지고 있다는 점에서 가슴에 손을 얹고 반문의 시간을 가져볼 필요가 있다.

나는 이 책에서 최대한 담담하고 건조하게 대한민국의 근대국가 탄생 과정을 그리려고 했다. 특정 집단의 이익이나 입장을 강조하지 않고 객관적인 입장을 견지함으로써, 충분히 흡수되지 못한 민족주의로 인해 여전히 갈등하고 있는 한국 사회의 반목을 조금이나마 해소할 수 있는 시각을 제공하는 것이 나의 오랜 바람이자 염원이다.

하지만 그것이 이 책을 통해 현재의 우리에게 비판 이론과 반성의 시간만을 제공하겠다는 의미는 아니다. 이 책은 지금의 대한민국이 탄생하는 과정에서 우리가 흘린 피땀과 눈물의 역사는 물론 다양한 성공적인 노력의 사례들을 보여줌으로써, 현재 근대국가 건설 과정에 있는 다른 국가들에 모범적인 사례를 제시할 수 있을 것이다. 대한민국 헌정사를 연구하는 법학자들에 따르면 미군정기의 국가 건설과 관련해 축적된 판례들은 지금도 중앙아시아와 아프리카 등지에서 진행되고 있는 근대국가 건설에 유용하게 활용되고 있다. 실제로 국가 경영에 참여했던 워싱턴 D.C.의 몇몇 국제정치학자들 역시 한국의 근대국가 건설 사례와 그 비결을 미군 기지가 다시 배치된 필리핀에 적용하기 위해 연구하고 있다. 이러한 측면에서 취약국가가 형성되는 과정에서 축적된 우리의 경험과 노하우는 유사한 취약국가를 건설하고 있는 다른 후발 산업화 국가들에게 반면교사와 롤 모델로 작용할 수 있을 것이다.

취약국가론에 대해*

대한민국은 '취약국가Vulnerable State'로 태어났다. 대한민국의 건설 과정에서 가장 핵심적인 문제는 국가 건설에 필요한 자원들이 턱없이 부족했다는 것이었다. 먼저 가장 중요한 국제정치 자원의 경우, 북한에 진주한 소련군은 공산국가 건설을 위한 청사진을 가지고 있었고 토지개혁과 국가 건설, 군비 확장을 신속하게 추진하고 있었다. 따라서 대한민국 역시 공산주의에 맞서 자유민주주의적 국가의 건설을 서둘러야 했지만 준비 시간이 매우 부족했기 때문에 대한민국의 건설은 '날림공사'를 벗어날 수 없었다. 부족한 물적 자원은 미국의 원조에 철저히 의존할 수밖에

---

* 이 부분의 요지는 상당 부분 나의 이전 글에서 가지고 왔다. 이택선, "한국인들과 그들의 민족국가 대한민국을 거울 앞에 세우다", 『현대사광장』 제10호, 2017. 이외에 취약국가론을 소개한 다음의 연구들도 참조하라. 이택선, "5·10 총선 논의 재검토", 『한국정치외교사논총』 제40권 제2호, 2019. 최정운, 『한국인의 발견: 한국 현대사를 움직인 힘의 정체를 찾아서』, 미지북스, 2016.

없었지만 한국에 대한 미국의 지원은 매우 불충분했다. 미국의 대외 전략에서 한반도가 차지하는 중요도가 유럽에 비해 한참 떨어졌기 때문이다. 한국을 포함한 동남아시아 지역에 대한 미국의 대외 경제원조 비율은 유럽과 일본의 1/10에도 미치지 못했는데, 이는 미국이 유럽에서의 공산주의 봉쇄에 치중했음을 보여준다.

더 큰 문제는 인적 자원의 부족이었다. 이로 인해 '친일파'들을 대거 받아들일 수밖에 없었다. 대한민국은 자원이 부족했기 때문에 미국과 일제 잔재에 의존할 수밖에 없었고, 이는 정치적 정통성을 크게 훼손시켰다. 따라서 항상 정치적 위기가 존재했다.

1948년 5월 10일의 선거로 정부가 수립되었지만 대한민국은 아직 국가의 하부구조가 제대로 갖추어지지 않은 '반쪽 국가'였으며, 끊임없이 정당성 부재의 위기에 직면했다. 예컨대 '민족국가', '민주공화국'을 수립했지만 언제 망할지 모른다는 위기의식에 시달리면서 좌파와 북한의 공작에 맞서 하루하루 살아남기 위해 민족주의 '오버액션'을 남발했다. 그리고 그 과정에서 성급하고 충동적으로 폭력을 사용해 적지 않은 수의 국민을 적으로 돌렸는데, '제주 4·3 사건'이나 '여수·순천 사건'과 '반민특위 해체' 등이 대표적인 사례들이다.

이와 함께 김구와 김규식이 남북연석회의 참여를 위해 제헌의회 선거에 불참한 것 등에서 볼 수 있듯, 국가가 통일된 민족국가를 열망하던 민족주의를 충분하게 흡수하지 못해 국가 밖에 '민족'이 존재하는 상황이 발생했는데, 이런 현상은 지금까지도 이어지고 있다. 한국전쟁이 발발하면서 중도파의 국가 건설 참여로 획득한 정치적 정통성은 물론 허약한 신생국가를 살리기 위한 국민들의 헌신과 균형재정 달성 등 대부분의 노력이 물거품이 되었기 때문이다. 이후 모든 것이 원점으로 돌아간 상태에서 우리는 돌려막기식 임시 처방으로 부족한 자원들을 때워왔고, 지금까지도 취약국가의 현실에서 완전히 벗어나지 못하고 있다.

책의 구성

1장에서는 한국 국가론 연구에서 여전히 큰 비중을 차지하고 있는 파시즘 국가론이 대두한 배경과 그 적실성에 대해 살펴보고 한국의 현실에 맞는 취약국가론에 대해 고찰하였다.

2장에서는 소련과의 협상을 통한 조속한 철수에 집중했던 미군정에 핵심 국가기구를 구성하는 데 필요한 자원이 부족해 대한민국이 처음부터 취약국가의 한계 속에서 출발할 수밖에 없었음을 살펴보았다. 그리고 자원들의 상호작용과 그 결과를 핵심 국가기구인 경찰과 군대, 재정·조세 기구의 형성 과정을 통해 기술했다.

3장은 1946년 3월부터 시작된 미군 철수와 부패 발생으로 인한 혼란을 틈타 공산 세력들이 국가를 전복하려고 하자 이에 대항해 등장한 우익 청년단체들이 1948년 5월 제헌의회 선거를 진행시키기 위해 국가 건설 과정에 참여하고 부일 관료들이 국가기구에 계속 존속하는 과정을 다루었다.

4장과 5장에서는 자원 부족이 계속되는 가운데 갑작스럽게 국가 건설이 결정되자 분단국가가 형성될 것을 염려한 김구와 김규식을 중심으로 한 중도파가 국가 건설에 참여하지 않는 상황을 기술했다. 이에 민족주의적 정통성이 큰 제헌헌법 제정과 초대 내각 구성 등을 통해 이념 자원을 극대화해 국가를 형성하려던 대한민국이 생존에 위협을 느끼는 상황이 발생했다. 구성원들은 약한 국가를 살리기 위해 국가보안법 제정과 반민족행위특별조사위원회(반민특위) 해산 등 법과 윤리적 차원을 초월한 필사적인 노력을 기울였다. 이 과정에서 국가안보와 국가 건설의 문제를 해결하기 위해 과도기적 이념 자원인 일민주의一民主義가 등장해 비공식 국가조직을 통해 국가의 부족한 인적·물적·경제 자원을 동원하려는 노력들이 행해졌다. 하지만 국가의 취약성을 깊이 인식하고 있던 관리들과 청년단원들이 이를 감추기 위해 국민들에게 전제 권력을 과도하게 행사함으로써 이념 자원이 감소되었다. 그럼에도 불구하고 제1공화국은 정치적 정당성을 갖추기 위해 토지개혁과 의무교육 등의 사회 개혁을 추진했다. 이를 통해 국가에 대한 국민들의 지지와 귀속감이 증대하면서 국가의 자율성이 확대되었다. 이를 지켜보고 있던 중도파들이 제2대 국회의원 선거를 통해 국가 건설에 참여해 정치적인 정당성이 증가한 가운데 균형재정이 달성되면서 점차 근대국가로서 갖추어야 할 최소한의 요건들이 충족되어갔다.

마지막 장인 6장에서는 랜드 연구소 '표준 국가 모델'과의 비교, 검토를 통해 군대와 경찰의 수가 결코 많지 않았음을 보여주고, 과대 성장 국가 모델의 재고를 촉구했다. 또한 한국이 초기에는 약한 국가와 약한 사회였으며, 간신히 국가 붕괴를 면하고 근대국가로 나아가고 있었다는 것을 마이클 만Michael Mann의 국가 건설 모델에 적용해 기술했다. 취약국가가 형성되는 과정에서 이념 자원을 전면에 내세우면서 나타난 특징과 부작용, 그리고 미국에 의존한 국가 건설의 특징들 역시 살펴보았다.

취약국가로 출발하면서 비롯된 국제정치와 민족주의의 한계들은 지금까지도 우리의 정치·사회·경제에 영향을 미치고 있고, 주인공 없는 국가 건설을 진행했던 대한민국의 여정은 여전히 끝나지 않고 있다.

1장

취약국가론의
배경

현대사를 보는 두 관점
취약국가론의 핵심

식민지 조선에서는 서구와 달리 시민사회가 형성되기도 전에 근대적인 관료 체계와 경찰력을 가진 과대 성장된 국가기관들이 형성되어 사회를 지배했다. 남한에서 좌파 세력을 저지하고 친미 정권을 육성하고자 했던 미군정은 이 기구들을 부활시켰다. 최종적으로 미군정의 후원을 받아 과대 성장된 국가기구를 장악한 이승만과 한국민주당 등의 우파 세력이 국가를 지배하게 되었다.

경찰, 군대 등의 국가기구들은 일제강점기와 달리 창설부터 미국으로부터 제대로 된 지원을 받지 못했다. 이들 기구들은 식민지 사회의 수탈과 치안 유지라는 제한된 목적에 집중할 수 있었던 식민지 시대와 달리 광범위한 국가 건설의 과제 역시 수행해야 했다. 이렇게 부일 관료들을 모두 기용하고도 수요를 충족시키기에는 턱없이 부족한 상태였다. 이러한 이유들로 인해 이들 국가기구들은 식민지 시대 국가기구의 제도 운영이나 조직의 외양만을 모방할 수 있었을 뿐 효율적인 운영과 임무 수행이 불가능했다. 따라서 단순히 일제강점기의 국가기구와 비슷한 외양과 인력을 갖추고 있었다는 이유만으로 여전히 동일한 실체의 엘리트들에 의해 과대 성장되어 지배 세력으로 군림했다고 간주할 수는 없다.

현대사를 보는 두 관점

내가 이 책에서 다루려는 것은 1945~1950년의 국가기구 형성을 중심으로 살펴본 대한민국의 근대국가 수립 과정이다. 이 과정은 현재 우리나라 거의 모든 분야의 원형이 되는 중요한 주제로 수없이 다루어져왔다. 이를 설명하기 위해 지금까지 대한민국이라는 국가의 성격을 둘러싸고 전통주의와 수정주의 간의 논쟁이 계속되어왔다. 전통주의는 냉전이라는 국제정치 환경 속에서 국내외로부터의 안보 위협에 시달리면서도 해방 이후 최초의 근대국가를 수립한 대한민국의 정통성과 민족국가의 성격을 인정한다. 수정주의는 국가를 부르주아계급Bourgeoisie의 이익을 위해 봉사하는 집행위원회로 규정하는 마르크시스트Marxist 국가론의 입장에서[1] 대한민국의 계급적·억압적인 성격을 강조한다. 이완범은 민족주의적인 시각, 특히 우익과 보수, 반공적인 관점에서 집필된 연구들이 전통주의라면 좌익과 혁신적인 입장에서 역사를 정리, 편집한 경향의 연

구들은 수정주의라고 지적한다.[2]

전상인은 한국의 전통주의가 1980년대 이전의 국정교과서나 정부 홍보물에서 발견된다고 지적하며, 분단과 한국전쟁에 대한 모든 책임을 공산주의자들에게 돌림으로써 건국의 정당성과 미국의 역할에 대해 비판의 여지가 존재하지 않았던 1980년대 이전의 분위기를 국내 학계의 엄청난 직무 유기로 비판한다.[3] 또 전통주의 연구가 냉전 이데올로기의 보호막 뒤에 숨어 반공, 안보, 이데올로기 중심의 시각으로 천편일률적인 기술에 치중하면서 지닐 수밖에 없었던 근본적인 한계가 수정주의 성장의 토대로 작용했다고 지적한다.[4]

이론적 정체 상태에 빠져 사실과 사건 중심의 역사적 서술에 치중했던 한국의 전통주의는 1977년부터 미국 국립문서보관소^{National Archives}의 문서들이 공개되면서 미국의 책임이 부각되자 위기를 맞이했고 수정주의의 도전에 직면했다. 즉 새롭게 공개된 문서들을 중심으로 이루어진 수정주의 연구들에 신속하게 대응하지 못함으로써 자료에 입각한 객관적 연구를 수행하지 못했다는 비판에 직면했다.

커밍스와 결합한 민족경제론

수정주의修正主義, Revisionism는 마르크시즘^{Marxism} 혹은 네오마르크시즘^{Neo-Marxism}에 의거해 역사적인 사실을 비판적으로 재해석하려는 신좌파^{New Left}적인 움직임을 말한다.[5] 한국의 수정주의 저술들 역시 국가의 억압적인 성격과 계급성을 부각시켜 한국의 국가가 일본과 미국 그리고 지배계급의 이익에 철저히 예속되어 있었으며, 이들에 대한 봉사를 위해 존재했다고 주장한다.

이병천은 한국 사회구성체론 논쟁이 시작되기 이전부터 박현채, 변형윤 등의 민족경제론이 고도의 경제성장과 발전을 이룩한 박정희 정부의 성격을 식민지 종속형 자본주의로 규정하고 비판하고 있었다고 지적한다. 이들의 논의는 『해방전후사의 인식 3』의 대표 저자 박현채의 한국 사회구성체론 논쟁 참여를 기점으로 큰 파급력을 낳았다.[6] 이들은 한국이 일본 군국주의 지배기부터 일본에게 정치적·경제적으로 종속되어오다 미군정 시기부터는 새로운 중심부 국가인 미국에 예속되어 미국과 이승만, 한국민주당(한민당) 등의 친미 지배 세력의 이익을 옹호했다고 주장했다. 또한 제1공화국 정부의 성격을 파시즘으로 규정하고, 군부와 관료가 이를 계승해 탄생시킨 박정희와 전두환으로 이어지는 파시즘 정권의 계보*를 만들어냈다. 브루스 커밍스Bruce Cumings의 후속 연구** 역시 일제강점기와의 역사적인 연속성을 중심으로 파시즘 이념과의 관련성에만 주목했을 뿐 직접적으로 이승만 정권을 파시즘 정권으로 규정하지는 않았지만, 결국에는 파시즘 통치를 일제강점기로까지 연장하고 한국 근현대사 전반에 적용된 파시즘 국가론을 수용했다.[7]

---

* 김규항, 『나는 왜 불온한가: B급 좌파 김규항, 진보의 거처를 묻다』(서울: 돌베개, 2005). 그에 반해 진보 성향의 고명섭은 이승만, 박정희, 전두환 정권을 파시즘 체제로 보기는 어렵다고 지적한다. 고명섭, 『지식의 발견: 한국 지식인들의 문제적 담론 읽기』(서울: 그린비, 2005).
** 커밍스는 1)독일 군사 연수 경험이 있었던 이범석과 나치즘, 2)지청천과 장제스의 비밀 첩보조직 남의사와의 관계, 3)초대 문교부 장관인 독일 유학파 안호상의 소년단체 결성 주장과 나치 유겐트와의 상관성, 4)이승만과 스페인의 프랑코, 포르투갈의 살라자르, 중국의 장제스 같은 권위주의 정권 지도자들과의 비교 등만을 단순 기술하고 있을 뿐 한국 역사 전체를 파시즘과 연관시켜 해석하지는 않았다. Bruce Cumins, *The Origins of Korean War volume II: The Roaring of the Cataract, 1946-1950* (Princeton, N.J.: Princeton University Press, 1990).

파시즘 국가론

브루스 커밍스와 사회구성체 논쟁을 통해 등장한 수정주의 연구는 파시즘 국가론을 통해 전통주의를 압박했다. 수정주의 담론은 한국전쟁의 원인에 대한 전통주의의 해석에 의문을 제기하면서 비롯되었기 때문에 초기 수정주의 저작들은 한국의 국가 형성 과정을 직접적으로 다루지 않았다. 커밍스의 연구 역시 한국전쟁의 원인을 규명하는 데에서 출발했기 때문에 한국의 국가가 지니는 계급성과 억압적인 성격만을 강조했을 뿐 국가 형성 과정에 대해 자세히 다루고 있지 않았다. 따라서 커밍스의 설명은 국가의 본질과 역할, 그리고 계급성 등을 규명하기 위해 전개되고 있던 한국 사회구성체 논쟁*과 연결됨으로써[8] 국가론의 형태를 갖출 수 있었다.

세계체제론, 농민 혁명론, 사림 지배론으로 한국 역사를 설명하다

이매뉴얼 월러스틴Immanuel Wallerstein은 마르크스가 주장한 국가의 계급성을 국제 관계에 적용해 국가들 간의 위계질서 관계Hierarchy를 경제 기준으로 중심부와 주변부, 반주변부로 설정한 세계체제론World System Theory[9]을 주장했는데, 커밍스는 이를 한국과 미국, 일본의 관계를 설명하는 데 사용했다.[10] 또한 20세기 혁명 과정에서 나타난 농민의 정치적인 잠재력을 지적한 배링턴 무어Barrington Moore의 연구[11]를 한국에 적용시

---

* 이는 1985년 하반기에 '산업사회연구회'가 서울대의 안병직 교수를 초청해 벌인 사회구성체 논쟁을 시작으로 박현채와 이대근이 계간 『창작과 비평』을 통해 공개적인 사회구성체 논쟁을 벌임으로써 공론화되었다. 자세한 논의는 정성기, "80년대 한국사회구성체논쟁, 또 하나의 성찰적 재론", 『역사비평』 통권 71호(여름)(서울: 한국역사연구회, 2005), pp. 34-66을 참조하라.

켜 해방 당시 남한에 사회혁명의 기반과 여건이 충분히 성숙되어 있었다고 전제했다.[12] 그리고 고도로 중앙집권화된 한국의 국가가 사회와의 관계에 있어서도 막강한 힘을 지니고 있었다는 그레고리 헨더슨Gregory Henderson의 주장을 부정하기 위해, 커밍스는 조선 말기의 국가가 지방에서 특권을 유지한 사림士林들에 의해 지배되었다는 제임스 팔레James Palais의 설명[13]을 도입해 한국의 국가가 전통적으로 지방의 특권계급들에 의해 지배되는 계급 국가적인 성격을 지니고 있었다고 주장했다.[14]

과대 성장 국가론

무엇보다도 커밍스는 함자 알라비Hamza Alavi의 "과대 성장 국가"론을 한국 역사에 도입해 설명했다.[15] 마르크스는 보나파르트Charles Louis Napoléon Bonaparte(나폴레옹 3세) 체제처럼 혼란한 상태에서는 예외적인 형태의 국가가 출현할 수 있다고 지적한 바 있는데,[16] 알라비는 마르크스의 이런 주장을 발전시킨 니코스 풀란차스Nicos Poulantzas의 설명[17]을 파키스탄과 방글라데시에 적용했다.

풀란차스에 따르면 후기 식민지 사회는 중심부 자본주의 체제에 종속되어 있으면서도 산업화를 추구했기 때문에 계급 구조가 변하고 파시즘이 등장했다. 즉 매판 부르주아와 민족 부르주아로 분열했던 자본가계급이 산업노동자 계층의 도전에 대응하기 위해 연합하면서 파시즘과 군부 통치 체제라는 두 가지 형태의 예외 국가가 출현했다고 주장했다. 이러한 국가는 부르주아계급과 군부, 관료와 같은 지배층의 연합에 의해 유지되므로 계급성을 지닌다.

함자 알라비는 파키스탄과 방글라데시의 국가 형성에 관한 연구에서 이들 국가의 토착 부르주아와 군부, 관료 세력, 그리고 중심 자본주의 국가의 메트로폴리탄 부르주아$^{Metropolitan\ Bourgeois}$가 연대하여 국가를 지배했다고 지적한다. 또 이 국가들의 국가기구가 사회의 다른 영역에 비해 과대 성장되어 있는데, 그것은 이 기구들이 독립 후 토착 계급들을 예속화하는 것을 목적으로 삼았던 식민지 시대의 강력한 군사기구와 행정기구 등의 국가기구를 계승했기 때문이라고 주장한다.[18]

수정주의 연구들은 이러한 설명들을 한국의 국가 형성 과정을 설명하는 데 도입했다. 먼저 식민지 조선에서는 서구와 달리 시민사회가 형성되기도 전에 근대적인 관료 체계와 경찰력을 가진 과대 성장된 국가기관들이 형성되어 사회를 지배했다.[19] 이 국가기관들은 1945년 해방 직후 새롭게 조직된 인민위원회가 한국의 군郡 중 약 절반을 지배하며 정부 역할을 담당함으로써 해체되어갔다.[20] 그러나 남한에서 좌파 세력을 저지하고 친미 정권을 육성하는 것을 기본 정책으로 정했던 미군정은 반공 이념에 기초한 통치를 펼치기 위해* 식민 시대에 과대 성장된 억압적인 국가기구들을 부활시켰다. 따라서 군사·행정 분야의 국가기구는 미군정에 의해 다시 강화되어 한국이 과대 성장 국가로 자리 잡고 지배 계급이 민중 부문을 억압해 자본을 축적하는 것을 도왔다.[21] 그리고 최종적으로 미군정의 후원을 받아 과대 성장된 억압적인 국가기구를 장악한[22] 이승만과 한국민주당 등의 우파 세력이 국가를 지배하게 되었다.[23]

---

* 이는 알라비의 주장을 수용한 존 사울$^{John\ Saul}$이 추가한 '이데올로기의 기능'을 냉전의 전개에 따른 반공 이념으로 대체한 것이다. John S. Saul, "The State in Post-Colonial Societies: Tanzania," *The State and Revolution in Eastern Africa* (New York: Monthly Review Press, 1979). 최장집·이성형, "한국 사회와 정치 이데올로기", 한국산업사회연구회 편, 『한국 사회의 지배이데올로기』(서울: 녹두, 1991).

커밍스와 파시즘 국가론에 대한 비판

하지만 1990년대 중반부터 소련과 중국 등지에서 본격적으로 기밀문서가 공개되면서 수정주의의 이러한 주장에 대해 비판이 쏟아지기 시작했다. 여러 연구들이 해방 당시 사회혁명의 기반과 여건이 성숙되어 있었던 남한에서 혁명이 좌절된 것은 미국의 개입 때문이라는 커밍스의 주장을 반박했다. 정해구는 1946년의 10월 인민 항쟁이 커밍스의 가정처럼 자연발생적인 것이 아니었다고 비판하며, 지방 토착 세력의 자발적인 역량과 연계된 농민들의 행동을 강조한 커밍스의 주장을 반박했다.[24] 신기욱 역시 해방 후 남한의 인민위원회들이 추진한 각종 민중운동이 1920~1930년대의 개량주의적 소작쟁의의 전통을 이은 것이지 커밍스가 주장하듯 혁명적 성격을 지닌 1930년대 적색농민조합의 전통을 이은 것이 아니라고 지적했다.[25] 전상인은 1946년도 미군정 여론조사 자료를 분석해 해방 후 토지개혁에 대한 한국 농민의 욕구가 다른 계층의 사회변혁 욕구에 비해 상대적으로 보수적이었으므로 농민들이 급진적인 사회혁명에 자발적으로 동조했다고 볼 수 없다고 주장했다.[26]

따라서 유팔무[27]와 과대 성장 국가론을 한국에 소개했던 최장집[28]을 중심으로 지금까지의 정부들이 지니고 있었던 국가의 성격을 파시즘 국가가 아닌 '관료적 권위주의' 또는 '군사적 권위주의' 국가로 규정해 파시즘 국가론의 대안을 모색하는 연구들이 출현했다.

네오마르크시스트와 네오베버리안 국가론

이러한 움직임이 생겨난 것은 1990년대에 들어서면서 동유럽과 소련의 사회주의국가들이 붕괴되고 있었던 데다, 파시즘 국가론에 의존하고 있었던 유럽과 라틴아메리카의 정치경제학자들 역시 이를 제대로 설명하지 못했기 때문이다. 이렇게 수정주의를 중심으로 이루어졌던 국가론 논의들이 1990년대 중반부터 정체 상태에 머무르자[29] 네오베버리안과 네오마르크시스트 이론을 절충, 통합한 국가론을 제시하려는 시도가 이루어졌다.* 당시 국내 학계에는 국가 자율성의 개념을 수용한 절충 통합주의 국가론인 관료적 권위주의론Bureaucratic Authoritarianism**과 국가조합주의론Corporatism***이 유입되고 있었다. 1980년대 초중반부터 해외의 네오베버리안과 네오마르크시스트 이론들은 국가의 상대적 자율성이라는 측면에서 의견이 일치하는 등 절충적인 측면을 보여주고 있었다.[30]

---

* 대표적인 연구들로는 김일영, "부산정치파동의 정치사적 의미", 『한국과 국제정치』 17(1993. 6)(서울: 경남대학교 극동문제연구소, 1993), pp. 31-66. 진덕규, 『한국현대정치사 서설』(서울: 지식산업사, 2000). 진덕규, 『한국정치의 역사적 기원』(서울: 지식산업사, 2000). 김석준, 『미군정 시대의 국가와 행정』(서울: 이화여자대학교출판부, 1996)이 있다. 김일영은 마르크스가 예외적 국가로 지적한 보나파르티즘Bonapartism을 제1공화국 중반기 이후의 이승만 통치를 설명하는 데 적용해 국가의 상대적 자율성을 강조했다. 진덕규는 마이클 만의 IEMP 모형과 세계체제론을 통합했고, 김석준 역시 전통주의의 설명이었던 병영국가론에 세계체제론을 접목해 미군정 시기와 제1공화국 초기를 설명했다.
** 기예르모 오도넬Guillermo A. O'Donell은 마르크시즘과 네오마르크시즘에 기초한 세계체제론과 지배계급 사이의 연대를 인정하지만, 국가가 직접 생산수단을 소유하거나 자본과 금융에 대해 강력한 통제권을 행사해 발전을 주도할 수 있다는 것을 지적함으로써 국가의 자율성에 주목한 '관료적 권위주의론'을 제창했다. Guillermo A. O'Donnell, *Modernization and Bureaucratic-Authoritarianism: Studies in South American Politics* (Berkeley: Institute of International Studies, University of California, 1973). 국내의 경우 한상진, 강민, 김영명 등이 이를 수용한 연구를 진행했다. 자세한 논의들은 다음의 연구들을 참조하라. 한상진, "관료적 권위주의하에서의 민주주의의 전망", 한국사회학회 편, 『한국 사회 어디로 가고 있나』(서울: 현대사회연구소, 1983). 강민, "관료적 권위주의의 한국적 생성", 『한국정치학회보』 제17집(서울: 한국정치학회, 1983). 김영명, 『제3세계의 군부통치와 정치경제』(서울: 한울, 1983).
*** 이에 따르면 후발 산업화에 나선 제3세계 개발도상국가들은 국가가 사회 세력을 통제하기 위해 권위주의적 통치 형태를 가지고 있다. 그러나 독자적인 이익과 독립적 실체를 가지고 있는 국가는 정책 결정 과정에서 강력한 주도권을 행사하며, 다양한 사회집단들을 강제적·위계적으로 조직화하고 포섭해 합의 형성을 이끌어낸다. 대표적인 국내 연구로는 최장집의 연구를 참조하라. 최장집, "노동조합에 대한 조합주의적 통제", 변형윤 외, 『분단시대와 한국사회』(서울: 까치, 1985).

물론 네오마르크시스트 국가론은 국가의 개입이 전체 국민의 이익을 위한 것이 아니라 자본가계급을 보호하려는 데 있다는 것을 밝히는 데 초점을 두고 있었다. 하지만 마르크시스트 이론만으로는 제3세계 신생 국가들에서 발견되는 강력한 국가의 모습을 설명할 수 없자 풀란차스가 국가의 자율성을 인정한 것을 시작으로 노라 해밀턴[Nora Hamilton]과 토머스 베이멋[Thomas Bamat],**** 아누팜 센[Anupam Sen]***** 등이 적극적으로 국가의 상대적 자율성을 인정했다.

파시즘 국가론과 네오베버리안 국가론의 부상

그러나 1990년대 후반~2000년대 중후반에 수정주의 담론들을 논박한 연구들은 많은 경우 커밍스의 연구에서 발견되는 사실들의 오류를 부분적으로 지적했을 뿐 전반적으로 국가론에 대한 검토로는 이어지지 않았다.[31] 한국전쟁의 원인을 규명하기 위해 시작된 커밍스의 연구는 국가의 계급성과 억압적인 성격을 강조했을 뿐 실질적인 국가 건설의 과정을

**** 베이멋은 라틴아메리카의 경우 구미 국가들과 달리 사회가 훨씬 복잡해 지배계급이 존재하지 않기 때문에 국가의 자율성이 증대되어 국가가 지배계급의 대변자가 아니라 국가 스스로가 헤게모니적인 세력으로 기능한다고 주장한다. Thomas Bamat, "Relative State Autonomy and Capitalism: Brazil and Peru," *Insurgent Sociologist*, Vol. 7, 1977, pp. 74-84.

***** 센은 알라비와 마찬가지로 풀란차스가 국가가 계급의 이익을 초월해 높은 자율성을 누리는 예외적 국가형태로 인정하던 보나파르티즘적인 유형을 인도의 사례에 적용해 설명한다. 이에 따르면, '아시아적 생산양식'으로 설명될 수 있는 전통적 사회 기반이 부르주아계급이 헤게모니를 획득하는 데 장애 요인으로 작용해 부르주아계급의 독자적 발전이 늦어지기 때문에 국가가 사회계급을 초월해 독립된 실체로 존재한다. Anupam Sen, *The State, Industrialization and Class Formations in India: A Neo-Marxist Perspective on Colonialism, Underdevelopment and Development* (London: Routledge and Kegan Paul, 1982).

다루지 않았다. 따라서 커밍스의 연구를 중심으로 이루어진 논쟁 역시 한국전쟁의 원인과 책임을 규명해 커밍스의 주장들을 반박하기 위한 목적으로 수행되었고, 수정주의 국가론에 대한 근본적인 대안은 거의 제시하지 못했다.

2000년대를 전후해 세계화가 진행되면서 국가 분석의 의미가 퇴색해 버리고 국가론 연구의 침체로 이어졌다. 한국연구재단 출범 이후 본격적으로 산업화된 한국 학계 역시 방대해진 연구 주제와 당면 과제들을 소화하는 데 급급해졌다. 따라서 이론적 검토와 역사적 사실 검토가 모두 요구되어 많은 시간과 노력이 필요한 국가론 연구는 뒷전으로 밀려나 큰 주목을 받지 못했다.*

그러므로 1990년대부터 그 내부에서조차 적실성을 의심받고 대안이 모색되었던 수정주의 국가론들 역시 명맥을 유지하며 계속 재생산되었다. 특히 일부 연구자들은 일제강점기부터 현재까지의 기간이 질적 변화를 경험하지 않은 비역사적이고 정태적인 파시즘의 시기라는 무리한 결론에 도달할 수 있는 위험성을 감수하면서까지 파시즘 국가론 논의

---

* 물론 그사이에도 다음의 중요한 연구들이 국가론 분야에서 진행되었다. 서주석은 한국의 국가가 형성되는 과정을 경찰, 군대, 그리고 재정·조세 기구와 같은 핵심 국가기구들을 중심으로 살펴보는 한편, 향후 연구에서 민족주의 등의 이념과 우익 청년단체들과 같은 연구 주제가 지니는 중요성과 필요성을 지적했다. 서주석, 『한국의 국가체제 형성 과정』(서울: 학술정보, 2008). 또한 박찬표는 초기 수정주의 입장을 그대로 수용해, 소련과의 대결을 의식한 미국이 해방 직후 건국준비위원회가 제시한 대안 국가 건설의 가능성을 없애버리고 한국의 우익 세력과 결탁해 일제강점기의 국가기구들을 복원하고 억압적인 권력을 행사해 4단계에 걸친 반공 국가 건설을 진행했다고 기술했다. 그러나 동시에 파시즘 국가론을 부정하고 한국의 국가를 권위주의 국가로 규정한 후기 수정주의의 입장 역시 받아들여, 초기 수정주의 연구들이 강조했던 국가의 억압적인 성격과 계급 지배적인 측면을 상대적으로 완화해 바라보았다. 즉 제헌헌법 제정 과정과 친일파 처벌 특별법 제정, 초기 국회 구성 등의 과정을 고찰해 중도파의 역할과 비중을 부각시킴으로써 국가안보와 경제발전의 과제에 집중했던 권위주의 국가가 민주화의 단계로 이행될 수밖에 없었던 과정을 서술하고자 했다. 박찬표, 『한국의 국가 형성과 민주주의』(서울: 후마니타스, 2007).

를 확대해왔다. 이런 흐름을 대표적으로 보여주는 것이 찰스 암스트롱 Charles Armstrong32과 신기욱33의 연구로, 일제강점기에 비롯된 파시즘이 이승만과 김일성 통치기에 남북한의 국가 건설에 동원되어 주도적인 역할을 담당했다고 주장했다. 또 국내 학계에서도 역사학과 문학 계열을 중심으로 파시즘 국가론을 수용한 연구들이 계속 진행되었다.34

한편 2000년대 해외의 국가론 연구들은 분쟁으로 인해 국제사회가 깊숙이 개입했던 아프리카와 중동, 중앙아시아 지역 신생국가들의 국가 건설 과정에 주목했다.35 그리고 그 과정에서 드러난 국가의 능력을 기준으로 국가를 분류했다. 예를 들어 전제적 권력은 강하지만 하부구조적 권력이 약한 나라는 약한 국가Weak State, 국가의 의지와 능력이 부족해 국가 건설에 실패한 나라는 파탄국가Failed State나 붕괴된 국가Collapsed State로 명명했다.36 최근에는 파탄국가나 붕괴된 국가의 실패와 위기의 원인, 그리고 분류 기준을 좀 더 세밀하게 기술한 해외 연구가 등장하고 있으며,37 국내 연구들 역시 한국의 국력 신장과 함께 주요 연구 주제로 등장한 공적개발원조Official Development Assistance(ODA)나 국세 협력을 다룰 때 이들의 개념을 적용하고 있다.38 이러한 최근 해외 연구들의 흐름을 보면 베버와 네오베버리안들이 중시했던 관료제와 하부구조적 권력, 그리고 폭력의 독점을 통한 국내외의 치안과 국방의 수립 같은 기준들이 구체적인 국가 건설 과정에서 중요하다는 사실을 알 수 있다.

이렇듯 네오베버리안의 입장은 아프리카 등지에서 실제 국가 건설 과정을 관찰한 최근의 해외 연구들을 중심으로 활발히 제기되고 있다.** 특히 랜드 연구소에서 수행한 연구는 2차대전 이후 미국과 유엔, 그리고 유럽이 주도한 22건의 국가 건설 활동을 심층 분석해 미래의 성공적인 국가 건설에 중요한 역할을 하고 있다.39 이 책에서는 랜드 연구소가 제시하는 표준 국가 모델과 한국의 사례를 부분적으로 비교, 검토해 한국의 초기 국가 건설에 대한 보다 객관적인 인식을 제공하려고 한다.

수정주의와 과대 성장 국가론에 대한 비판적 검토

그렇다면 자신의 진영에서조차 적실성을 의심받고 대안을 요구받았던 수정주의와 과대 성장 국가론에 대해서는 어떻게 볼 수 있을까? 커밍스의 수정주의에 이론적 출발점을 제공한 페리 앤더슨Perry Anderson40과 배링턴 무어의 저작들은, 제3세계 신생국들의 국가 형성 과정에서 보다 중요한 것은 커밍스가 강조하는 계급 갈등에 의한 혁명 발생 등의 내부 요소가 아니라 국제정치 관계라고 강조한다.

　루이 알튀세르Louis Althusser는 프로이센의 발전 과정이 경제적인 필연성뿐만 아니라 국제정치 관계와 연계된 것임을 지적한 프리드리히 엥겔스Friedrich Engels의 주장41을 중심 명제로 인용해 논문42을 발표했는데, 페리 앤더슨은 이 논문을 언급하며 신생국가의 형성 과정에서 국제정치적 요소가 차지하는 중요성을 지적한다.43 해방 당시 한반도에 혁명의 분위기가 이미 형성되어 있었다고 주장한 커밍스 명제의 출발점이 되는 배링턴 무어의 저작 역시 작은 규모의 국가들이 규모가 크고 강한 국가에 경제적·정치적으로 의존하고 있다는 사실이야말로 이들 소규모 국

** 물론 2000년대 이전의 국내 연구들 가운데에도 네오베버리안의 입장을 수용한 연구들이 있었다. 대표적으로 산업화 과정에서 국가기구를 통해 나타난 국가의 자율성을 중심으로 국가가 강력해지는 과정을 보여준 장달중과 해방 이후부터의 한국 국가의 능력과 자율성의 변화 과정을 구체적 수치로 제시한 박기덕의 연구를 들 수 있다. 장달중, "국가와 자본주의 발달", 김성국 외, 『한국자본주의의 정치·경제학적 연구』(분당: 정신문화연구원, 1988). 박기덕, "한국 국가의 성격과 능력: 통계지표에 의거한 민주화 전후의 비교연구", 박기덕 편, 『한국 민주주의 10년: 변화와 지속』(분당: 세종연구소, 1998).

가들의 정치적인 결정 요소가 내부가 아닌 외부에 놓여 있음을 의미한다고 주장한다.[44]

한편 한국 사회에 자본주의의 물적 토대를 구축할 수 있는 경제구조는 착취와 수탈이라는 일제의 목적을 달성하기 위해 일제강점기 동안 의도적으로 왜곡되었다. 그 결과 헤게모니를 갖춘 지배계급이 형성되지 못해 어떠한 토착 집단도 식민지 국가를 통제할 만한 영향력을 행사할 수 없었다. 예컨대 자본주의사회는 자본주의 특유의 생산관계와 경영 방식이라는 경제 메커니즘, 그리고 헤게모니를 지닌 부르주아를 주축으로 한 시민사회의 존재와 함께 이들의 동의를 통한 정당성의 확보라는 사회·정치 메커니즘을 가지고 있어야 한다.[45] 그러나 한국의 경우 경제 메커니즘은 발달되지 않은 상태로나마 존재했다고 쳐도 그람시적인 의미에서 헤게모니를 쥐고 사회·정치 메커니즘을 담당할 수 있는 부르주아지[46]와 시민사회는 부재했다. 따라서 과연 마르크시스트 정치경제학의 설명이 자본주의사회로서의 완결성을 지니고 있지 못했던 한국에 적합한지에 대한 의문이 제기된다.

이러한 상황은 해방 이후의 혼란 속에서 심화되었다. 가난한 사람들은 커밍스가 인용하고 있는[47] 새뮤얼 헌팅턴Samuel Huntington의 지적처럼 정치에 참여할 수 없을 정도로 매우 가난했다.[48] 또 네오마르크시스트인 랠프 밀리밴드Ralph Miliband가 "생산수단을 소유하고 통제하며 자신들에게 부여된 경제적 권력을 바탕 삼아 국가를 사회 지배의 도구로 사용할 수 있는 계급"이라고 정의한, 지배계급으로서의 헤게모니를 지닌 부르주아지[49] 역시 여전히 존재하지 않아 국가가 지배계급의 이익을 위해 봉사할 수 있도록 조직화되어 있지 못했다.

자본주의 체제가 발달하지 못하고 시민사회 역시 형성되지 못했던 한국에서는 시민사회의 동의를 바탕으로 정치적 정당성을 획득해 이데올로기적인 지배를 꾀할 수 없어 경찰, 군대, 관료 등의 국가기구를 통한 전제적 지배를 추구할 수밖에 없었다. 그러나 이 기구들 역시 일제강점기와는 달리 창설 과정부터 미국으로부터 제대로 된 지원을 받지 못해 충분한 권력 자원을 지닐 수 없었다.

국가기구들은 식민지 사회의 수탈과 치안 유지라는 제한된 목적에 집중할 수 있었던 일제강점기와 달리 광범위한 국가 건설의 과제 역시 수행해야 했다. 따라서 더 많은 인력이 필요했지만 부일 관료들을 상당수 기용했는데도 수요를 충족시키기에는 턱없이 부족했다. 그나마 경험 있는 부일 관료들은 해방 직후의 반일 분위기로 인해 참여를 꺼렸으므로 경찰 최고 책임자가 일제강점기에 자신을 고문했던 부일 경찰을 승진, 발탁하는 경우마저 발생했다.* 따라서 해방 직후의 국가기구들은 식민지 시대 국가기구의 제도 운영이나 조직의 외양만을 모방할 수 있었을 뿐 효율적인 운영과 임무 수행이 불가능했다.

해방 이후 한국의 국가기구는 모든 자원이 미비한 상태에서 건설되었다. 따라서 단순히 일제강점기의 국가기구와 비슷한 외양과 인적 자원을 갖추고 있었다는 이유로 이 기구들이 여전히 동일한 실체의 군사, 관료 엘리트들에 의해 과대 성장되어 지배 세력으로 군림했다고 간주할 수는 없다.[50]

---

* 장택상은 1938년 청구회 사건으로 투옥되었을 당시 자신을 고문했던 이구범과 가창현을 직접 서장으로 승진시키기도 했다. 『경향신문』, 1977년 4월 15일, 「비화 한 세대(110) 군정경찰 [41] 고문 경찰의 발탁」.

파시즘 국가론에 대한 비판적 검토

마찬가지로 파시즘 국가론에도 다음과 같은 반박이 가능하다. 첫째, 파시즘의 역사를 제1공화국으로까지 끌어올린 매판 군사 파시즘이 물적 토대가 없는 파시즘이라는 비판을 받게 되었다는 데 주목해야 한다. 즉 한 국가의 정치체제를 파시즘으로 정의하기 위해서는 물적 토대와 계급적 기반을 갖춘 독점자본주의가 전제되어야 한다. 파시즘 국가론의 비판자들은 이러한 전제 조건들이 선행되지 못할 경우 신식민지 파시즘론이 파시즘 체제로 규정한 한국의 제5공화국과 같은 공개적인 테러 독재 체제[51]마저도 파시즘이라고 부를 수 없다고 지적했다. 만일 이 지적을 인정한다면 파시즘이 곧 공개적 테러 독재라는 등식이 성립하므로 테러 독재가 있는 곳은 모두 파시즘으로 규정할 수 있어 이전 시기까지도 파시즘 체제로 규정해야 하는 문제가 발생한다는 것이다.

물론 매판 군사 파시즘은 한국 파시즘을 내부의 물적 기반에 기초한 파시즘이 아니라 제국주의에 의해 창조된 파시즘으로 규정하고, 제1공화국 시기부터 파시즘이 시작되었다고 설명한다. 그러나 한국의 경우 신식민지 파시즘의 설명 대상이었던 라틴아메리카와 달리 일본의 착취로 인해 황폐해져 전략적으로 중요한 광물자원들을 보유하고 있지도 못했고 미국에서 식량을 수입하고 있던 상태에서 출발했기 때문에[52] 전략적·경제적인 차원에서 모두 미국에게 중요한 국가[53]가 아니었다. 즉 일본과 달리 미국은 굳이 경제적인 이유 때문에 한국에 파시즘 체제를 구축할 필요성이 크지 않았다.

둘째, 일제강점기를 파시즘으로 간주할 경우에도 일본 제국주의를 포함한 제국주의 모두를 새롭게 파시즘으로 규정해야 한다. 실제로 신식민지 파시즘론의 설명을 수용한 수정주의 국가론들은 일제강점기까지를 파시즘 지배기로 포함시켰다.

그러나 매판 군사 파시즘론자들은 일본 제국주의 지배기를 파시즘 체제로 규정하지 않았다. 파시즘의 범위와 정의를 꼼꼼하게 검토해온 해외 연구들[54] 역시 일본 제국주의와 파시즘을 철저히 구별하고 있다. 그리고 조효제는 대중 독재 체제나 군부독재가 파시즘이 아니기 때문에 대중 독재의 요소를 갖춘 스탈린이나 박정희 등의 권위주의 체제를 역사적인 의미의 파시즘 체제로 규정하기 어렵다고 지적한다. 또 일종의 유행어로 남발되는 파시즘 논의가 파시즘을 예방하기보다는 오히려 파시즘의 독성에 무감각해지게 만들어 정작 진짜 파시즘이 출현할 때 이를 알아보지 못하게 할 수도 있다고 주장한다.[55]

취약국가론의 핵심

그렇다면 기존의 국가론들을 대신해 내가 제시하려는 취약국가론은 어떠한 것인가? 취약국가는 근대국가를 건설할 수 있는 사회·경제의 조건이 매우 미비하고 지배계급이 존재하지 않는 원시적인 상황에서 나타나기 때문에 수정주의 국가론에서 중시하는 특정한 계급 구조나 경제 조건과는 큰 관련이 없는 국가의 유형이다. 국가 건설 과정을 자원들 간의 상호작용의 결과로 파악하는 취약국가론은 국가를 주권의 독립하에서 일정한 영토와 주민을 통제하는 행정과 법률의 강제 조직체로 보는 막스 베버^{Marx Weber56}의 관점을 이어받은 네오베버리안의 국가 형성 이론을 출발점으로 삼고 있다.[57] 네오베버리안들은 국가기구 형성의 기반이 되는 관료제도와 조세제도 등을 중시하는 베버의 국가론에 기초해 근대국가의 개념과 능력을 정의하고, 시민사회의 동의하에 국가기구를 통해서 발휘되는 국가의 자율성에 관한 논의들을 발전시켰다.*

그러나 이 책에서는 기존의 많은 연구들이 했던, 즉 최근에 새롭게 등장한 서양 이론을 중심으로 한국의 국가 형성 과정을 시론적으로 검토하는 방식은 지양할 것이다. 그동안의 국가론 연구들이 새롭게 등장한 서양 이론들의 설명과 한국의 현실을 비교, 재검토하는 데에만 집중하느라 정작 한국의 현실을 적실하게 설명하는 데 실패했기 때문이다. 이에 나는 베버리안들의 국가 형성 이론을 단지 출발의 기반으로만 삼으려고

---

* 이들이 서로 다른 용어와 설명 방식으로 제시하고 있는 근대국가의 형성 과정을 요약해보면, 제3세계에서의 근대국가 형성 과정을 이해하기 위해서는 국가의 제도와 통합된 정체성을 이루어내는 1)이념의 형성 과정, 2)국제정치적인 요소의 개입, 3)국내정치를 조정하는 조정자적 집정관moderator praetorian이라는 세 가지 요소들 간의 상호작용을 동시에 살펴보아야 한다. 한편 근대국가의 제도와 통합된 정체성은 다시 인적·물적 자원과 경제·이념 자원으로 분류해볼 수 있다. 여기서 인적 자원은 합법적인 폭력을 독점하고 세금 징수 등의 행정을 펼쳐 합리적인 지배를 실현시키는 억압적이고 하부구조적인 권력기구들의 근간이 되는 관료 등을 말한다. 다음으로 물적 자원과 경제 자원은 관료제를 통해 국가가 발휘하는 군사 통제력과 안정적인 행정·전제적 권력, 그리고 징세를 통해 확보되는 세입稅入 등의 재정財政을 말한다. 국가는 물적 자원과 경제 자원을 확보해 이를 인적 자원인 관료들에게 지불해 충성을 획득함으로써 합리적 지배를 지속시킨다. 또 이념 자원은 근대국가의 합리적 지배를 가능케 하는 구성원들 간의 통합된 정체성으로, 정치적인 정당성의 근원이 되기도 한다. 근대국가는 구성원인 부르주아와 시민사회와의 협상을 통해 자원 동원에 대한 대가를 지불하고 이들의 동의를 이끌어냄으로써 정치적인 정당성을 확보해 물적·경제적 자원의 동원을 지속시킨다. 아울러 이들 자원과 함께 국제정치적인 요소라는 국제 관계의 자원이 상호작용해 근대국가가 형성된다. 물론 서구 근대국가의 경우에도 전쟁 등의 국제정치적 요소가 개입되어 국가가 대외적인 전쟁 수행을 위해 부르주아, 시민사회와 협상했다. 이 과정에서 부르주아와 시민사회의 역할과 권리가 신장됨으로써 근대국가의 형성이 촉진되었다. 하지만 각종 인적·물적 자원과 경제·이념 자원이 서구 근대국가에 비해 부족한 제3세계 신생국가들의 경우에는 부르주아나 시민사회의 역할이 축소될 수밖에 없기 때문에 서구보다 상대적으로 국제정치의 요소가 크게 작용한다. 마지막으로, 제3세계 신생국가의 경우 국내정치에서 중재자적인 집정관이 등장한다. 집정관 체제는 중재자Moderator → 후견인Guardian → 통치자Ruler의 세 단계로 전개되는 권위주의 통치로 발전하고, 정치적인 정당성과 헤게모니를 지니는 부르주아계급이 형성되어 정치·사회 메커니즘이 정착되기 전까지 지속된다. Eric Nordinger, *Soldiers in Politics: Military Coups and Governments* (Englewood Cliffs, N. J.: Prentice-Hall, 1977), pp. 21-27. Theda Skocpol, "Bringing the State Back in: Strategies of Analysis in Current Research," in Peter Evans and Theda Skocpol, 1985. p. 5, p. 16. Bertrand Badie and Pierre Birnbaum, *The Sociology of the State* (Chicago: University of Chicago Press, 1983), pp. 11-21. Charles Tilly, *Coercion, Capital, and European States, AD 990-1992* (Cambridge, Mass., USA: B. Blackwell, 1992), pp. 12-225.

한다. 즉 최근의 네오베버리안 연구를 주된 이론적 틀로 삼아 한국의 현실을 억지로 꿰맞추는 오류를 범하기보다는 이론이 주는 함의만을 취해 한국의 현실을 설명할 것이다.

36년간 일본 제국주의의 지배를 경험한 후 미군정기와 제1공화국 시기를 맞은 한국에는 국가 건설에 필요한 모든 자원이 턱없이 부족했다. 먼저 미국이 1947년 7월까지만 해도 소련과의 협상을 통한 미군 철수에 집중하느라 적극적으로 국가 건설에 임하지 않아 한국은 미군정 시기부터 모든 자원이 부족하고 원시적 취약성을 지니는 취약국가로 출발했다. 이에 비해 북한에서는 해방 직후부터 소련의 지원하에 신속하게 국가 건설이 진행되고 있었다. 결국 미군정은 방침을 바꾸고 부일 경찰과 관료들을 투입하는 한편 1947년부터 한국에 대한 경제원조를 증가시켜 남북한 간의 불균형을 개선하려고 했으나 공산당은 이러한 미군정의 노력들이 반민족주의적 성격을 지니고 있다고 비판하면서 폭력 투쟁을 전개했다.

미군정기에 시작된 취약국가의 현실은 대한민국 수립 이후에도 계속되었다. 즉 여전히 물적·경제적 자원이 부족한 가운데 갑작스럽게 국가 건설이 결정되고 1년도 안 되는 기간 동안 대한민국의 건설이 진행되자, 분단국가로의 고착화를 우려한 중도파 세력들이 국가 건설을 반대하면서 그나마 가지고 있었던 민족주의라는 이념 자원을 초대 정부 탄생 단계에서부터 충분히 흡수하지 못한 것이다. 여기에 친일파 청산을 시도했던 반민특위의 좌절, 그리고 국가의 허약성을 인지하고 있었던 공무원들과 우익 청년단원들이 휘두른 폭력 때문에 국민들의 원성이 커지면서 국가와 국민 사이의 분열은 더욱 심화되었다.

따라서 대한민국은 국가 건설 초기 단계에 다음과 같은 노력을 기울임으로써 취약국가의 한계를 극복하려고 노력했다. 먼저 국민들로부터 인정받은 이승만이라는 지도자를 대통령으로 선출해 미국이라는 선진국의 후원을 획득했으며, 사법 체계와 헌법, 국회, 선거와 민주주의 등 근대국가의 핵심 요건을 제도적으로 갖추었다. 아울러 국민들을 대내외적으로 보호하기 위해 폭력을 독점하는 치안과 국방 조직, 그리고 국가를 운영할 수 있는 관료 조직을 만들어나갔다. 또 대한민국이라는 국호와 제헌헌법 등 임시정부(임정)의 상징과 제도를 계승함으로써 임시정부의 상징적 정통성을 얻기 위해 노력했다. 이와 함께 토지개혁과 초등학교 의무교육을 실시해 평등을 추구하는 민족사회와 근대국가의 조건을 갖추어나갔다.

이를 통해 붕괴를 면한 대한민국은 중도파들의 참여를 이끌어내고 균형재정을 달성해 점차 근대국가로서의 성격을 획득해갔다. 그러나 한국전쟁으로 인해 모든 것이 물거품이 되었다. 이후 각 시기마다 새로운 자원들의 조건이 훼손되는 결과가 초래되었다. 전 단계에서 가장 시급한 자원을 개선하면 다음 단계에서는 다른 자원의 조건이 손상되어 악순환이 반복되는 상황이 연쇄적으로 발생해 취약국가의 상태가 지속된 것이다. 특히 국가안보의 과제를 중시하는 과정에서 훼손되었던 민족주의의 문제가 반복해 나타나, 지금까지도 해결되지 않고 있다.

취약국가 탄생의
서막

미국의 세계 전략 순위에서 15등을 차지한 한국은 일본과 중국에도 뒤처졌다. 미군정 역시 소련과의 협상을 통해 가능한 한 신속하게 철수하는 데 집중하다 제2차 미소공동위원회가 결렬된 1947년 7월부터 1948년 8월까지 약 1년간 집 중적으로 한국의 자유민주주의 국가 건설을 지원했다. 이는 취약국가 탄생의 국 제정치적 배경이 되었다.

그레고리 헨더슨의 지적처럼 한국전쟁 때까지 미국의 원조는 이렇다 할 만한 것이 없을 정도로 불충분했으며 간헐적으로 행해졌다. 랜드 연구소가 제시하고 있는 국가 건설 비용과 미군정의 사례를 종합해 비교해보면 60년의 편차와 4배 더 많은 인구, 환율의 차이 등을 무시하더라도 미군정의 경우 한국에 약 1/26에 불과한 비용만을 투입했다. 충분한 비용이 투입되지 않았다는 것은 비공식적인 추가 비용이 외부에서 유입되어야 했으며, 비합법적인 조세수입이 발생할 수 있 는 가능성이 높아진다는 것을 의미한다. 즉 전 세계에서 위기를 관리하기 위해 투입하는 막대한 자금에 큰 부담을 느끼고 있던 미국이 상대적으로 전략적 중 요성이 떨어지는 한국에서 조기 철군하기 위해 관리 비용을 한국 사회에 전가 함으로써 생존을 위한 부패가 필연적일 수밖에 없는 사회구조를 조장했다고도 볼 수 있다.

미군정의 상황(1945년 9월∼1948년 8월)

미군정이 통치했던 1945년 9월부터 1948년 8월까지의 국내 상황은 다음과 같았다. 첫째, 국제정치의 영향은 취약국가가 형성되는 과정에서 가장 큰 요인으로 작용했다. 미국은 1947년 7월 제2차 미소공동위원회가 완전히 결렬되기 전까지는 소련과의 협상을 통한 철수 가능성을 포기하지 않다가 뒤늦게 자유민주주의 국가를 건설하려고 했기 때문에* 대한민국은 충분한 시간과 여유를 가지지 못했다. 반면 남한 내의 공산주의자들은 해방 직후부터 사실상의 내전을 전개하고 있었다. 이들은 일본의 식민 통치로 인해 초래된 혼란을 공산혁명의 호기로 삼으려고 했고, 소련과 북한의 지원 속에서 끊임없이 무장봉기를 일으켰다. 이에 미

---

* 하영선은 미국의 한반도에서의 사실상 봉쇄정책이 1947년 이후부터 적극적으로 수행된 것으로 보고 있다. 하영선, "냉전과 한국", 하영선 편,『한국전쟁의 새로운 접근: 전통주의와 수정주의를 넘어서』(서울: 나남, 1999), pp. 21-26.

국은 공산주의자들의 폭동 가능성을 인정하고, 이를 저지하기 위해 지원을 늘렸다. 하지만 국제연합(유엔)의 결의에 따라, 소련군의 북한 철수보다 한 달이나 앞선 1948년 9월 15일부터 미군을 철수하기 시작했다. 설상가상으로 정부 인수인계 과정에서 미국과 한국 정부 사이에 마찰이 빚어지면서 행정 이양에 차질이 생겼다.[1]

둘째, 근대국가의 핵심 기능인 합법적 폭력을 독점하고 관료제 행정을 담당할 인적 자원의 부족 문제가 매우 심각했다.

근대국가 건설 과정에서 가장 중요한 것은 사회질서를 확보하고 외적의 침략을 막아내기 위한 군대와 경찰, 그리고 국가의 재원 조달을 위해 조세 징수와 같은 기초 행정 업무를 수행하는 관료제 조직을 만드는 일이다. 실제로 일제강점기의 국가기구는 일본 본토에서 공급된 물적·강제력적인 권력 자원에 기반해, 식민지 사회의 수탈과 치안 유지라는 제한된 목적을 효율적으로 수행할 수 있는 훈련된 인원을 충분히 공급받을 수 있었다. 일본은 경영과 전문 분야는 물론 기술 인력까지 공급했다.[2]

그에 비해 해방 직후 한국에는 국가기구를 위해 일할 수 있는 인원이 턱없이 부족했다. 병력 자체가 적었던 미군정에는 현지 사정과 행정 업무에 미숙한 미군 장교들만 있을 뿐, 능력 있는 군정 요원이나 장교들이 거의 없었다.[3] 그나마 훈련된 미국인 요원들도 정부의 행정 업무를 이어받기에는 시간과 준비가 턱없이 부족했다. 따라서 미군정은 한국에 관한 사전 지식과 행정 경험이 전무했던 미군들을 위해 구체적인 행동 요령과 행정 업무를 다룬 지침서를 배포했다.

군정에 배속된 인력의 양적인 부족 역시 심각한 수준이었다. 1945년 11월 30일 당시 지방 군정청에 부족한 행정 요원의 수는 총 1,061명으로 집계되었는데,[4] 한 달 후인 1945년 12월 말에도 여전히 육군성으로부터 정식 인가받은 인원보다 935명이 부족했다. 따라서 주한 미군정청이 설치되어 군정 수립의 마지막 단계에 들어간 1946년 1월 4일 무렵까지도 군정 요원 부족 문제가 심각한 수준이었다는 사실을 현장 조사를 통해 알 수 있다.[5]

결국 미군정은 대다수의 인원들을 한국인들 중에서 충원할 수밖에 없었다. 하지만 이들을 훈련시킬 수 있는 시간 역시 부족했다.* 따라서 행정의 공백을 메우기 위해서는 일제 치하에서 행정 경험을 쌓은 한국인을 최대한 동원해야 했다. 하지만 일본인들이 오랜 기간 동안 사회 전반에서 지위를 독점해왔기 때문에 실제로 국가 경영과 건설에 동원할 수 있는 한국인은 극히 부족했다.[6] 즉 유능한 행정 관리와 기술 요원들의 대부분은 일본인으로, 그들은 이미 철수한 상황이었다.[7] 일제강점기 동안 대부분의 한국인들은 하위직에서 보조적인 역할만을 수행했다. 그나마 고위 관리직에서 일할 수 있는 한국인의 비율 역시 갈수록 줄어들었기 때문에 근대적인 행정 기술을 터득할 수 있었던 한국인 관리의 수는 극히 제한되어 있었다.** 관직의 대부분은 일본인이 차지하고 있었고, 한국인에게 개방된 문호는 매우 좁았다. 한국인이 관직에 진출하기 위해서는 고등문관 시험에 합격하거나 일본 육사에 진학해 고등관이 되어야 했는데, 이것은 매우 어렵고 가능성이 적은 길이었다.[8]

따라서 미군정은 소련과의 협상을 통해 철수하기 전까지 일시 점령 상태에 놓인 남한 사회를 통제하고 관리하기 위해서 미봉책으로 부일

---

* 미군정 장관 아널드는 5년으로 설정된 신탁통치 기간을 해명하면서 기술자 1명을 양성하는 데도 4년의 시간이 요구된다고 진술한 바 있다.
** 1927년 당시 한국인 관리의 비율은 35.9%였으나 그중 전문적인 기술을 요하는 고위직인 한국인 고등관의 비율은 1.4%에 불과했다. 박동서, 『한국 관료제도의 역사적 전개』(서울: 한국연구도서관, 1961), pp. 70-72.

한인 관리들을 총동원하고, 일제 관료제도의 부스러기들을 주워 모아 엉성한 채로나마 국가기구의 틀을 갖출 수밖에 없었다. 하지만 이마저도 본국에서 내린 동원 해제령에 따라 1946년 중반부터 미군정은 감축되기 시작해, 치안을 책임지고 있는 경찰과 남조선국방경비대(1946년 6월 15일 '조선경비대'로 개칭)에서 약 1만 명의 감원이 이루어졌다.

따라서 일제강점기부터 지배적인 지위를 누려온 국가기구가 계속 유지되고 강화되기는커녕 기본적인 행정 실무조차 제대로 이루어지지 않았다. 그리고 이 틈을 노린 공산주의자들이 소련의 지원을 받아 1946년 9월과 10월에 전국 규모의 시위와 파업을 전개해 큰 혼란이 발생했다. 1946년 말까지도 미군정이 이를 통제하지 못하는 상태가 지속되어[9] 국가 건설의 문제가 뒷전으로 밀리자[10] 1947년 7월 이후부터는 우익 청년 단체들이 치안과 국방 분야를 중심으로 국가 건설 작업에 참여했다.

셋째, 해방 직후의 경제 역시 자본주의적 영점零點 상태에서 출발했다. 이에 국가의 물적·경제적 자원이 처음부터 다시 조직되어야만 했고,[11] 충분한 세수稅收와 세원稅源을 마련할 수 없었다. 자본주의 국가 건설을 주도할 수 있는 부르주아의 헤게모니가 존재하지 않는 상황에서 황폐한 국가[12]는 생산과 소비에 관한 모든 책임을 떠맡게 되었고 미국의 원조에 전적으로 의존할 수밖에 없었다. 하지만 미군정 역시 제한된 규모의 재정밖에 투입할 수 없었고 장기적인 경제발전이나 생산력 회복에 나설 수 없었으므로 경제적 어려움은 해결될 수 없었다. 이에 공무원들 역시 미군정의 배급이나 원조 물자 등과 관련해 부정을 저질러 미군정에 대한 국민들의 불만과 불신이 가중되었다. 이런 현실은 대한민국으로 계속 이어져 국가의 정치적 정당성을 감소시켰다.

일본의 식민 지배에서 막 벗어난 한국은 수입 물자의 95%를 담당하던 엔화권과 단절되었고, 국내 경제의 붕괴가 가속화되었다. 한편 전쟁 물자를 생산하기 위해 건설되었던 공장들의 생산성이 20% 수준으로 위축되고 실업자가 증가했다. 그러나 미군정의 세무 행정력이 빈약해 징세 활동이 부진했으므로 물가가 폭등하고 막대한 재정 적자가 발생했다.[13]

하지만 물적 자원과 경제 자원 부족의 문제는 미국의 원조를 통해 어느 정도 해결할 수 있었다. 제1공화국이 미국으로부터 얻어낸 원조 규모는 국민들에게 징수한 세금의 규모를 훨씬 능가했다. 그러나 미국 역시 도움을 줄 수 있는 재정 자원에 한계가 있었다.[14] 1945년 8월경 총 900억 달러였던 미국의 국방 예산은 1946년 485억 달러로 거의 절반이 줄어들었다. 또 1947년부터는 미국 의회가 행정부에 군사비 지출 절감을 본격적으로 압박해 국방 예산 감축이 가속화되었다.

따라서 1945년 9월~1946년 9월경까지의 약 1년 동안 남한의 경제가 무질서하고 혼란스러운 상황인데도 미군정은 예산과 자원 부족을 들어 장기적인 경제 건설 계획을 추진하지 않았다. 민생 문제와 직결된 경제 조치만 임기응변으로 내리는 등 소극적인 관리와 유지에 급급했던 것이다. 미군정 기간에 도입된 총 4억 3,400만 달러어치의 원조 물자 가운데 식료품이 전체의 39%를 차지하고 있었던 반면, 건축자재와 철도자재는 1.7%와 3%에 불과했다. 이는 당시의 원조가 긴급을 요하는 구호나 시설의 임시적인 보수 유지에 집중되어 있었다는 것을 보여준다. 또 미군정은 국가 재산의 90%를 차지하고 있던 적산 기업의 민간 불하를 적극적으로 추진하지 않아[15] 생산력 회복은 물론 국가 경제의 중심을 담당할 수 있는 자본가계급이 형성되지 못했다.

한편 미군정 예산 역시 부족해[16] 미군정은 공무원들에게 최소한의 생계를 유지할 수 있는 수준의 봉급마저 지불할 수 없었다. 이에 많은 공무원들이 상납과 뇌물 등에 의존하고 미국의 원조 물자를 밀거래함으로써 부패가 고질적인 병폐가 되었다. 특히 이들의 비리는 경제적 어려움에 허덕이고 있었던 국민들의 생활과 직결되었다. 공산주의자들은 이를 이용했고, 민생고는 1946년 9월과 10월 전국적인 규모의 파업과 시위가 확산되는 가장 큰 이유 중 하나로 작용했다.

결국 미국 정부는 1946년 12월 말부터 한국에 대한 경제 지원의 규모를 늘렸고, 1948년 무렵부터 영세 규모의 공업체들을 중심으로 생산수준이 조금씩 회복되었다. 하지만 정부가 관리하고 있던 대규모 귀속 공장들의 생산성은 여전히 낮은 정체 상황이 계속되고 있었으므로[17] 부패 문제를 해결하기는 어려웠다.

넷째, 이렇게 모든 권력 자원들이 부족했기 때문에 국가 건설을 위해 의존할 수 있는 자원은 이념 자원밖에 없었다. 당시에는 자본주의국가의 사회적 메커니즘이 되는 정치적 정당성을 지닌 부르주아 집단이 거의 존재하지 않았다. 이에 미군정은 한국인들과의 협상을 통해 정치적 정당성을 확보할 수밖에 없었다. 물론 애초부터 한국인들에게 미군정은 민족주의적 정통성을 가진 존재가 아니었다. 따라서 미군정으로서는 한국인들의 주장 가운데 최소한의 민족주의적 요구라도 수용하지 않으면, 당시 한국의 거의 유일한 권력 자원인 이념 자원을 동원할 수 없었다.

미군정은 항일 투쟁과 같은 민족주의적 대의명분을 가진 인물들을 의도적으로 고위 관리직에 임명했다. 그리고 1946년 3월부터 시작된 미군 철수로 발생할 행정 공백을 메우기 위해 한국인 관리의 수와 권한을 늘리는 한편, 임시정부의 이념인 삼균주의와 관련된 용어들을 사용하고 교육개혁을 추진했다. 이를 통해 군정 활동에 직접 참여하기 시작했다는 느낌을 한국인들의 의식에 심어줌으로써[18] 국가에 대한 귀속감을 증진하고 국가 건설에 자발적인 참여를 이끌어내려고 했던 것이다. 예를 들어 미군정은 임시정부의 이념과 관련된 "균등"이나 "홍익인간" 등의 용어를 교육정책 개혁 등의 과정에서 의도적으로 사용해 한국민들의 호감을 얻으려고 했다.

마지막으로, 다른 장에서도 언급하겠지만 미군정은 극우 반공 청년단체들 대신 임시정부 출신들을 중심으로 출범해 정통성을 지니고 있었던 조선민족청년단 같은 청년단체를 공식 후원함으로써 이데올로기적 권력 자원을 활용하려고 했다.

1945년 9월 9일 12만 명의 일본 군대를 무장해제하고 발족한 미군정은 일본인 식민지 관료들을 유임했다. 그러나 한국인들이 강력하게 반발하고 9월 11일 국무성·육군성·해군성 3성 조정위원회State-War-Navy Coordinating Committee와 맥아더가 훈령을 통해 일본 식민지 관료들의 퇴임을 지시하자, 일주일 후인 9월 18일 충분한 준비가 되어 있지 않던 109명의 미군정 장교들을 황급하게 국장으로 임명했다. 곧이어 10월 13일 3성 조정위원회의 승인을 빈은 대한초기기본시령이 미군성에 전달되었다. 지령에는 한국인의 생활에서 일제의 모든 잔재를 점진적으로 척결하기 위해 일본의 법률, 명령, 규칙 등을 폐지하고 공공 기관에 잔류해 있는 모든 일본인과 친일파, 부일 협력자들을 추방해 정치와 행정 면에서 모든 것을 다시 조직하라고 명시되어 있었다.[19]

결국 하지John R. Hodge를 비롯한 미군정 관계자들은 신탁통치에 반발하던 한국인들 가운데 다수가 정통성을 부여한 김구의 대한민국 임시정부와 이승만을 승인해 정부를 구성하고 권력을 이양해야 조속한 미군 철수가 가능하다는 판단을 내렸다.[20] 그리고 1945년 10월 15일 주한 미군 제6사단 휘하의 군정 경찰과 전술 부대가 남원에서 인민위원회, 국군준비대와 충돌하자 치안을 책임질 경찰 인력 충원에 착수했고, 임시정부 출신 인사들을 우선적으로 기용하려고 했다. 그러나 이 과정에서 임시정부 장군 출신임을 주장했던 조개옥이 가짜라는 것이 드러나 차질이 생기자, 미군정은 반일 운동 경력자인 조병옥과 장택상을 각각 경찰국장과 수도경찰청장에 임명했다. 또한 1945년 11월에는 현직 관리와 신규 공무원 임용자의 친일 또는 이적 행위를 심사해 이들을 공직에서 배제하는 한편, 12월에는 한국인 관리들을 미국인 군정 요원들과 공동으로 국장에 임명해 한국인들의 참여를 확대시켜나갔다.

하지만 실제 경험이나 최소한의 요건을 지닌 인력이 절대적으로 부족해 중하급 관리들의 경우에는 일제 부역 경험이 있는 사람들을 상당수 등용할 수밖에 없었다. 이런 현상은 전문적 기술이 요구되는 경찰, 재정·조세 기구 등의 분야에서 두드러졌다. 이에 미군정에 대한 국민의 지지가 줄어들고, 민족주의적 이데올로기 자원이 침식되었다. 이는 소련에 거주하고 있던 소련 국적의 한국인들로 대규모 인력을 수급하고, 일제강점기에 일본군 헌병과 경찰로 근무했던 185명에 대해 수감 조치했던 북한의 경우와 대비된다.[21] 북한은 1946년 6월 1일 당 간부 양성 학교인 중앙당학교를 창설하고 1948년까지 총 707명의 당 간부를 양성해 공산주의를 보급함으로써 인력과 이념 자원의 문제를 동시에 보완할 수 있었다.[22]

인력 부족과 행정 공백

미군정에는 정책 결정권을 행사하는 미국인 인력과 이를 보좌하는 한국인 인력이 수적으로나 자질 면에서 절대적으로 부족했다. 미국 행정부가 한반도 분할을 황급하게 결정해 장기적인 점령 정책이 준비되어 있지 못했으므로,[23] 미군정 역시 충분한 준비를 갖추지 못한 채 한반도에 상륙했다.* 1945년 9월 11일 제7사단의 2진과 함께 한국에 온 군정팀 120명 중 장교 30명만이 약간의 군정 경험을 갖고 있었다. 10월 20일 이후 도착한 군정 요원들 역시 필리핀이나 일본 상륙을 목표로 교육받은 사람들이었다. 1946년 1월까지 상륙한 후속 군정 부대들에도 복지나 구호 등의 일시적인 관리를 책임질 수 있는 요원들밖에 없었다. 따라서 중앙과 지방 모두에서 행정을 담당할 수 있는 요원이 절대적으로 부족했다.

특히 행정 훈련을 받거나 사업 경험이 있는 사람들, 그리고 미군정이 인수한 관업 중 특수한 기술을 요구하는 광공업 분야의 기술자 같은 전문 인력이 부족했다.[24] 이에 미국에서 철도 배차원으로 일했던 미군 상사가 한국에서 갑자기 시멘트 공장, 화학 공장, 탄광의 관리자가 되거나,[25] 제대 날짜만 헤아리고 있던 미군 야전군 지휘관들이 도지사나 장관이 되어 있는 상황[26]이 연출되곤 했다.

그에 반해 해방 직후부터 한반도에 자신들에게 우호적인 공산주의국가를 수립하려는 명확한 목표하[27]에 북한을 점령한 소련은 1945년 8월 15일 광복이 이루어지자마자 소련 국적을 가진 한국인들을 행정·사법 기구와 군대, 경찰, 교육계 등의 요직에 파견했다.[28] 그와 함께 일본인 기술자들을 돌려보내지 않고 원래 자리에 남겨두고 전범들도 고용하는 등 북한 산업을 재건하기 위해 많은 노력을 기울였다.[29] 따라서 북한에서는 인적 자원 부족의 문제가 남한에 비해 상대적으로 덜 심각했다. 아울러

---

* 당시 한반도에 상륙한 미군은 체제상 제24군단과 미군정으로 나뉘었는데, 제24군단은 제6, 7, 40 보병사단과 지원부대로 구성되어 있었다.

소련은 행정 경험이 없어 많은 어려움을 겪고 있던 김일성을 돕기 위해, 1947년도 인민경제발전계획을 수립할 때 소련의 경제 전문가들을 배석시켜 계획 수립 방법을 설명해주고 고려해야 할 점들을 구체적으로 지시하는 한편, 생필품과 재정 부문의 자금 부족에 대한 구체적인 대책을 논의했다.[30]

미군정이 국가행정을 담당할 수 있는 요원들을 확보하지 못하는 현실은 1946년까지 이어졌다. 미군정은 1946년 초에야 겨우 공식적인 형태를 갖추었고, 1946년 말이 되어서야 겨우 민간 행정 업무를 제대로 처리해나가기 시작했다.[31] 지방은 중앙보다 상황이 심각했기 때문에[32] 실질적인 행정을 담당하고 있던 건국준비위원회와 인민공화국이 미군정과 공존하는 일이 벌어지기도 했다.

동원 해제령의 부작용

당시 미군정의 지방 통치는 1)정세 관찰을 위한 시찰단의 잠정적 파견 → 2)전술 부대에 의한 점령 → 3)행정력을 갖춘 군정 요원의 파견을 통한 통치의 3단계로 이루어져 있었다. 1945년 12월까지 제6사단(전라남북도, 제주도)과 7사단(서울, 경기도, 강원도, 충청남북도), 40사단(경상남북도)이 행한 점령은 2단계의 전술적인 점령에 불과했다. 이렇게 미군정이 통치한 이후에도 행정력을 갖춘 군정 요원이 부족해 상당 기간 동안 3단계 수준의 통치가 지체되고 1, 2단계 수준의 통치만 이루어짐으로써 과도기적 상황이 벌어졌던 것이다.

설상가상으로 본국에서 해외에 파견한 미군의 동원 해제 작업에 착수하고 있었으므로 주한 미군 역시 가능한 한 빨리 귀국하기를 기대하고 있었다. 실제로 신속한 철수를 약속받고 주둔하고 있었던 주한 미군은 본국에서 병력 감축 계획을 실행하지 않는 데다, 남은 점령 기간 동안 주둔할 주한 미군의 규모에 대해 미국 정부가 명확하게 설명하지 못하자 미 육군성 장관 페터슨[Robert Peterson]이 서울을 방문했을 때 대표를 파견해 정식으로 항의하기도 했다.[33]

결국 미군정은 경상도 지역을 점령하고 있던 제40사단이 1946년 3월 15일 본국으로 철수한 것을 시작으로 1946년 5월부터 본격적인 동원 해제 작업에 착수했다.[34] 1946년 10월 말경의 전술군과 군정 요원의 전체 규모는 1945년 10월과 비교했을 때 절반 이하로 축소되어 있었고, 중앙과 지방 행정부의 부서장으로 군정 운영을 책임지고 있었던 군정 요원들 역시 23% 정도가 감축되었다. 그 결과 1946년 10월경에는 미군정 초기에 비해 약 4만 명의 결원이 발생했다.

(단위: 명)

시기	전술군	군정 요원	합계
1945년 10월			77,643
1946년 1월	54,331	4,212	58,543
1946년 5월	52,119	4,808	56,927
1946년 10월	34,197	3,721	37,918
1947년 7월	41,340	3,231	44,571

● 표 II-1) 1945~1947년 미 전술군 및 군정 요원 규모의 변화*[35]

* 1945년 10월의 전술군과 군정 요원의 개별 수는 파악할 수 있는 자료 없이 합계만을 기록하고 있어 불가피하게 공백으로 남겨두었다.

결원으로 인한 부작용은 특히 국방과 치안 분야에서 두드러졌다. 그러나 이를 보충할 수 있는 한국인 경찰과 조선경비대, 군정 요원의 수는 매우 부족했다. 당시 경찰은 1946년 7월과 1947년 1월 기준으로 각각 2만 2,620명과 2만 6,386명이었고, 조선경비대(5,273명)와 조선해안경비대 (1,191명) 역시 1946년 11월 당시 6,464명으로 필요한 인원에 1만 명 정도가 부족한 약 3만 명에 불과했다.[36]

한편 갑작스럽게 동원된 한국인들을 살펴보면, 지방과 하급 관료로 갈수록 연령도 어리고 경험도 미숙했던 20대 이상이 과반수 이상을 차지했다. 미군정기 중앙정부와 서울시 공무원, 지방 공무원들을 연령 분포대로 분류한 연구에 따르면, 중앙정부의 한국인 관료는 20대가 46.5%, 20대 미만이 10.1%를 차지하고 있었다.[37] 남한의 공산당은 이러한 약점을 노려 소련의 자금 지원하에 9월 하순과 10월 대대적인 파업을 일으켰고,[38] 이들의 폭력 행사를 보다 못한 우익 청년단체가 자발적으로 나서자 미군정 역시 이들의 협조를 용인할 수밖에 없었다.

하지는 폭동의 책임을 권력을 장악하려는 소련과 좌익의 탓으로 돌리는 등 국제정치적 맥락에 집중했다. 하지만 헨더슨은 그 원인으로 1)급격한 도시화와 공업화, 2)1937~1945년의 전시 동원과 경제 붕괴, 3)인구 이동, 4)해방 후 첫해의 지도력 결여 등을 꼽는다. 헨더슨이 2)와 4)를 통해 지적한 것처럼[39] 근본적인 인력 부족 문제가 국제정치적 맥락과 결부되어 있었다고 보는 것이 정확하다.

악순환의 반복

미군정의 물적·경제적 자원 역시 심각할 정도로 부족했다. 이는 인력 부족으로 인한 국가 행정력 미비의 문제와 결합해 세금 징수 부족에 따른 국가 재정의 결핍이라는 악순환으로 이어졌다.

1947년 1월 30일 미 국무성 한·일 경제과장 에드윈 마틴^{Edwin Martin}은 일본이 대한제국을 점령한 이후 산업 발전을 위해 많은 일을 했지만 이는 일본의 이해를 위해서였기 때문에 미국이 한국에 진출했을 때 처음으로 실시한 사업은 굶주리는 한국 국민에게 구호물자를 공급하는 것이었다고 밝혔다.[40] 미군정 장관 아널드^{Archibold V. Arnold} 역시 1945년 11월 13일 박헌영과의 대화에서 현재 생산 기반이 필요하지만 여러 지방에서 발생한 파업 때문에 경제가 마비 상태에 있다고 어려움을 토로했다.[41]

1944년 1월 5~6일 조선총독부 부총독은 『경성일보』와의 단독 인터뷰에서 조선의 행정력을 생산력 강화에 집중시켜 전쟁에 투입하고 있다고 밝혔다.[42] 소련의 외교 문서들 역시 일본 자본의 투입과 일본인 이민을 통해 한국인 농민에게서 농지를 빼앗아간 일본의 식민지정책 때문에 일본이 소유한 토지의 규모가 7배 이상 증가해 전체 조선 인구의 80%와 경제의 70%를 차지하고 있었던 농민과 농촌 경제가 몰락했고,[43] 이미 1940년부터 인플레가 감지되었다고 지적한다.[44]

이러한 상황 속에서 당시 국가 세입예산은 대부분 관업 및 재산 수입에 의존하고 있었고, 조세수입은 극히 미진했다. 실제로 미군정기의 조세수입이 국가의 재정수입에서 차지하는 비중은 20% 정도에 불과했으므로 모든 지방이 세입 부족으로 인한 경제적 어려움을 겪었다.[45] 국가의 재정을 미국의 원조 물자에 의존하는 비정상적인 파행 구조가 나타났다. 하지만 미군정은 경제발전보다는 임시적 관리에 중점을 둔 소극적인 현상 유지 정책에 치중했다. 미국이 제공하는 원조 물자 역시 장기적인 경제발전을 고려한 것이라기보다는 응급조치적인 구호 원조의 성격이 강했고, 미군정은 당시 국가 예산의 약 10배에 달했던 귀속재산[46]의 불하에도 소극적이었으므로 경제를 발전시킬 수 없었다.[47]

남조선과도정부 출범 이후에도 세금 징수는 부진해 당초에 예상한 월 평균 세수의 50~65%에 머물렀다.[48] 미군정은 복잡한 세금 징수 체계 때문에 능률적으로 세금을 징수하지 못해 문제가 악화되고 있다고 판단했다. 따라서 세금 부과 기술을 효과적으로 향상시키기 위해 일제강점기의 체계를 최대한 살려 6차례에 걸쳐 세금 징수 체계를 정비했다. 그러나 미군정 말기인 1947년 12월 31일까지도 경제 자원 부족 문제는 해결되지 않았고, 하지의 정치고문이었던 랭던William Langdon은 당시 상황을 "정치적으로 흥분이 고조되고 폭력적으로 변하고 있으며, 경제적으로는 근근이 살아가는 단계"라고 지적했다.[49]

그에 반해 북한은 소련의 적극적인 개입하에 어려움을 극복해나가고 있었다. 먼저 1946년 3월 5일 토지개혁을 실시해 100만 헥타르 이상의 토지를 빈농 소작인들에게 무상으로 분배해서 경작면적을 확대하고 수확량을 증가시켰다. 1946년 6월 27일에는 이전까지 소작료와 세금을 포함해 수확의 50~70%가량을 차지했던 소작료 대신 수확량의 25%를 현물로 징수하는 현물세법을 제정했다.[50] 아울러 1946년 8월에는 산업, 교통, 통신 인프라를 구축하고 은행 등을 설립했다.[51]

따라서 북한은 남한에 비해 경제적 사정이 훨씬 나았다. 북한은 해방 이후에도 남한의 산업체에 필요한 에너지를 계속해서 공급해주었다. 하지만 미군정은 북한의 소련군 사령부가 수차례 요청했던 전기 요금을 지불하지 못했다. 1947년 6월 17일, 미군정은 1945년~1947년 5월 31일까지 사용한 요금을 6개월 이내에 상품으로 지불하는 데 합의했지만 1947년 12월 17일 제공하기로 한 품목들 중 6%, 12%, 22%를 지불

하는 데 그쳤다.[52]

미군정의 노력과 민족주의

한편 민족주의적 정통성이 없었던 미군정은 한국민들의 지지를 얻기 위해 임시정부의 건국이념을 담고 있던 '홍익인간'이라는 용어를 의식적으로 사용했다. 미 군정청 교육심의본회의에서 안재홍이 제안한 "홍익인간의 건국 이상을 바탕으로 한 민주 국민 양성안"을 채택하면서부터였다.[53] 이에 따라 교육개혁 정책이 실시될 때마다 홍익인간의 교육 이념에 의거하고 있다는 표현이 빈번히 사용되었다. 예를 들어 군정청 학무국이 학교 명칭을 변경할 때에도 "홍익인간의 교육 이념 아래 과학교육에 중점을 두기 위해 새로이 학제를 정했다"고 기술하거나,[54] "홍익인간의 건국이념을 드높이기 위한 신교육 결정안 제출",[55] "홍익인간의 진정한 조선의 민주교육을 실시하기 위한 학교교육 민주화",[56] "홍익인간의 교육을 내걸고 힘차게 앞으로 나아갈 초등교육"[57] 등의 표현을 즐겨 사용했다.

그러나 1945년 12월 말~1946년 1월 초에 신탁통치 방침에 분노한 한국인들이 임시정부의 지시에 따라 대규모 파업을 벌이자[58] 경찰 등의 국가기구에 종사하고 있었던 한국인 관리들 역시 대거 참여했다. 미군정은 한국인들에게 공식적으로는 폭력을 수반한 항의와 정치 불안이 신탁통치 실시를 확고하게 만들 뿐이라고 경고하면서도 비공식적으로는 김구와 이승만에게 신탁통치가 모스크바협정의 필수 불가결한 측면은 아니라고 설득했다. 하지가 임시정부 수립 후 즉시 독립이 허용될 것이라는 공개 성명을 발표하자 김구가 미군정에 근무하는 한국인들의 업무

복귀를 지시함으로써 4일간의 대혼란이 종식되었다.[59]

　미군정은 1946년 1월 15일 창설된 남조선국방경비대(국방경비대) 준비 과정에서도 임시정부 출신 인사들을 교섭할 때 우선적으로 최고위직에 배려했다. 부족한 인력을 보충하기 위해 일본군 출신자들을 기용할 경우에도 임시정부 출신 인사들과의 인간관계가 최우선적으로 고려되었다는 것을 일본군 출신자들의 증언을 통해 확인할 수 있다. 사실상의 쿠데타를 주도했던 김구 역시 한 달 후인 2월 14일 미군정의 자문기관으로 설립된 남조선대한국민대표민주의원(민주의원)의 총리로 임명된다.[60] 정병준은 김구가 쿠데타 시도를 계기로 하지 등 미군정 수뇌의 호감을 잃었다고 주장했다.[61] 그에 따르면 김구의 총리 임명은 미군정이 김구와 임시정부의 독립 투쟁 경력에서 비롯된 정치적 정당성을 존중하지 않았다면 불가능한 일이었다.

　이러한 미군정의 후원 속에 이승만과 김구가 함께함으로써 우파 세력의 결집을 보여주었다고 평가받은 민주의원의 정책 27개 조항을 살펴보면, 당시 임시정부가 추구했던 삼균주의를 수용한 흔적을 발견할 수 있다. 김구는 귀국 직후 임시정부 명의로 배포한 전단에서 "국내에서 건립된 정식 정권은 반드시 독립국가, 민주 정부, 균등 사회를 원칙으로 한 신헌장에 의해 조직할 것"이라고 천명한 바 있었다.[62]

　1)전 국민의 완전한 정치적·경제적·교육적 평등의 원칙을 기초로 한 독립국가의 균등 사회를 건설함. 6)최근 한도 내에 우리의 경제와 산업을 재건하고, 중요한 일용품을 생산하기 위해 계획경제를 실행함. 7)주요한 중공업, 광산, 살림, 공익 시설, 은행, 철도, 통신, 수리, 어업, 전기 및 교통 기관 등은 이를 국영으로 함. 8)소비자와 판매자와

생산자에 대한 공정한 복리를 보장하기 위해 모든 상업적·산업적 기업의 국가 감독 제도를 제정함. 9)모든 몰수 토지는 농민의 경작 능력에 의준해 재분배함. 10)대지주의 토지도 동일한 원칙에서 재분배함. 17)국가의 부담으로 의무교육 제도를 실시함. 19)모든 노동자와 소작인을 위해 실업보험과 사회보험제도를 제정함. 20)최저임금법을 제정함. 23)모든 부녀와 16세 미만 소아에게는 6시간, 장정 노동자에게는 8시간 노동 제도를 확립함.[63]

미군정의 행정 개편과 한국인의 참여 확대

1946년 1월 미군정이 정식으로 발족한 이후 그해에만 60건의 국가행정기구 조직 개편이 이루어졌다. 이는 미군정 기간 동안 이루어진 전체 조직 개편 건수의 약 59%에 해당한다. 한국인들의 민족주의적 요구를 수용하고 주한 미군 철수를 진행해야 했던 미군정은 명칭 변경과 조직 신설 및 변경과 폐지, 기구 승격과 기능 이관 등 잦은 조직 개편을 했다. 예를 들어 일본 총독부로부터 조직을 인수한 직후인 1945년과 1946년에는 거의 매주에 한 번씩 조직 개편을 했다.[64]

또한 미군정은 1946년 3월과 1947년 7월 두 차례에 걸쳐 한국인들을 대거 등용하고 각 부서의 장으로 임명함으로써 한국인들에게 권한을 이양했다. 먼저 주한 미군 철수가 추진되기 시작한 1946년 3월 29일에는 각 부서가 확대되면서 한국인 국장들이 부장과 처장으로 승진했다. 이는 형식적이나마 한국인 관료의 지위가 변화한 것을 보여준다. 미국인 국장이 부장으로 바뀌고 한국인 국장 대리가 부장으로 승진해 각 부서에 두 명의 부장이 존재했다.

1946년 7월 미 국무부는 하지에게 좌우합작 연합전선을 구축할 것을 지시했고, 하지는 김규식과 여운형 중심의 남조선과도입법의원(과도입법의원) 설립 계획을 추진했다.[65] 그해 8월 24일 남조선과도입법의원이 설립되었고, 전국 규모의 파업이 전개되기 직전이었던 8월 31일부터 한국인에게 행정권을 이양하라는 지시가 미군정에 전달되었다. 이에 한국인이 모든 부처의 부장으로 임명되고, 전임 미국인 국장들은 고문으로 위촉되어 차장의 역할을 수행했다.[66] 그리고 9월 11일, 하지는 모든 행정권을 한국인 부장에게 이양한다고 직접 발표했다.

한편 미군정은 1946년 8월 31일부터 지방행정 조직들을 중앙 부처에 예속시키는 등 중앙집권화를 추진해 미국인 인력 감소로 인한 행정의 비능률을 방지하려고 했다. 1946년 9월 13일에는 공무원 훈련소를 설치해 기존의 한국인 관료들과 신규 관리들을 훈련시키고 한국인 공무원들을 대폭 증원했다. 이에 1946년 10월 15일경 한국인 직원의 수는 7,684명으로 전체 직원의 56%였으나,[67] 1947년 7월경에는 90%가 넘는 약 4만 명으로 늘어나 있었다.[68]

대구 10·1 사건 등 전국의 시위가 종식되어가던 10월 23일에는 군정법령 제114호를 통해 지방 경찰을 중앙의 직접 통제 아래에 두었는데, 이러한 조치가 나온 것은 미군정이 좌익 세력들에게 효과적으로 대처할 수 없었기 때문이다. 실제로 미군정 당국은 중앙집권화를 추진하는 이유로 통일된 교육, 범죄나 혁명 활동에 대한 정보의 전국적 공유, 긴급사태나 법 집행 형평성의 유지에 대한 대응 등을 들었다.[69]

미군정은 1947년 2월 10일 중도파 안재홍을 민정장관에 임명해 군정 업무를 총괄하게 했고, 5월 17일에는 그 명칭마저 미 군정청에서 남조선과도정부로 공식 변경했다. 2월 15일에는 안재홍 민정장관 아래의 모든 부처장과 도지사가 한국인으로 대체되었고, 미군정 전 기간에 이루어졌던 개편 중 20%를 차지하는 조직 개편이 이루어졌다.[70]

미국 유학생과 이북 출신 지식인의 중용

당시 남조선과도정부의 중앙 부처장과 지방장관에 임명된 한국인 고위 관료들의 경력을 살펴보면, 일제강점기의 부역 관리들이 최대한 배제되고 반일 운동에 종사한 변호사, 학자, 교육인, 실업인, 종교인, 의사 등의 지식인들이 많았다. 특히 미군정은 미국 유학 경험이 있거나 미국 박사 학위를 소지한 한국민주당 인사들을 선호했다. 일제 부역 경험이 있는 관료들 대신 단기간의 교육과 경험을 통해 행정 실무를 습득할 수 있는 지식인들 중에서 대안을 강구했는데, 건국준비위원회를 배제하다보니 자연스럽게 반건국준비위원회를 기치로 뭉쳐 최대의 인력을 보유하고 있었던[71] 한국민주당 출신 중 자신들과 영어로 소통할 수 있는 미국 유학파 지식인들을 중용한 것이다. 지역적으로는 기독교의 교세가 가장 컸던 이북 출신이 9명(평안남도 5명, 평안북도 2명, 함경남도 1명 등)으로 가장 많았는데 그중에서도 평안도가 절대 다수를 차지하고 있어, 후술할 우익 청년단체인 서북청년단이 성장하는 데 중요한 인적 기반이 되었다.[72]

이는 중간·고위 관료들의 경우에도 마찬가지로, 중앙 공무원의 경우에는 이러한 현상이 보다 두드러졌다. 중앙 공무원과 서울시 공무원, 지방 공무원을 합산한 통계에서는 일제 관료 출신자가 71.7%를 차지했던 반면 중앙 공무원만 떼어놓고 보면 53.8%에 불과했다.[73] 고위 관료 30명과 중하위직 67명을 연령, 학력, 일제강점기 관직 경험을 대상으로 살펴본 연구에 따르면, 관료를 고위 관료(각 부처의 부장, 처장, 차장)와 중간 관료(3~6급), 하위직 관료(7~15급)로 분류해볼 때 일제강점기 관료 경력자의 비율이 고위 관료 19%, 중간 관료 68%, 하위 관료 47%로, 상위 관직에서는 상대적으로 일제 관료 출신자가 적었다.*

하위 관료 부족과 지방행정의 공백

하지만 이미 해방 직후인 1945년 9월 20일부터 군정 사령관 아널드 소장이 일본인을 대신해 정부 요직에 앉을 조선인을 찾기 힘들다고 실토할 정도로[74] 경험 있는 관료의 부족 문제가 심각했기 때문에 하위직 관료와 지방 공무원의 경우에는 일제 관료 출신자들의 등용이 불가피했다. 지방의 경우에는 일제 관료 출신자가 76.5%[75]에 달했는데, 이는 전술했던 것처럼 1946년 4월부터 본격화된 주한 미군 철수 때문이었다.

점령 초기에 지방분권화를 지향했던 미군정은 주한 미군 철수로 인해 미군정 요원이 감소하자 1946년 4월 27일 군정의 기능을 분산시킨다는 이유를 들어 중앙 부서와 지방 하급 부서 사이에서 완충적 조정 역할을 수행했던 지방행정처를 폐지했다. 1946년 8월 31일에는 하지 장군이 물자 통제, 전산 관리, 민사 원호 행정 등 재산과 민간 물자 보급을 처리하는 기구만 잠정적인 예외로 하고 모든 부서의 행정 권한을 한국인에게 인계하라고 군정장관에게 지시하는 등 극단의 중앙집권화 정책을 추진했다. 그 결과 그해 여름 각 지방은 선택권과 입법권이 전혀 없는 미군정

---

* 한편 이에 따르면 부·처장 가운데 일제강점기 관료 경력자는 11%인 데 비해 차장급의 경우에는 38%에 이른다. 또 고위 관료 중 한민당과 기독교인의 비율은 각각 44.8%와 38%에 이르며, 이북 출신자와 교육계 출신의 비율 역시 39%와 41%로 높은 비중을 차지하고 있었다. 김수자, "미군정의 군정기구 운영과 관료임용 정책", 『향토 서울』 제71호(2008년 2월호) (서울특별시사 편찬위원회, 2008), p. 28.

의 지역 사무실로 전락했다.[76] 결국 가뜩이나 인물 부족에 시달리던 지방에서는 중앙에 비해 일제 관료 경력자의 비율이 훨씬 높을 수밖에 없었다.

조기 철수 좌절 이후 미군정의 국가 건설

한편 국제정치적 맥락을 살펴보면, 1947년 7월 제2차 미소공동위원회가 결렬되기 전까지 미국 정부는 소련과의 타협을 통한 조기 철수에 가장 큰 비중을 두고 있었다. 따라서 미군정 역시 적극적인 국가 건설에 착수할 수 없었다. 이에 일찍부터 한국이 공산주의자와 연립정부를 구성했던 폴란드의 전철을 밟게 될 것을 우려해 좌우합작 정부에 참여할 수 없음을 분명히 하고 있었던 이승만**을 제외한 한국의 정치 세력들 역시 통일 정부 수립의 가능성을 마지막까지 포기하지 않고 역동적으로 움직였다. 따라서 미군정의 실질적인 국가 건설 역시 1947년 7월~1948년 8월까지의 1년에 집중되었다.

실제로 1946년 10월~1947년 11월의 미군정 인력 현황을 보면 1년 사이에 약 3배가 증가했고, 한국인 인력 역시 3배 이상 급격히 늘어났다. 경찰과 군대 인력 역시 이 시기에 급증했다. 인원의 증가는 행정력 강화로 이어져 1946년 초 목표량의 12%에 머물렀던 식량 수집률이 1947년

** 이승만은 얄타회담 직후 소련이 동유럽에 대한 팽창주의적 야심을 공개적으로 드러내자 소련이 한국을 지배하려 한다며 소련에 대한 경계심을 드러내고 한국의 장래를 폴란드와 비교하려고 했다. 이에 대해서는 *FRUS* 1945, Vol. VI, 1945년 5월 15일 "The Chairman of the Korean Commission in the United States(Rhee) to President Truman," p. 1028과 로버트 올리버, 황정일 옮김, 『이승만: 신화에 가린 인물』, 건국대학교출판부, 2002, pp. 212-216, pp. 224-225를 참조할 것.

말경에는 98%까지 증가했다.

(단위: 명)

시기	미국인 인력	한국인 인력	합계
1946년 10월	3,721(7.1%)	48,949	52,670(100%)
1947년 11월	2,626(1.7%)	150,441	153,067(100%)

● 표 II-2) 미군정 인력 현황[77]

　　미국의 대한 원조 규모 역시 국가 건설이 본격화되던 1947년과 1948년에 급증했다. 1947년의 대한 원조 규모는 원화 기준으로 1946년에 비해 약 15배 증가했고, 1948년에도 1947년보다 8배 이상 증가한 것을 통해 알 수 있듯 미군정의 국가 건설은 특히 1947~1948년에 집중되어 있었다.

연도	달러화 기준(천 달러)	원화 기준(천 원)
1945년	4,934	74,010
1946년	45,371	680,565
1947년	204,120	10,206,000
1948년	179,592	80,816,400
합계	434,017	91,776,975

● 표 II-3) 미군정기의 대한 원조 규모*[78]

---

* 1948년의 달러화 기준 수치가 1947년보다 적은 것은 미군정 통치가 8개월간만 지속되었기 때문이며, 그에 반해 원화 기준 수치가 급증한 이유는 이 시기의 인플레가 극심했기 때문으로 짐작된다.

품위 있는 철수를 바랐던 미 국무부

1945년 9월~1947년 중반에 미국이 한국에서 목표한 것은, 미 국무부 차관보 버터워스^{Walton Butterworth}와 극동국 국장 대리 펜필드^{J. K. Penfield}가 주고받은 비망록을 토대로 맥도널드가 지적했듯, 38선을 고수한 상태로 미국의 지위를 유지하다가 최대한 빠르고 품위 있게 한국에서 철수하는 것이었다. 한국의 미군정은 자원 부족, 그리고 정책과 계획의 미비로 효과적으로 활동할 수 없었다. 미국은 소련과 한반도 통치에 대한 합의에 도달하기 전까지는 적극적으로 국가 건설 프로그램을 수행하려고 하지 않았고, 미국의 자원 배치 순위에서도 한국은 순위가 낮았기 때문이다.[79]

기본적으로 미 국무부는 미국의 한국 점령이 길어지면 소련으로부터 불필요한 의심을 살 것이라고 두려워했고, 신탁통치안만이 소련의 한반도 지배 가능성을 줄이고 미군의 철수를 가능케 할 거라고 생각했다.[80] 따라서 소련과의 협상을 통해 한반도에서 철수하기 위해 소련을 자극하고 싶어하지 않았고, 이에 미국의 주요 신문들 역시 북한에서 벌어지고 있던 학살에 대해 보도하지 않았다.[81] 이는 북한에서 10만 명 이상이 궐기해 발생한 반탁 시위와 유혈 사태를 상세히 보도해 소련 정부의 격분을 사고 있었던 남한 언론과는 분명히 다른 태도였다.[82] 1945년 말~1946년 초까지 미국 정부는 소련과 신탁통치안에 대한 회담을 계속 추진하되 만일 스탈린이 한반도에 대한 독점적인 지배를 여전히 주장할 경우 신탁통치안을 포기하고 한국의 독립을 허용하면 된다는 입장이었다.[83] 실제로 미 국무부 한·일 경제과장 마틴은 1946년 초에 방송을 통해 주한 미군이 철수 단계에 있다고 밝히기까지 했다.[84]

국무부 지침과 다른 현실 인식의 대두

그러나 한국에 주둔하고 있었던 미군정 관계자들의 생각은 국무부 관계자들과 매우 달랐고, 현실은 이들의 판단과 유사하게 진행되었다. 전통적인 자유주의 원칙을 고수하려고 했던 미국의 대한 정책은 발 빠르게 북한에 단독정부를 수립해나가고 있었던 소련에 비해 훨씬 덜 조직적이었고, 미국 정부와 미군정 간의 의사소통 역시 원활하지 않았다. 그럼에도 불구하고 미 국무부와 미군정은 공통적으로 조속한 미군 철수를 원하고 있었다. 이들의 차이는 미군 철수를 달성하는 방법에 있었다. 국무부가 소련과의 협상을 통해 미군을 철수시키려고 한 반면, 소련과의 협상이 불가능하다고 여겼던 미군정은 신탁통치를 포기한 후 김구와 이승만의 임시정부에 정권을 이양하고 미군을 철수하자고 주장했다. 북한에 대한 지배를 약화할 의도가 없었던 소련이 미국의 협상 제안을 수락하지 않자, 하지를 비롯한 미군정의 많은 관리들은 미국이 한국 내부의 보수파들을 고무하는 조치를 신속히 취하지 않으면 좌파와 공산주의자들이 새로이 탄생할 정부를 지배할 것이라고 우려했다.[85]

특히 소련의 팽창에 대해 깊이 우려하고 있었던 미군정 사령관 하지는 38선 이남의 사태가 꾸준히 악화되고 있다고 판단해, 한국에 대한 광범위한 개혁을 희망했다.[86] 하지는 남한 주민들이 미국에 대한 신뢰를 상실하면서 늘어나고 있는 소련의 영향에 대항할 수 있도록 적극적인 조치들을 강구해야 한다고 주장하는 한편, 만일 미국이 여전히 지연 정책만을 추구한다면 궁극적으로 소련이 한반도 전체를 지배하게 될 것이라고 경고했다.

따라서 그는 미국이 소련의 팽창을 저지하면서도 더 많은 군사력을 한반도에 투입하지 않으려면 신탁통치를 포기하고 한국의 독립을 즉시 허용해 대한민국 임시정부와 이승만 중심의 정부를 구성해야 하며, 이미 사기가 저하된 주한 미군이 신속히 철수할 수 있도록 한국군의 모체가 될 수 있는 국방경비대를 창설해야 한다고 주장했다. 또 이를 위해 하지 스스로 소련과 협정을 체결하지 못한 데 대한 모든 책임을 지고 한국을 떠나겠다고 제의했다.[87] 하지는 자신의 계획을 추진하기 위해 미국 정부에 미소공동위원회의 개막 연기를 요청하는 한편,[88] 김구와 이승만을 설득해 1946년 2월에 '남조선대한국민대표민주의원'을 창설하게 했다.

육군성 장관 페터슨 역시 더 이상의 군사력 투입이나 병력 증강이 없다는 점에 고무되어 하지의 제안을 적극 지지했다.[89] 1946년 2월 하지를 방문했던 소련 주재 미국 대사 해리먼William Averell Harriman 역시 트루먼Harry Shippe Truman 대통령에게 소련이 하지의 위상이 위태로운 것을 이용해 소련의 이데올로기와 패권을 동북아시아 전체로 확대하려 한다고 전했다.[90] 실제로 1946년 초부터 소련은 한국에서 물러날 의도가 없음을 분명히 하고 있었다. 1946년 2월 김일성을 임시인민위원회 의장으로 선출한 것을 시작으로 3월에는 무상몰수와 무상분배 원칙하에 토지개혁을 단행했으며, 6월에는 대규모 공업 시설과 통신, 은행 등을 국유화함으로써 사회주의국가 건설의 기초를 다져나가고 있었다.

그러나 여전히 소련과의 협상 가능성을 포기하지 않았던 미 국무부는 하지의 모든 제안이 소련과의 협상을 어렵게 만들 뿐이라고 우려해, 그의 제안 대부분을 수용하지 않았다. 국무부 장관 번스James Francis Byrnes 는 육군성 장관 페터슨에게 미국이 소련에게 모스크바협정을 이행하겠다고 약속했기 때문에 하지의 임무는 소련과 협력하는 것이며, 그렇기에 그는 한국에 대한 신탁통치의 장단점을 논해서는 안 된다고 역설했다.[91] 따라서 미군정의 최우선 과제 역시 법과 질서 유지에 한정될 수밖에 없었다. 하지만 이마저도 신통치 않았다. 1946년 2월 중순 미군정이 시행한 여론조사에서 미군정의 행정이 일제강점기 때보다 낫다고 응답한 한국인은 52%에 불과했다.[92]

한편 하지는 1946년 중순경부터 미 국무부의 방침에 따라 중도파인 김규식과 여운형 중심의 남조선과도입법의원 설립 계획을 추진하고, 미국이 모스크바협정을 준수할 것이라는 점을 공개적으로 재천명했다.[93] 여운형 역시 남조선과도입법의원 때문에 중앙정부의 수립이 앞당겨질 것을 우려한 소련이 남한 내 좌파들의 참여를 저지하는데도[94] 행정부의 수반이 되기 위해 기꺼이 미국과 협력해 좌우합작운동을 전개하려고 했다.[95] 이에 중도파는 1946년 7월부터 우파의 김규식과 좌파의 여운형을 중심으로 좌우합작위원회를 결성한다.

그러나 1946년 3월 20일에 개최되었던 제1차 미소공동위원회는 5월 1일 공동성명 제7호를 발표했을 뿐 이견을 좁히지 못해 휴회에 들어갔고, 1947년 5월 21일에야 제2차 미소공동위원회가 개최되었다. 결국 한국 역시 미소 대립으로 인해 동유럽 국가들이 마주했던 것과 같은 운명에 놓였다. 1946년 5월 8일 내려진 미소공동위원회 휴회 조치는 당시에도 전쟁으로 향하는 첫걸음이었다고까지 평가되었다.[96] 북한의 상황을 직접 관찰한 에드윈 폴리Edwin Pauley[97]와 미 국무부 차관보 존 힐드링John Hilldring은 공산 세력이 정부를 구성할 때까지 소련이 북한을 계속 점령하려고 하므로 한국이 "미국의 아시아 정책의 성공이 달려 있는 이데올로기 대결의 장"이 되었다고 지적했다. 트루먼은 이들의 의견에 따라[98] 미국의 대한반도 정책의 전면적인 재평가를 지시했다.

이후 미군정과 하지는 한국의 질서를 유지하면서 소련과의 합의를 위해 계속 노력해달라는 미 국무부의 요구와, 질병과 사회불안의 퇴치 분야에만 국한해 예산과 권한을 행사하면서 폭동을 진압하고 기아 문제를 해결할 것을 규정한 미국 의회의 요구를 충실하게 따르면서도 최악의 경우에 대비했다. 1946년 8월 31일 한국인들에게 군정청의 일상 업무들을 넘겨줌으로써 주둔 비용을 줄이고 본격적인 철수 준비에 착수하는 한편, 1946년 1월 5일 창설했던 남조선국방경비대를 6월 15일 조선경비대로 개칭했다. 이러한 미군정의 복잡한 입장을 감지한 이승만 역시 1946년 5월 제1차 미소공동위원회가 결렬되자 본격적으로 남한 단독정부 수립의 필요성을 역설하기 시작했다. 물론 미군정의 지지를 받던 남한의 중도파 세력은 좌우합작을 추진하고 있었고, 정통성을 내세운 김구와 임시정부 세력 역시 자신들이 중심이 된 통일 민족국가 건설의 꿈을 포기하지 않았다.

그러나 미군정이 소련과의 합의에 몰두해 일부 주한 미군의 철수를 진행하고 있는 사이 한국의 상황은 급속도로 악화되었고, 남한의 공산당은 이 틈을 노려 9월 하순과 10월에 대대적인 파업을 전개했다.[99] 하지는 1946년 10월의 보고서에서 북한이 소련의 지원을 받아 6개월 안에 남침해올 것이 예상되지만 주한 미군의 능력으로는 이를 저지할 수 없으므로 추가로 미군을 파견하고 한국 내의 우익 청년단체를 강화할 필요가 있다고 주장했다.[100]

한편 조속한 미군 철수를 위해 실시한 '남조선과도입법의원' 선거 결과, 중도파를 지원했던 미 국무부의 기대와 달리 우파의 승리로 끝나자 미국은 계획을 재검토할 수밖에 없었다. 사실상 남조선과도입법의원을 장악한 이승만은 하지를 방문해 그의 중도파 지원을 비판했다. 그러자 하지는 우파가 미군 사령관을 협박하고 불법으로 정권을 탈취하려는 행위를 허용할 수 없다며 단호하게 경고했다.[101] 당시 하지는 중도파를 지원하라는 미국 정부의 명령을 수행하느라 자신이 임명할 수 있는 관선의원 45명 중 19명을 좌우합작위원회와 좌익 정당 소속 의원들로 채웠기 때문에 이승만과 맞설 수밖에 없었다. 이에 이승만은 1946년 12월 3일 미국을 방문해 국무부 장관 번스와의 회담을 시도했다. 그러나 이러한 시도가 거부당하자 이승만은 트루먼 행정부가 유화정책의 길을 걷고 있으며, 신탁통치 지지로 한국을 분단시키고 있다고 공개적으로 비난하기 시작했다.

급작스럽게 시작된 단독정부 수립

1947년 초부터 트루먼 대통령을 비롯한 미국 행정부의 관리들은 한국에 대해 계속 우유부단한 태도를 취하다가는 큰 재난을 초래할 것임을 깨닫고 있었다. 1947년 1월경 미 육군성 관리들 역시 주한 미군의 인력과 물자 부족 문제가 너무 심각해 그 상태로는 남한을 계속 점령하는 것이 불가능하다고 판단하고 있었다. 따라서 육군성 장관 페터슨은 국무부가 의회에 추가로 5,000만 달러의 자금 지원을 요청하지 않을 경우 주한 미군을 철수해야 한다고 주장했다. 국무부 극동국 과장 존 빈센트^{John Vincent} 역시 미국이 강경한 입장을 유지하면 반드시 소련이 후퇴할 것이라는 신념하에 페터슨의 제안을 지지했다.[102]

이러한 상황에서 미국이 한국에서 선택할 수 있는 방안은 미소공동위원회를 재개하거나 2개월 이내에 남북한 모두를 포함하는 정부를 수립하는 것뿐이었다. 그러나 미소공동위원회 재개는 불가능해 보였기 때문에 현실적인 대안은 남한 단독정부 수립을 추진하는 것이었다.[103] 물론이 경우에도 미군정이 재원 부족과 한국인들의 비협조에 시달리고 있었기 때문에 미국 정부가 3년 동안 6억 달러의 경제원조를 제공하지 않는

다면 미군은 한국에서 철수하고 미국의 세계적 지위가 심각하게 손상되는 결과를 맞이할 수밖에 없었다.[104]

1947년 2월 25일 신임 국무부 장관으로 임명된 조지 마셜George Catlett Marshall이 한국 정책을 재검토하도록 지시하겠다고 밝힌 데 이어, 3월 1일에는 워싱턴으로 송환된 하지가 기자회견을 통해 소련이 모스크바협정을 위반하고 남침 준비를 위해 50만의 북한군을 조직하고 있다고 밝혔다.[105] 트루먼 대통령 역시 1947년 3월 의회에서 트루먼독트린Truman Doctrine을 천명하면서 미국에 대한 소련의 안보 위협이 전 세계에서 얼마나 직접적이고 긴박한 수준에 이르렀는지 공표했다. 그러나 1946년 중간선거에서 공화당이 승리하면서 60억 달러 규모의 예산을 삭감당한 트루먼 행정부는 그리스나 터키에 비해 중요도가 떨어진다고 판단한 한국에서는 비교적 적은 비용과 군사력을 투입해 소련의 팽창을 저지할 수 있기를 바랐다.

한편 소련은 미소공동위원회의 결렬이 미군정의 좌익 탄압과 한국에 대한 추가적 경제원조로 이어서 미국의 지위가 강화될 것이라고 판단했다.[106] 이에 소련 외상 몰로토프Vyacheslav Mikhaylovich Molotov는 모스크바를 방문한 조지 마셜 미 국무부 장관과 제2차 미소공동위원회를 재개하기로 합의했다.

트루먼독트린 발표에 환호했던 이승만은 미국과 소련이 제2차 미소공동위원회 재개에 합의하자, 소련이 한반도에 통일된 독립 정부가 수립되는 데 동의하지 않을 것이 확실한데도 미국이 소련과 회담을 재개할 경우 남한 단독정부 수립에 제동이 걸릴 것을 우려했다.[107] 김구와 임시정부 세력 역시 미국의 방침에 크게 반발해, 신탁통치와 소련과의 협상에 반대하는 시위와 파업을 주동했다. 이와 달리 한국의 중도파들은 통일 정부를 수립할 수 있는 기회가 생겼다고 생각해 남조선과도입법의원을 중심으로 토지개혁을 추진하고 친일파 처벌 법안을 제정했다.

그러나 1947년 5월 21일 제2차 미소공동위원회가 재개된 이후 미 국무부 관리들조차 소련과의 타협은 절대 불가능하며 남한 단독정부 수립이 불가피하다는 결론에 도달했다.[108] 만일 미국이 우익 정당들의 참여를 주장한다면 이를 거부하는 소련과의 타협이 불가능했고, 소련과의 타협을 결정하고 우익 세력을 제거한다면 통일 정부의 수립은 가능할지 몰라도 좌익 세력이 다수를 형성하는 정권이 출현할 것이 뻔했기 때문이다. 결국 미국과 소련의 합의에 따른 좌우합작 통일 정부를 구성하는 일은 불가능하다는 것이 분명해졌다. 한국의 중도파 역시 여운형 암살과 김규식의 포기 선언을 계기로 점차 세력이 약해졌다.

1947년 여름 중국 내전에서 공산당의 승리가 점차 확실해지자 트루먼 행정부의 일부 관리들은 한국의 전략적 가치와 조기 철군 계획을 재고하기 시작했다. 이들은 소련과의 협상은 무의미하며, 주한 미군을 조기에 철수해 소련의 완전한 승리를 보장해주는 대신 미국이 한국에 경제원조를 제공하고 미군 장교가 지휘하는 부대를 창설해 한국을 아시아의 자유의 보루로 육성한다면 소련이 궁극적으로 한국을 동북아시아에서의 완충지대로 받아들이게 될 것이라고 제언했다.

하지만 이 와중에도 미국은 소련과의 마지막 협상 가능성을 타진해보는 한편 신속하면서도 품위 있는 미군 철수라는 목표를 달성하기 위해 한반도 문제를 1947년 9월 23일 개최되는 국제연합총회에 회부하기로 결정했다. 이후에도 미 국무부는 1947년 10월 23일 미소공동위원회에서의 철수를 선언한 소련이 일주일 후 한국으로부터 미소 양군이 공식적으로 철수할 것을 국제연합에 제의했기 때문에 소련과의 협상이라는

희망을 결코 버리지 못했다.[109]

한편 하지는 미군이 남한에서 철수하기 위해서는 몇 가지 조건이 전제되어야 한다고 생각했다. 먼저 하지는 군정청이 9월에 입안한 5개년 경제 부흥 계획을 미국 정부가 채택해 지원해주어야 하며, 그 후에 미국 대사관의 감독하에 한국의 경제적·정치적 안정이 이루어진다면 애초에 미국이 생각했던 이념적·외교적 봉쇄가 가능해지기 때문에 미국이 수용할 수 있는 정부하에서 한반도의 통일까지 가능하다고 전망했다.[110] 그에 따라 하지는 남한 단독정부 수립 계획을 더 이상 늦추지 말고 승인할 것을 미국 정부에 요청했다.[111]

물론 미 국무부는 여전히 소련과의 협상을 통해 한국에서 벗어날 수 있다고 생각했다. 하지만 미국이 제출한 남한 단독정부 수립 결의안이 11월 14일 국제연합총회에서 통과되자, 마셜은 할 수 없이 하지에게 선거를 준비하고 국제연합 임시위원단과 접촉해 구체적인 투표 날짜를 정하라고 지시했다.[112]

한편 1947년 12월 3일 한국에서는 김구의 지지자를 자칭하는 현직 경찰관이 국제연합 감시하의 총선거를 주장하던 우파의 핵심 인물 장덕수를 암살하는 사건이 벌어졌다. 이를 계기로 경찰에 소환되는 모욕을 겪은 김구는 한국민주당과 연계된 이승만과 결별하고, 미군 점령지역에서의 선거 실시는 한국의 통일이 아니라 영구적인 분단을 낳는다고 주장하면서 김규식과 행동을 함께한다. 김구와 김규식은 남한 단독정부를 수립하기 위한 국제연합의 선거가 38선의 분단을 고착시키므로 소련이 협조할 때까지 선거에 관한 모든 계획을 연기해야 한다고 생각했다. 1948년 2월 12일, 이들은 국제연합의 선거 계획을 지지하는 공동 선언문을 이승만과 함께 발표할 것을 권고했던 하지의 제안을 거절했다. 그러고는

2월 21일 기자회견을 통해 김구는 선거 반대 입장을 공식적으로 밝혔다.

이후 김구와 김규식은 김일성이 통일 연립정부 수립을 위해 4월 19～26일까지 개최한 전조선제정당사회단체대표자연석회의(남북연석회의)에 참석했다. 하지만 4월 말 서울로 돌아온 김구와 김규식은 인민 정부가 소련의 한반도 장악을 위한 꼭두각시에 불과하다는 것을 확신하고, 공산주의자들의 계획을 지지할 수 없다고 선언했다. 그럼에도 이들은 공식적으로는 여전히 남한만의 단독선거를 반대했다. 따라서 중도파를 비롯한 국내 정치 세력들은 1948년 5월 실시된 제헌의회 선거에 참여하기를 거부했다.

이렇게 국내외에서 상황이 복잡하게 전개되는 가운데 8월 15일로 예정되어 있던 정부 수립 일정 역시 급작스럽게 진행되었다. 가뜩이나 인력이 부족한 상황에서 미국으로부터 정권을 인수하고 새로운 국가기구를 구성해 정책을 추진하기 위해서는 훨씬 더 많은 인력이 필요했다. 하지만 김구와 김규식 등의 정부 참여 거부로 인해 활용 가능한 일부 인물들이 참여조차 할 수 없었다. 따라서 미군정에 이어 대한민국 역시 출발부터 모든 권력 자원이 부족한 취약국가로 출발하는 결과가 초래되었다.

미군정기의 경찰

부족했던 경찰 예산

전술했듯, 미군정은 1947년 7월 제2차 미소공동위원회가 결렬되기 전까지 소련과의 협상을 통한 조속한 철수에만 집착해 최소한의 치안만을 유지하려 했다. 한편 국가가 생산과 소비 모두를 책임지기 위해서는 국가 예산에서 관업비와 행정비의 비중이 높은 대신 경찰비가 차지하는 비중은 상대적으로 낮을 수밖에 없었다. 이는 미군정기에 지출된 경찰비의 규모를 도표화한 표 II-4를 통해서도 알 수 있다. 1946년의 경찰비는 3월부터 시작된 주한 미군 철수로 인해 증가되어야 했는데도 금액과 비율 면에서 모두 1945년에 비해 감소했다. 남한 단독정부가 현실화된 1947년과 1948년에도 금액은 늘어났지만, 전체 국가 예산에서 차지하는 비율은 오히려 1945년보다 감소했다.

(단위: 백만 원, %)

연도		1945년	1946년	1947년	1948년
일반 재정		1,868.4	13,365.2	19,235	15,263.2
경찰비	금액	202.5	147	2,016.5	1,269.1
	비율	10.8	1.1	10.5	8.3

● 표 II-4) 미군정기의 경찰비*113

하지만 커밍스는 남한에 소수 지주계급의 앞잡이로 활동한 경찰국가가 들어섰다고 주장했고,[114] 서중석 역시 미군정이 경찰을 최대한 활용해 중앙집권화를 한층 강화했다고 지적한다.[115] 이러한 주장에 근거가 없는 것은 아니다. 부일 세력이 고위 관료에서는 배제되고 하위 관료에 대거 배치되었던 다른 국가기구들과 달리, 특별한 치안 기술이 요구되는 경찰의 경우에는 상위 간부에 부일 세력이 등용되고 대다수를 차지하는 하위 경찰직은 일제강점기 경찰 경험이 없었던 인물들이 차지했기 때문이다. 실제로 경찰 상층부를 차지하는 경위 이상 치안감 이하 1,173명의 경찰 중 일제 경찰 경력자의 비율이 82%에 이르렀고, 1945년 10월 초 미군정이 임명한 서울시 10개 경찰서장 전원이 일본 경찰이나 관료 출신이었다. 경기도 경찰서장들 역시 절반 이상이 일본 경찰 출신이었다. 관선 입법의원으로 내무 경찰 위원장이었던 원세훈 역시 1947년 5월 당시에도 서울시의 8구청장이나 경찰서장 자리를 대개 일제강점기의 관리가 차지하고 있다고 비판했다.[116] 이렇게 미군정은 일제강점기의 한인

* 1946년에 경찰 병력이 증가했음에도 경찰비가 감소한 것은 당초 전체 예산 118억 원의 약 5.7%에 해당하는 6억 7,000만 원이 경찰 예산이었으나 그중 약 22%만 집행되었기 때문이다. 또 1948년의 경찰비가 표 II-13의 '경찰 예산' 내용과 차이를 보이는 것은 표 II-13이 한국 정부 출범 이후의 내용, 즉 1948년 8월 15일부터 12월까지의 경찰비를 포함한 자료이기 때문이다.

경찰관 등을 중심으로 간부급 경찰력을 복원했기 때문에 경찰은 한국민들에게 증오와 원망의 대상이 될 수밖에 없었다.

부일 경찰 등용의 이유

그렇다면 일제 부역 경험이 있는 간부급 경찰들은 친일파 청산론 속에서 어떻게 살아남았던 것일까?

해방 초기, 친일파 청산론은 좌익[117]이나 임시정부 세력[118]뿐만 아니라 이승만[119]과 한국민주당[120]을 비롯한 거의 모든 정치단체에서 제기되고 있었다. 따라서 일제 부역 경찰들 역시 정계나 사회·문화계·경제계의 일제 부역 세력들과 마찬가지로 조심스럽게 행동할 수밖에 없었고,** 대다수가 출근을 기피해 집단으로 도망쳤으므로 미군정은 부일 경험이 없는 한인 경찰들의 신규 임용을 서둘렀다.

한편 미군정은 경찰력을 복원하면서 초대 경기도 경찰청장과 전라도 경찰국장 등의 경찰 최고 수뇌부 자리에 광복군에서 활동했던 중국군 출신들을 임명하려고 했다. 초창기의 경찰 창설 과정에서 미군정은 한국인 임명이 가능한 경찰 최고위직에 부일 경찰 대신 여러 면에서 경찰과 흡사한 군 경험이 있는 자들을 기용하려고 했으며, 특히 민족주의적 대의명분이 있는 광복군 출신자들을 임명하려고 했던 것이다.

실제로 미군정은 조병옥을 경무국장에 임명하기 전 중국군 출신의 김응조를 경무국장에 임명하기 위해 경무국장 리머 아고 Reamer Argo 대령

** 당시 한 단체의 민족 반역자 규정에 따르면, 8·15 이전에 경부급 이상의 경관과 고등경찰에 종사한 형사급 이상으로 여전히 그 자리에 있는 자를 무조건 민족 반역자로 규정했다. 『중앙신문』, 1945년 12월 10일, 「대한독립협회, 민족 반역자 규정 발표」.

의 자문역으로 위촉했다. 그리고 1945년 10월 초 남원에서 인민위원회 등의 좌익 세력이 치안을 어지럽히자 다급해진 미군정은 김응조를 초대 전라도 경찰청장에 임명해 남원으로 파견했다.[121] 아울러 이승만이 추천한 중국군 출신 조개옥을 초대 경기도 경찰청장으로 임명했다.

하지만 조개옥은 계급과 경력이 과장된 엉터리 장군으로 드러난 데다 능력 부족과 비상식적인 강압적 태도로 인해 10여 일 만에 스스로 물러날 수밖에 없었고,[122] 기본적 군사 상식마저 결여되어 있던 김응조 역시 신탁통치 반대 운동을 전개하기 위해 사직했다.[123] 능력이 부족했던 두 사람은 이후 군대에 입대해 자신들이 경찰에서 부리던 일본군 출신 장교들의 부하로 편입되었다. 다급해진 미군정은 1945년 10월 20일 조병옥을 한국인 경찰 책임자로 영입해 지켜보다 1946년 1월 4일 정식으로 경찰국장으로 임명하는 한편, 1946년 1월 16일에는 장택상을 수도경찰청장으로 임명했다.[124]

한편 1945년 9월 18일경부터 서둘러 일본인 관리들을 쫓아낸 미군정은 문맹이 아니며 신체에 이상이 없는 지원자들 중 간단한 채용 시험을 통과한 사람들을 경찰로 선발해 3~7일 경찰관 강습소에서 단기교육을 실시한 후 각 경찰서로 서둘러 배치했다. 10월 15일부터는 경찰관 강습소의 명칭을 조선경찰학교로 변경하고 합격자들에게 4주간의 교육을 실시했다.[125] 이렇게 한 달간 경찰 훈련을 받고 졸업한 430명의 조선경찰학교 제2기생들을 시작으로,[126] 점차 미군정이 선발하고 훈련시킨 신규 경찰 인력들이 임용되면서 일본인 경찰관들과 한인 경찰관들의 자리를 대신하게 되었다.

미군정기 경찰의 인력 구조

이러한 맥락에 따라 초기 미군정 경찰의 행보를 살펴보면 친일 경찰을 제거하고 경찰 개혁에 적극적인 모습을 보이려는 모습 역시 발견할 수 있다. 실제로 1947년 6월 미군정이 작성한 집계에 따르면, 당시 전체 경찰의 80% 이상이 해방 이전에는 경찰에 재직하지 않았다. 경무부 소속 경찰관의 83%, 수도경찰청의 83%, 각 관구 경찰청의 77~88%, 철도 관구 경찰청의 80%가 일본 경찰 경력이 없는 사람들이었다.[127] 1945년 10월 26일 경무과장 조병옥은 군정청 출입 기자단과의 회견에서 조선 민족의 의사를 말살했거나 인권을 유린한 자 혹은 직책 이상의 권리를 남용한 경관은 점차 숙청할 것이라고 밝혔고,[128] 경기도 경찰부 역시 1946년 2월 13일에 악질 친일 경찰들을 구속했다.[129] 일제강점기의 분위기를 일신하기 위한 조치들 역시 취해져, 일제 경찰관들의 상징이었던 패검 대신 곤봉을 휴대케 했고,[130] 경찰관의 복장과 명칭도 바꾸었다.[131] 또 경찰관의 직권남용을 적발하기 위해 수도경찰청 내에 불심검문 제도를 창설했다.[132]

그러나 미군정이 서둘러 충원한 신규 경찰관들의 약 85%가 경찰 업무에 대한 경험이 없었기 때문에 이들의 일처리는 비능률적이었다. 따라서 미군정은 1945년 12월 19일부터 경찰관 채용 요건을 중학교 졸업 이상의 학력을 보유한 사람들로 상향 조정했다.[133] 하지만 소련과의 협상에 미련을 버리지 못하던 미군정은 근대국가의 기본 과제인 폭력의 독점과 치안 유지에 소극적이었기 때문에 각종 좌우익 단체들에 의한 테러가 난무하고 민생 치안 문제 역시 심각한 수준에 이르러, 경험과 전문성이 없는 신규 인력만으로는 이를 감당하기 어려운 상황이 벌어졌다.

1946년 한 해 동안 약 1만 5,000명의 한국인 경찰이 충원되어 면직,

송환 등으로 사라진 1만 4,000여 명의 일본인 경찰의 자리를 메웠다. 일본이 항복할 당시 한반도에는 약 2만 3,000명의 경찰관이 있었는데, 그중 40%에 해당하는 약 9,000명이 한국인 하급 경찰관들이었다. 1946년 3월 20일자 소련군정 문서에 따르면 당시 한국 경찰의 수는 2만 명이었다.[134] 또한 일제강점기에 근무했던 한국인 하급 경찰관들 가운데 80%가 미군정에 의해 다시 채용되었다는 기록[135]을 통해 전체 경찰의 약 65%를 차지하는 1만 3,000명가량이 새롭게 충원되었다고 유추해볼 수 있다.

부일 경찰들의 본격적인 등용

헨더슨은 1945년 늦여름부터 범죄가 무서운 비율로 증가했다고 지적한다. 인천경찰서의 보고에 따르면, 매일 4,000명씩 유입되고 있던 월남민과 급속히 증가한 귀국자들이 도둑질과 폭력에 가세해 사람들이 거의 집을 비울 수 없을 지경이었다. 『조선일보』 역시 하지 장군에게 보내는 1946년 8월 31일자 공개 기사에서 한국인들이 일제강점기보다 고통스러워하고 있다고 전했다. 당시 일반 국민들은 무엇보다도 안전과 규율, 경찰에 의한 보호 등을 기대하고 있었다.[136]

아울러 1945~1948년에 좌우익 세력이 행사했던 사적 폭력의 정도와 빈도 역시 매우 심각했다. 당시 경무부 집계에 의하면, 1945년 8월~1947년 4월까지 경찰이 소탕한 테러 사건들 가운데 대규모 사건을 제외한 나머지 사건도 311건으로 사망자 29명, 중경상자 721명, 건물 파괴 149건에 달했다. 한편 민생 치안 유지 역시 큰 문제로 대두되고 있었다. 1945년 4월~1946년 4월까지 1년 동안 일반범죄 총검거 수는 12만 건이었으며, 절도 사건 50만 2,000건, 포고령 위반은 1만 3,815건에 달하는 등 심각하게 사회문제화되고 있었다.[137] 서울은 골목골목마다 강도가 횡행해 암흑의 거리로 변하고 있었고, 언론에서는 치안 교란자를 극형에 처하고 치안력을 강화해 일반의 공포증을 해소하고 유명무실한 행정을 개선하라고 요구했다.[138]

이러한 상황에서 북한에서는 1945년 말부터 보안대가 조직되고, 1946년 2월 8일 사실상의 정부에 해당하는 북조선임시인민위원회가 출범하자 다급해진 미군정은 치안 유지 경험이 있는 부일 경찰들을 강제로 복귀시키는 한편, 미군정의 권위에 저항하는 좌우익 세력들에게 적극적으로 대항해 공권력을 수립하려고 노력했다. 이를 위해 미군정은 일시적인 조치라는 명분을 내세워 1945년 11월 17일경부터 간부급 경찰직을 중심으로 부일 관리들의 복귀를 허용하고,[139] 출근을 거부하는 한인 경찰들을 체포령으로 협박해 복귀시킴으로써 1945년 말 무렵에 겨우 경찰력을 안정화할 수 있었다.[140] 또한 북한에서 남하한 부일 경찰들도 채용해 1946년부터 부일 경찰들이 경찰 간부직에 대거 진출했다.

마크 마조위Mark Mazower의 연구에 따르면, 동독 지역과 동유럽에 주둔한 초기의 소련군 역시 기존 경찰들을 상당수 활용했다. 공산주의 이념에 투철한 공산 파르티잔 조직원들이 새로운 경찰 조직에 참여했지만, 처음부터 경험이 없는 신참자들에게 의지할 수는 없었기 때문에 전문적 기술을 지닌 기존 간부들이 상당수 유입되었던 것이다.[141] 미군정 역시 극단의 혼란 상황이 전개되자 이와 유사한 흐름을 수용해 문제를 해결하고자 했던 것이다.

어쨌든 경찰은 1946년 1월 말에 벌어진 좌익의 학병동맹 측과 반탁을 지지하는 우익 청년들 간의 충돌을 진압한 것을 계기로 점차 질서와 치안을 회복시켜나간다는 자신감을 가지게 되었다.[142] 군정장관 아처 러취

(러치)^{Archer L. Lerch} 역시 1만 8,000명으로 늘어난 조선인 경찰들이 세계적으로도 손색없는 경찰로 발전해 좌우익 세력에 대항해 일처리를 하고 있다고 극찬했다.[143]

하지만 미군정의 주된 목적은 소련과의 조속한 협상을 통한 철수였으므로 경찰을 중립적으로 운영했고, 공산당을 적극적으로 체포하고 진압하는 일에 한동안 미온적이었다. 1946년 초, 상당수의 서울 시내 경찰서장들이 김구와 신익희가 계획한 임시정부의 정권 인수 계획에 동참했고 좌익을 지지하는 경찰서장들마저 있었기 때문에 우익 성향을 지닌 미군정 경찰의 한인 최고 책임자들은 상당히 불안해했다.

실제로 미군정은 중도파 지원 지침이 정해진 1946년 2월경부터 기존 경찰의 정당색을 최대한 제거하려고 노력했다.[144] 이에 대해 장택상은 하지가 미·소의 공존을 꾀하던 당시 국무성의 정책에 따라 국제적인 마찰을 피하기 위해 박헌영 체포를 막았고, 1946년 5월 제1차 미소공동위원회가 열리기 이전에도 소련과의 관계를 고려해서 좌우에 대한 차별을 하지 않으려는 입장을 고수했다고 증언했다.[145]

1946년 3월 29일자 소련군정 문서 역시 수도경찰청장 장택상이 3월 23일의 경찰서장 회의에서 "정치 상황이 우리에게 불리하게 전개되고 있으니 특별한 지시가 있을 때까지는 중립적인 입장을 견지해야 한다"는 지시를 내렸다고 보고하고 있다. 하지만 1946년 3월 초 충청남도와 충청북도 시찰에서 돌아온 조병옥은 좌익 대표들을 지지해온 경찰서장들을 해임했다.[146]

이러한 상황에서 일제 부역 경험이 있는 경찰을 비롯해 전체 경찰이 동요했고, 경찰에 지원하는 사람들의 수 역시 매우 적었다. 소련군정 문서에 따르면, 많은 경찰관들이 사직서를 제출했지만 미 군정청은 그들의 희망을 들어주지 않고 면직을 청원하는 자들을 3개월의 징역에 처하겠다고 협박했다. 한편 대구에서는 200명의 경찰관을 모집하기 위해 공고를 냈지만 원서를 제출한 것은 170명에 불과했다.[147]

우파 청년단체의 협력과 친일 경찰의 잔류

설상가상으로 1946년 4월부터 미군 철수가 본격화되자 치안 분야에도 상당한 공백이 발생했다. 따라서 이에 상응하는 국제경찰의 투입 또는 한국인 경찰 인력의 증원, 장비 향상 등이 요구되었지만 미군정은 이를 충분히 메우지 못했다. 그러나 조선공산당과 좌익 세력은 제1차 미소공동위원회가 결렬된 이후 남한의 정세에 깊숙이 개입하려는 소련으로부터 자금을 지원받아 1946년 9월과 10월에 전면파업과 대구 항쟁을 일으키는 등 폭력 전술로 전환했다.[148] 그러나 자원의 한계 때문에 미군정은 국가에 대항하는 폭력 세력들에게 체계적으로 대응할 수 없어 결국 우파 청년단체들의 협력을 용인하는 상황이 벌어졌다.

당시 미 전술군과 미군정 요원들이 본국으로 귀국하면서 치안 담당 인원이 급격하게 감소했지만 새로 채용된 한국인 경찰관들과 조선경비대의 수는 여전히 1만 명 정도가 모자랐다. 당연히 대구 경찰의 힘만으로는 대구 항쟁을 진압할 수 없었으므로 미군정은 미군 전차를 동원해 대구경찰서를 점거한 군중을 해산하고 계엄령을 선포하기에 이른다. 결국 대구 항쟁은 발생 20일 뒤인 10월 20일 경북 일대에서만 경찰관 63명, 민간인 73명이 사망하는 대규모 사태로 발전했다. 그리고 이를 진압하기 위해 미 전술군과 타 지역 경찰까지 동원해야 했던 미군정은 할 수 없이 우익 청년단의 협력을 용인했던 것이다.[149]

대한민주청년동맹, 서북청년단 등의 우익 청년단원들은 미군정 정보 기관의 정보원으로 활동하거나 경찰의 파업 진압, 좌익 검거에 동행하는 등 군과 경찰 조직의 일원이 되었다. 또 서북청년단과 조선민족청년단의 일부는 좌익 세력이 총력전으로 대항한 9월 총파업과 10월 대구 항쟁 시기를 거치면서 철도 경찰로 정식 임용되기도 했는데,[150] 이렇게 부족한 공권력을 보충하기 위해 우익 청년단을 포섭하기 시작했다는 사실은 당시 미군정 능력의 한계를 보여주는 것이다.

물론 이러한 상황에도 불구하고 미군정의 지원을 받은 남조선과도 입법의원 내부의 중도파가 친일 청산을 추진했으므로 경찰 내 부일 협력 세력의 청산은 가능할 수도 있었다. 하지만 정치적 대립 속에서 일관된 기준이 마련되지 못해 계속 지연되었다. 1947년 7월 제2차 미소공동위원회가 결렬되고 남한 단독정부 수립이 현실로 다가오자 좌파 세력이 전국 규모의 파업과 시위를 주도하면서 사실상 내전 상태가 된다. 따라서 경찰 개혁 조치들 역시 지연되고 큰 성과를 보지 못하는 가운데 경찰력의 양적 팽창과 치안비 증가라는 결과로 이어졌다. 결정적으로 미군정이 1948년 8월 대한민국 정부 출범에 맞추어 모든 업무를 이양하고 철수를 계획해 가뜩이나 부족한 치안 인력이 더 많이 필요한 상황이었기 때문에 치안에 대한 전문 기술이 있는 부일 경찰들의 처벌과 해고는 대한민국 정부 출범 이후로 미루어졌다.

헨더슨은 한국 경찰이 악조건 속에서도 1946년 7월 말~1948년 8월 말까지 거의 2년간 국내 질서뿐만 아니라 38도선의 안전 확보 등 남한의 무력 부문을 도맡았다고 지적한다.[151] 실제로 경찰은 1947년 7월 27일 미소공동위원회의 성공적인 재개를 주장하며 전국적으로 총 170만 명이 참가했던 시위를 제어했다. 이 무렵 경찰은 이미 전국을 세 개의 지

역으로 나누어 통제할 수 있을 정도의 역량을 갖추고 있었다.[152]

표 II-5는 시기별 경찰력 증가를 도표화한 것이다. 소련과의 협상 가능성에 집착하고 있던 1945년 11월에 비해 단독정부 수립이 본격화된 1948년 8월경에는 경찰 규모가 2배 이상으로 증가했음을 알 수 있다. 특히 1947년 7월경부터 1948년 8월까지 1년 동안 기존 경찰 인원의 1/4에 해당하는 약 7,000명이 새로 충원되었는데, 그중 약 5,000명이 1948년 1~8월에 증원되는 등 대한민국 정부 수립이 가시화됨에 따라 매우 빠른 시간 내에 경찰력이 늘어났다.

(단위: 명)

시기	경찰 규모
1945년 11월 15일	15,000
1946년 7월 31일	22,620
1947년 2월 28일	26,386
1947년 7월 31일	28,552
1948년 1월 30일	30,000
1948년 4월 30일	34,330
1948년 6월 25일	34,900
1948년 8월 20일	35,000

● 표 II-5) 미군정기 경찰 병력의 증가(1945~1948년)[153]

물론 정상적인 상황이라면 당연히 외부에서 대량의 자금이 투입되어야 했다. 하지만 전술했듯 국가 치안과 국방에 배정할 수 있는 국가 예산이 절대적으로 부족했고, 1947년 7월 제2차 미소공동위원회가 결렬되기 전까지 미군정은 공식적으로 사법경찰 영역에 충분한 운영자금을 투입하지 않았다. 따라서 경찰은 부족한 봉급을 보충하기 위해 이른바 자발적 기부를 강요했다. 특히 헨더슨이 지적한 것처럼 1946년과 1947년 경 경찰의 금품 강요는 일상적인 일이 되어 미군정에 대한 민중들의 혐오감도 증폭될 수밖에 없었다.[154]

미군정기의 군대

(단위: 백만 원, %)

연도		1945년	1946년	1947년	1948년
일반 재정		1,868.4	13,365.2	19,235	15,263.2
국방비	금액	0.1	826.5	1,991	2,016.8
	비율	0.01	6.2	10.4	13.2

● 표 II-6) 미군정기의 국방비*155

부족했던 국방비와 군대의 규모

미군정은 한국의 생산과 소비 모두를 책임지기 위해 관업 분야에 가장

---

* 1948년의 국방비가 표 II-13의 '국방비 예산' 내용과 차이를 보이는 것은 표 II-13이 한국 정부 출범 이후의 내용, 즉 1948년 8월 15일부터 12월까지의 국방비를 포함한 자료이기 때문이다.

많은 예산을 투입했기 때문에 표 II-6에서 알 수 있듯 1945~1946년 국방비의 액수와 예산상의 비율은 매우 낮았다. 그리고 표 II-7을 통해 알 수 있듯 대구 항쟁 등이 발생했던 1946년에는 병력 규모마저 가장 작은 상황이었다. 국방비 액수와 비율은 1947년부터 대폭 늘어나지만 여전히 국가 예산에서 차지하는 비율은 상대적으로 낮았다.

(단위: 명)

연도	주한 미군	남조선국방경비대 (조선경비대/조선해안경비대)	합계
1945년	77,643	-	77,643
1946년	37,918	6,464	44,382
1947년	44,390	14,595	58,985
1948년	22,740	52,752	75,492

● 표 II-7) 미군정 시기 군대의 규모[*][156]

당시 한국 경제는 어려움에 처해 있었기 때문에 미군정은 갓 창설된 국방경비대원들에게도 충분한 급여를 제공할 수 없었다. 1946년 홍수로 인한 수해와 비료, 농기구 등의 부족 때문에 일찍이 없었던 큰 흉작이 발생해 2, 3개의 빵이나 떡을 식량 대용식으로 지급하는 등 급식 조건조차 한창 나이의 젊은이들이 견디기 어려울 정도로 열악했다. 이로 인해 영등포의 보급 중대에서는 차량을 횡령하고 양말을 부정 처분하는 사건까지 발생해, 좌익계 장교들이 부정·부패 장교 배척 운동을 우파 장교 축출 운동으로 발전시키는 시발점이 되기도 했다.[157] 당시 국방경비대에 입대했던 공국진 역시 국방경비대원들의 봉급이 며칠 생활비도 안 될

---

* 남조선국방경비대는 1946년 1월 5일 창설되었다.

정도라, 미군정이 이를 해결하기 위해 배급해준 야전 식량을 남대문시장에 팔아서 생활비에 보태 쓰는 형편이었다고 회고했다.[158]

광복군 출신 지휘부로 출발한 국방경비대

한편 커밍스는 한국 군대가 창설되기 이전인 1945년 12월에 하지가 국방경비대를 창설했으며, 창설 당시 6개 사단으로 출발한 국방경비대의 요직을 담당했던 장교들은 모두 일본 군대에 복무했던 경험이 있는 자들이었다고 주장하면서 그 예로 일본 군대 복무 경험자 중에서도 악명이 높았던 김석원을 들었다.[159]

이렇게 미군정이 출범시킨 국방경비대와 해안경비대(조선해안경비대)의 지휘부 역시 친일 경력자들로 구성되었다는 현대사의 신화가 만들어졌다. 강만길 역시 "해방공간의 상황이 우익 세력에 의한 남한만의 단독정부가 수립될 수밖에 없었다 해도 그 정부의 상층부는 중국에서 귀국한 임정 요인과 광복군 출신들로 구성되어야 했었다"고 지적한다.[160]

만일 이들의 바람을 그대로 수용한다면, 중국에서 귀국한 광복군과 임정 요인 출신들이 최고 지휘관에 임명된 국방경비대와 해안경비대의 경우는 강만길이 주장한 정통성의 최소 요건을 채우고 있는 경우라고 볼수 있지 않을까? 후술하겠지만 김석원 등 노련한 일본 군대 경험자들이 전면에 부상하는 것은 1948년 10월에 발생한 여수·순천 사건(여순 사건)으로 국가안보의 위기가 극에 달하는 시점이었고, 그 전까지는 민족주의적 대의명분이 지배하는 현실에서 그들 스스로가 참여를 기피했다. 따라서 미군정기와 대한민국 정부 출범 초기에는 광복군 출신들이 절대적인 수의 열세에도 불구하고 군의 최고 지도부를 형성하고 있었다.

실제로 미군정은 대한민국 임시정부를 인정하지는 않았지만 1946년 2월 본국에서 중도파 지원 방침을 받기 이전에는 임시정부와 이승만 중심의 정부를 수립하고 철군하려는 계획을 가지고 있었다. 그리고 경찰을 제외한 거의 모든 국가기구의 상층부에 항일 투쟁 등의 경력이 풍부한 인물들을 임명했다. 어쨌든 군대 최고 지휘부에도 광복군 출신자들이 임명되었고 그 이하를 일본군 출신자들이 차지하고 있었다. 1946년 1월 15일 국방경비대를 창설한 미군정은 1월 21일 모든 군사 단체의 해산을 명령했고, 대다수 광복군들의 귀국이 지연되고 있었던 상황인데도 광복군 출신의 유동열[161]과 송호성, 그리고 임시정부 의정원 의장 손정도의 아들인 손원일을 각각 국방경비대의 상징적인 수장인 통위부장과 총사령관, 해안경비대* 사령관에 임명했다. 국방경비대 조직의 확대, 개편은 1)1946년 6월 조선경비대 총사령부, 조선해안경비대 총사령부 창설 → 2)1946년 9월 한국인 통위부장 유동열 임명 → 3)1947년 4월 통위부 참모총장직 설치 → 4)1948년 6월 조선해안경비대 총참모장직 설치순으로 전개되었다.[162]

광복군 출신의 군사영어학교 지원율

당시 신문 보도를 통해[163] 미군정 당국과 광복군이 협력해 광복군을 군대에 편입해 정규 국방군을 편성할 것이라는 계획이 알려졌는데, 임시

---

* 해군의 모체에 해당하는 조선해안경비대는 1946년 1월 29일의 조선해안경비대 설치 계획 발표로 시작되었으며, 주로 국가 법령과 규칙에 의거해 수역을 경비하여 불법 항행과 밀수출입을 취체할 임무와 권리를 가졌다. 『경향신문』, 1947년 2월 1일, 「경무부장 조병옥, 통위부장 유동열, 경찰과 경비대의 임무 한계 발표」.

정부 봉대론을 부르짖던 한국민주당 역시 국방과 치안을 확보하기 위해 광복군을 신속하게 강화해야 한다고 주장했다.[164] 이렇듯 미군정 초기에는 광복군을 모체로 국군을 편성해야 한다는 명분론이 팽배했기 때문에 미군정이 교섭했던 이응준, 원용덕, 김석원 등의 일본군 출신자들 역시 근신을 이유로 미군의 권유를 사양하고 광복군 출신들을 적극 추천했다.[165]

진주 직후부터 사설 군사 단체의 해산을 명령했던 미군정은 1945년 12월 30일 '국자國字' 1, 2호를 발표하면서 정권 장악을 시도했던 임시정부 측과 갈등을 빚고 있었다. 하지만 광복군 관련 우익 청년단체는 공식 인가 단체가 아닌데도 존속시키고 있었다. 대표적인 예가 광복군 국내 지대장 오광선이 주도하고 있던 한국광복청년회였다. 이범석 같은 광복군 지도부를 중심으로 조직된 청년단체 조선민족청년단은 미군정의 공식 후원을 받았으며, 이들은 후일 대한민국 국군의 간부로 대거 임용되어 국군 창설 과정에서 중요한 역할을 담당했다. 1946년 6월 3일 500여 명이 광복군과 함께 귀국한 광복군 참모장 이범석과[166] 1946년 5월 21일경 5,000여 명의 광복군과 함께 귀국한[167] 광복군 사령관 지청천이 각각 조직한 대동청년단과 조선민족청년단 조직원들은 제1공화국 성립 초기 광복군 정통론이 여론화되고 군 내부의 좌익 색출로 군 간부의 결원이 대규모로 발생하면서 군 간부로 발탁되는 경우가 많았다.

미군정은 1945년 12월 15일 군사영어학교를 개설하면서 광복군, 일본군, 만주군 출신 간 균형을 맞추려고 했다. 실제로 미군정은 광복군 출신은 한때 이승만의 추천을 받기도 했던 조개옥, 일본군 출신은 대한제국 무관 출신 독립운동가인 이갑의 사위로 임시정부의 군 창설 계획에 관여하기도 했던 이응준,* 만주군 출신은 원용덕에게 인물 추천을 의뢰

했다. 그러나 대다수의 광복군들은 귀국이 지연되어 1946년 중반에야 귀국할 수 있었으므로 군사영어학교에 지원할 수 없었다. 그나마 이미 귀국해 있었던 소수의 광복군 출신들 역시 법통성을 내세워 입교를 외면했으므로 일본군 출신 지원자가 절대 다수를 차지하게 되었다. 이에 1946년 4월 30일까지 110명의 임관자를 배출한 군사영어학교 출신자들 중 일본군 출신은 87명으로 80%를 차지했다.[168]

(단위: 명, %)

구분	일본 육사	일본 학병	일본 지원병	만주군	광복군	합계
인원	13	68	6	21	2	110
백분율	11.8	61.8	5.5	19.1	1.8	100

● 표 II-8) 군사영어학교의 출신 현황[169]

국방경비대 병력의 급증

한편 이후 미군정이 진행한 국방경비대의 창설과 증강은 미국과 소련의 협상과 갈등이라는 국제정치적 요인의 영향이 컸다. 이미 북한에서는 소련군의 지도하에 1946년 1월 11일 최초의 군대로 창설된 철도보안대가 미군정과의 관계를 고려해 경찰대로 위장하고 있었다. 그러나 제1차 미소공동위원회가 결렬된 후인 1946년 8월 15일경부터는 본격적으로 소

─────────

* 이응준의 장인 이갑은 중국으로 망명하면서 한국무관학교, 일본 육군사관학교 동기였던 통위부장 유동열에게 자신의 딸을 맡긴 적이 있었다. 그것은 유동열이 이갑의 매제로, 이갑이 의지할 수 있는 유일한 인척이었기 때문이다. 따라서 이응준으로서는 장인의 죽음 이후 아내의 고모부였던 유동열이 장인이나 마찬가지였다. 국방부 전사편찬위원회, 『국방사 1: 1945.8.15-1950.6.25』, 국방부, 1981, p. 264, p. 308. 한편 이응준의 사위는 한국군 군번 1번을 받고 초대 합참의장과 육군 참모총장을 지낸 이형근이었다. 이는 임시정부의 정통성이 중시되었으나 인적 자원이 부족했던 초창기 군대가 인적 관계에 크게 의존하고 있었음을 보여준다.

련군이 관여해 간부 장교 양성을 위한 보안간부훈련대대를 창설했다.[170] 1947년 5월 17일 소련은 보안간부훈련대대를 북조선인민집단군사령부로 개칭한 후, 전 장병에게 소련군 계급장을 모방한 계급장을 수여하고 소련제 무기를 보급함으로써 정규군의 모습을 구체화했다.[171] 1947년 7월 제2차 미소공동위원회가 실패로 돌아간 이후 미국이 한반도 문제를 국제연합으로 이관하자, 미군과 소련군의 동시 철수를 주장하던 소련은 1948년 2월 8일 조선인민군 창설을 선포했다. 이미 실재하고 있었던 북한군은 미국의 우려를 불러일으키기에 충분했다. 1948년 4월 2일자 NSC^National Security Council(국가안전보장회의)의 'NSC 8' 보고서는 4만 5,000명의 소련군이 12만 5,000명의 북한 정규군을 양성하고 있는데 남한의 경우에는 불과 2만 명의 주한 미군이 2만 7,000명의 조선경비대와 해안경비대만을 운영하고 있다고 보고하고 있다.[172]

따라서 제2차 미소공동위원회 결렬 이후에도 여전히 소련과의 협상 가능성에 집착하던 미국 역시 1947년 11월 국제연합에서 남한 단독정

(단위: 명)

일자	조선경비대	해안경비대	합계
1948년 1월 30일	14,800	2,850	17,650
1948년 2월 27일	22,023	2,850	24,873
1948년 3월 26일	24,691	2,859	27,550
1948년 4월 30일	24,189	2,859	27,048
1948년 5월 28일	31,156	2,779	33,935
1948년 6월 25일	38,165	2,858	41,023
1948년 7월 30일	49,783	2,789	52,572
1948년 8월 13일	49,995	2,627	52,622

● 표 II-9) 1948년도 월별 조선경비대 병력 증가 현황[173]

부 수립이 결정되자 1948년부터 조선경비대 병력을 급속히 증강시켰다. 표 II-9를 보면 불과 7개월 만에 한국군 병력이 약 3배 증가한 것을 알 수 있는데, 이는 전적으로 한국 정부 수립 후 미군을 철수해도 북한에 대항해 생존할 수 있는 군사력을 단기간에 양성하고자 했던 미국의 전략적 목적을 충족시키기 위한 것이었다.

미군정의 기준을 만족시키지 못한 광복군 출신 장교들

그러나 이렇게 짧은 시간에 이루어진 한국군의 급속한 팽창은 광복군 출신에 비해 수적으로 훨씬 우세했던 일본군 출신자들의 부상과 좌익 세력의 대거 침투라는 부작용을 낳았고, 이는 제1공화국에서도 이어졌다. 미 군사고문단은 광복군 출신과 비교해 현대적 전술과 전기를 구비한 일본군, 만주군 출신들을 전문대 이상의 학력과 영어 구사 능력까지 구비했다는 이유로 선호했다. 군사영어학교의 입교 기준은 기존의 일본군, 만주군, 광복군 출신 장교 및 준사관 중에서 중학교 이상을 졸업하고 영어에 대한 약간의 지식을 구비한 자로 제한되어 있었다. 그러나 대부분 중국군 출신이었던 광복군 장교들의 다수는 영어를 전혀 구사하지 못한 데다 나이가 많았고, 일본의 군사훈련 기관에서 이루어지는 엄격한 훈련 같은 것을 받지 못했으며, 직업군인으로서의 지식과 경험이 부족해 애국심만 강조하는 경우가 많았다.

예를 들어 국방경비대 총사령관을 지낸 송호성은 일본군 출신들이 군부 실세로 등장하면서 배제된 대표적인 인물로 꼽힌다.[174] 하지만 알려진 것과 달리 그의 자질, 학식, 군사 지식을 문제 삼는 진술들을 매우 쉽게 찾아볼 수 있다. 월남 주둔 한국군 사령관을 지낸 채명신은 송호성이 참군인의 전형으로 꼽히는 인물이지만 영어를 한마디도 못했으며 오랜 광복군 생활로 에티켓이 없었다고 지적했다.[175] 일본군 출신이었으나 광복군 출신의 유동열, 김홍일 장군에게 지극한 존경심을 보였던 유재흥 역시 송호성이 중국에서 독립운동을 한 전력과 자신의 존재를 과시하는 성품으로 사적인 보복을 일삼았다고 회고했다.[176] 또 그가 광복군 경력을 내세워 미군과 일본군 출신 장교들로부터 특별 대우를 받아 소장 장교들의 반발을 사기도 했다는 증언 역시 발견된다.[177]

한국인들만 이러한 평가를 내린 것이 아니었다. 한국군 창설에 지대한 영향을 미쳐 수정주의자들에게도 한국군의 아버지로 거론되는 하우스만(하우스먼) 역시 송호성의 자질 부족 문제를 언급했다.[178] 국방부의 공식 기록은 이렇듯 여러모로 부족했던 송호성이 2년이나 총사령관으로 재임할 수 있었던 것은 같은 광복군 출신 유동열 통위부장의 비호가 있었기 때문이라고 전한다.[179] 커밍스 역시 국방경비대의 책임을 맡은 미군들이 광복군 출신들의 기초 군사훈련이 부족하다는 것을 파악하면서 최초의 군사영어학교에 선발된 광복군 출신들이 국방경비대의 고위직을 얻지 못했다고 지적한다.[180]

우익 청년단원들의 입대 증가

한편 국방경비대가 단시간에 무리하게 병력을 증강하는 과정에서 미군정이 제대로 신원 조회를 하지 않아 공산주의자들의 침입이 용이해졌다. 당시 미군정은 정치적 중립성을 이유로 좌우익을 차별하지 않았고, 통위부장 유동열 역시 이를 막을 방법이 없었기 때문에 당시 국방경비대는 공산당의 주요 근거지 중 하나가 되었다.[181] 한편으로 이북 출신 우익 청년단원들의 군 입대 역시 크게 증가하고 있었다. 1946년 5월 1일 군사영어학교를 대신해 창설된 경비사관학교와 1946년 1월 17일 설립된 해방병학교 입교자들의 경우 이북 출신 우익 청년단원들의 비율이 높았다. 예를 들어 6기에 걸쳐 총 1,254명의 장교를 배출한 경비사관학교의 경우 15 대 1의 높은 경쟁률을 보인 5기생들 중 합격자의 2/3가 이북 출신이었고, 각 연대의 우수 하사관 및 병사를 대상으로 모집한 제6기 역시 대다수가 이북에서 월남한 이들이었다. 이들의 비율은 갈수록 높아져 육사 정규 7~10기 가운데 광복군 수뇌들이 육성한 광복청년회, 조선민족청년단, 대동청년단 단원들과 이북에서 월남한 서북청년단 대동강동지회, 압록강동지회의 회원 수가 무려 2,500명에 육박했다.[182] 서북청년단원들 역시 유동열 통위부장 등과의 협의를 통해 국방경비대 내의 공산 프락치를 제거할 목적으로 육사 5기에 대거 지원했으며, 육사 7기에도 13명이 지원했다고 증언하고 있다.[183]

미군정기의 재정·조세 기구

과대 성장 국가론의 허상

앞서 제3세계 신생국가들의 경우 국가의 생산과 자본주의 발전을 담당할 부르주아계급의 형성이 늦어져 국가가 직접 생산 주체로 나서서 필요한 물적 자원을 스스로 충당하곤 했다고 지적한 바 있는데, 1946~1948년 미군정기의 세출입 구조를 살펴보면 이러한 설명이 그대로 적용될 수 있다는 것을 알 수 있다. 1946~1948년 미군정의 세출과 세입 품목 중 가장 많은 비중을 차지하고 있는 것은 바로 관업비로 타 분야에 비해 압도적이다.

그에 비해 과대 성장 국가론에서 그 역할을 강조하는 사법경찰비와 국방비는 행정비에도 뒤처져 3번째 순위에 자리하고 있으며, 어떤 경우에는 산업비에도 뒤처졌다. 표 Ⅱ-10을 통해 알 수 있듯 남한 단독정부

구분		1946년		1947년		1948년	
		금액	비율	금액	비율	금액	비율
세출	행정비	2,106	17.8	1,976	10.2	5,746	16.4
	사법경찰비	1,356	11.5	2,323	11.9	4,014	11.5
	국방비	1,026	8.7	1,697	8.7	4,969	14.2
	교육비	387	3.3	1,600	8.5	1,761	5.0
	토목비			614	3.2	730	2.1
	산업비	1,957	16.6	2,260	11.6	2,524	7.2
	관업비	3,991	33.8	7,498	38.6	13,828	39.5
	사회보건비	415	3.5	867	4.5	898	2.6
	국채비	562	4.8	550	2.8	533	1.5
	기타					20	0.1
	계	11,800	100	19,445	100	35,119	100
세입	조세	722	6.1	3,600	18.5	5,058	14.4
	인지수입	6	0.1	150	0.8	260	0.7
	관업/재산 수입	6,870	58.2	11,065	56.9	19,712	56.3
	차입금	3,787		4,010	20.6	9,459	27.6
	공채		16.6				
	기타	415	33.8	620	3.2	529	1.5
	계	11,800	100	19,445	100	35,119	100

● 표 II-10) 미군정기 세출입 구조(1946~1948년)*184

---

* '사법경찰비'와 '국방비'의 내용이 표 II-4와 II-6의 내용과 차이를 보이는 것은 같은 연도라
도 회계연도와 결산의 기간이 다르기 때문이다(1945년 회계연도는 1945년 10월~1946년 3월,
1946년 회계연도는 1946년 4월~1947년 6월, 1947년 회계연도는 1947년 7월~1948년 6월,
1948년 회계연도는 1948년 7월~1949년 6월, 결산은 1948년 7~9월).

수립이 현실화되어가면서 전체 세출에서 국방비가 차지하는 비중이 1.6배(비용은 4.8배) 증가되었다. 하지만 사법경찰비의 비율은 크게 늘어나지 않았다. 우익 청년단체들은 이를 명분 삼아 자발적으로 치안 업무에 뛰어들었다.

결론적으로, 일제의 수탈 때문에 국가 경제가 피폐해지고 극도의 인플레 상태에 빠졌지만 국가의 생산과 소비를 담당할 수 있는 인력과 계층이 전무한 상황이 되자 국가가 직접 생산과 소비의 주체로 나서서 경제를 떠맡았다는 것을 알 수 있다. 서주석은 이를 조세수입이 극히 저조했던 시기에 주로 조세 외적 수단인 관업수입과 원조 등을 통해 국가에 부담이 부과된 것으로 해석해 단지 국가 건설의 과도기적 특수 상황에서 발생한 특이 사항 정도로 평가하고 있다.[185] 하지만 이것을 대한민국과 같은 취약국가 건설의 초기 단계에서 나타나는 현상으로 평가하는 것이 보다 적당할 것이다.

이러한 상황은 미국의 대한 정책이라는 국제정치적 요소와 각종 자원들의 부족 속에서 근대국가를 건설했던 신생국가 대한민국의 상황이라는 두 가지 요소를 함께 고려할 때 정확히 이해할 수 있다. 일제가 물러간 이후 경제와 산업이 철저히 붕괴되었지만 이를 떠맡을 부르주아가 없는 한국의 형편상 당시 한국의 재정은 미국의 대외 경제원조에 의존하고 있었다. 표 Ⅱ-11은 총수출입 중 미국의 대외 원조 수입이 차지하는 비중을 보여주는데, 1945년에는 그 비율이 100%였고, 그 후 점점 낮아지긴 했지만 77%(1946년) → 77.1%(1947년) → 76.3%(1948년)를 기록할 정도로 절대적인 비중을 차지했다.

	1945년	1946년	1947년	1948년
원조 수입	4,493	49,496	199,899	175,592
총수입	4,493	60,721	232,615	208,003
총수출입	4,493	64,262	259,419	230,263
원조 수입/총수입(%)	100	81.5	85.9	84.4
원조 수입/총수출입(%)	100	77	77.1	76.3

● 표 II-11) 총수출입 중 원조 수입의 비중[186]

재정 적자와 인플레의 만연

1945~1948년까지 제공된 미국의 대한 경제원조는 두 가지로 나누어볼 수 있다. 미 육군부를 통해 1945년 9월~1948년 8월까지 총 4억 939만 4,000달러가 투입된 점령지역행정구호원조Government and Relief in Occupied Area(GARIOA)[187]와 1947년 미국 해외청산위원회Office of the Foreign Liquidation Commissioner(OFLC)가 의료품과 피복 등을 위주로 해 차관 형식으로 제공한 총 2,492만 8,000달러 규모의 유상원조이다.[188] 그중 절대적 비중을 차지한 점령지역행정구호원조(GARIOA)는 2차대전 이후 미국이 점령했던 모든 지역에서 미국이 기아, 질병, 사회 불안 등을 방지해 민생을 안정시키기 위해 마련한 것으로 한국에는 1945년 9월부터 제공되었다. 하지만 조속한 철수에 집중하고 있었던 미군정은 경제 부흥보다는 긴급 구호품 제공을 통해 한국인들의 식량 결핍과 질병 문제를 해결함으로써 사회를 안정시키는 데 초점을 맞추었다.[189]

게다가 미국 정부가 미군정에 시달한 경제·재정 운용 정책은 1945년 10월 17일에 내린 것이 전부로, 구체적이지 않고 애매모호하기만 했다.

이러한 미군정의 경제정책과 재정·조세 정책은 결국 세출과 재정 적자의 증가, 인플레의 증가로 귀결되었다.

일제강점기 조선인들의 1인당 국민소득은 조선 거주 일본인의 1/6에 불과했지만, 조세 부담액은 큰 차이가 없었다.[190] 이는 조선인에 대한 일본의 가혹한 수취뿐만 아니라 조선에 살던 일본인들이 경제와 생산 활동을 독점하면서 조세수입의 상당 부분을 책임지고 있었다는 것을 보여준다. 하지만 일제가 패망하면서 그로 인해 경제 피해를 입은 한국인들 역시 일본인들을 대체할 수 없었기 때문에 미군정기 국가의 조세수입은 크게 줄어들 수밖에 없었다.

실제로 미군정이 여러 차례의 개편을 통해 미국식 세제를 도입했지만, 일제 말기 대비 20% 수준에서 출발한 조세수입은 미군정 기간 동안 6.1%(1946년)와 14.4%(1948년)에 머물렀다. 국가는 (세입과 세출, 혹은 재정) 균형을 위해 세출을 늘릴 수밖에 없었다. 이는 막대한 재정 적자와 인플레의 만연으로 귀결되었다. 표 Ⅱ-10을 보면 미군정기 3년 동안 세출은 118억 원에서 약 351억 원으로 무려 3배 가까이 늘어났다. 이러한 세출의 증가는 재정 적자로 이어져 재정 적자 역시 9억 9,680만 원 → 78억 4,800만 원 → 162억 3,500만 원으로 폭증했다. 이는 인플레로 귀결되어 당시의 물가 상승률은 125.5% → 228.3% → 372%로 계속 증가해 연평균 330% 이상의 초인플레 상황이 연출되었다.[191]

최소 자원으로 소련의 한국 흡수를 막으려고 했던 미국

그러나 미국의 정책은 근본적으로 바뀔 수밖에 없었다. 제2차 미소공동위원회가 결렬된 직후인 1947년 7월 24일, 미군정에 소련이 지원하는 북한 정부에 대항해 한국 역시 자립 경제를 건설할 수 있도록 건전한 발전을 목표로 경제를 재건하라는 지침이 전달되었다.[192] 또 1947년 9월에 방한한 윌리엄 드레이퍼William Draper 사절단은 남한 단독정부 수립 가능성을 전제로 미국의 대한 경제원조 정책을 마련해, 1947년 11월에 국제연합 감시하에 5·10 총선거를 실시하기로 결정한 후 남한의 정치·경제적 안정을 위해 경제원조를 확대해야 한다는 의견을 담은 보고서를 제출했다.

하지만 국제연합에 남한 단독정부 수립안을 상정했으면서도 소련과의 협상 가능성을 끝까지 배제하지 않았던 미 국무부는 미군정의 경제 전문가들이 한국의 장기적인 경제 부흥을 목표로 건의한 경제원조 계획을 받아들이지 않으려고 했다.[193] 이러한 입장은 1949년 중국 대륙이 공산화될 때까지 변하지 않았다. 기본적으로 트루먼독트린의 한국 관련 방침은 유럽에 비해 전략적 중요성이 떨어지는 한국의 경우 남한이 북한에 대항해 생존력 있는 정부를 구성하도록 도와줌으로써 주한 미군이 자연스럽고 품위 있게 철수할 수 있는 여건을 마련하는 데 있었다. 즉 최소한의 경제적 지원으로 정치·이념상의 효과를 거둬 미국의 막대한 군사력 투입을 피하는 데 목표를 두었다.

1948년 4월 2일자 미국 'NSC 8' 보고서는 이를 압축적으로 보여준다. 이 보고서는 소련의 주요 목표가 한반도 지배에 있다는 사실을 인정하면서도 인력과 자금의 한계를 고려해 미군을 철수하기로 결정했다. 하지만 미군 철수 이후 초래될지 모르는 남한의 경제적 붕괴를 방지하기 위해 미국의 경제원조를 확대해 실행 가능한 범위 내에서 남한 정부를 지원하기로 결정하고 있다.[194]

방임된 부정과 부패의 구조

맥도널드와 미국 육군부 관리들이 인정했듯, 미국은 한국에 충분한 인적·물적 자원을 투입하지 못해 큰 곤란을 겪고 있었다. 실제로 60년간 미국이 지원한 국가 건설의 사례들을 종합해 수치화한 랜드 연구소의 연구 자료와 비교해보면 당시 미국이 한국에 투입한 자금은 굉장히 적은 액수였다. 따라서 미군정 시기부터 시작된 한국의 취약국가로서의 출발은 불가피한 것이었다. 표 Ⅱ-12)는 미군정 3년 동안의 점령 비용을 계산한 표이다.

(단위: 천 달러)

회계연도	병력 급여	병력 유지비	GARIOA	OFLC	총계
1946년	89,000	85,500	27,800		202,300
1947년	82,000	74,300	96,400	24,928	277,628
1948년	84,300	67,500	92,700		244,500
총계	255,300	227,300	216,900	24,928	724,428

● 표 Ⅱ-12) 미군정의 점령 비용*

이를 토대로 랜드 연구소의 연구가 제시하고 있는 국가 건설 비용과 미군정의 사례를 종합해 비교해보면 표 Ⅱ-13과 같다. 결론적으로 60년의 편차와 4배 더 많은 인구, 환율의 차이 등을 무시하더라도 미군정의 경우 턱없이 부족한 수의 경찰과 군대 운영은 물론 예산에 있어서도 약

---

* 이 자료는 박찬표, 2007, p. 314를 재인용한 것이나, 이 책에서는 1947년 미국 해외청산위원회(OFLC)가 차관 형식으로 제공한 총 2,492만 8,000달러 규모의 유상원조까지 합산했다. 서주석, 2008, p.259를 참조할 것.

	미군정 시기 한국		랜드 연구소 표준 모델 국가 (평화 집행 활동)
인구	2,100만 명(1949년)[195]		500만 명
1인당 국민소득	40달러[196]		500달러
경찰 병력[197]	1945년	15,000명	60,000명(15,000명×4*)
	1946년	22,620명	
	1947년	28,552명	
	1948년	35,000명	
경찰 예산[198]	1945년	202.5백만 원	7,200만 달러(1,800만 달러×4)
	1946년	147백만 원	
	1947년	2,016.5백만 원	
	1948년	2.4십억 원	
군대 병력[199]	1945년	77,643명	20~40만 명(5~10만 명×4)
	1946년	44,382명	
	1947년	58,985명	
	1948년	75,492명	
국방비[200] 예산	1945년	0.1백만 원	2억 달러(5,000만 달러×4)
	1946년	826.5백만 원	
	1947년	1,991백만 원	
	1948년	8.1십억 원[201]	
국가 건설 비용	약 24억 달러		약 624억 달러

● 표 II-13) 국가 건설 비용[202]

---

* 미군정 시기 한국이 랜드 연구소 표준 모델 국가보다 인구가 4배 많다는 것을 고려했다.

1/26에 불과한 비용만을 투입했다. 환율 보정이나 시대의 격차 등을 고려한다면 이 규모는 훨씬 더 늘어날 것으로 추정된다. 이렇게 국가 건설에 충분한 비용이 투입되지 않았다는 것은 비공식적인 추가 비용이 외부에서 유입되어야 했으며, 관리들이 비합법적인 조세를 징수할 가능성이 높아진다는 것을 의미한다. 즉 전 세계에서 위기를 관리하기 위해 투입하는 막대한 자금에 큰 부담을 느끼고 있던 미국이 상대적으로 전략적 중요성이 떨어지는 한국에서 조기 철군하기 위해 관리 비용을 한국 사회에 전가함으로써 생존을 위한 부패가 필연적일 수밖에 없는 사회구조를 조장했다고도 볼 수 있다.

따라서 미 국무부 극동국 과장이었던 존 빈센트가 1957년 6월 30일자 『뉴욕 타임스New York Times』에 기고한 편지를 인용해 "한국전쟁 때까지 미국의 대한 원조는 이렇다 할 만한 것이 없을 정도로 불충분했으며 간헐적으로 행해졌다"고 지적한 헨더슨의 주장은 타당하다.[203] 실제로 미군정의 곡물 수집과 배급, 적산 불하 등을 둘러싸고 공무원들의 부정이 벌어졌다. 그리고 이에 대한 국민들의 불만을 목격한 좌익 세력들은 이를 다음에 기술할 노동쟁의와 파업의 가장 큰 대의명분 중 하나로 제시했기 때문에 악순환이 반복될 수밖에 없었다.

3장

내란의
시작

이 점은 매우 주목할 만한 사실이다. (북한의 소련군 총사령관) 쉬띄꼬프는 '인민위원회로의 권력 이양'을 총파업의 요구 조건에서 사실상 배제하도록 권고한 것이다. 즉 쉬띄꼬프는 (한국에서 조기 철수하고자 하는 미국과의 협상 가능성을 염두에 두고) 총파업을 미군정의 정책을 비판하는 수준으로 제한하고 투쟁이 미군정의 직접적인 정권 투쟁으로 발전할 가능성에 제동을 건 것이다.

-전현수,『쉬띄꼬프 일기』해제 중에서

제주도는 남과 북이 한국전쟁 이전에 대리전을 펼친 장소였다. 따라서 제주도는 모두에게 악몽의 섬일 수밖에 없었다.

본격화된 내란과 5·10 총선거

사상 검사로 유명했던 선우종원은 당시 사회가 혼란하고 무질서한 가운데 물가가 치솟고 민생고가 심해지자 공산당 세력이 이를 공산혁명을 위한 절호의 구실과 기회로 활용했다고 지적했다.[1] 그의 기술에 따르면, 해방 직후부터 한국전쟁 이전까지 공산당의 활동은 4단계로 전개되었다. 그중 1단계가 1946년 9월부터 파업을 중심으로 한 공산당의 정치투쟁 단계였다. 한편 신수정주의자로 자처했던 존 메릴^{John Meril} 역시 공산당의 투쟁 단계를 4단계로 지적하는데, 그의 이론에 나오는 2단계인 대중 봉기가 한국에 나타난 것도 1946년 가을이었다. 이들 외에 공산당의 투쟁을 3단계로 분류하고 있는 김점곤의 설명에서도 1946년 9월은 제2단계에 해당하며, 합법적인 정치투쟁이 점차 폭력 투쟁으로 전환되던 중요한 시점이었다.

이렇듯 1946년 9월부터 사실상의 내전 상태가 전개되면서 특히 제 기능이 발휘되지 못하던 치안과 안보 분야의 업무를 우익 청년단체들이 보좌하기 시작했다. 한편 제2차 미소공동위원회가 결렬되어 한반도에 통일된 단일민족국가가 설립될 수 있다는 희망이 점차 사라지면서 우익 진영에서는 사실상 소련에 의해 국가가 형성된 북한에 대항하여 남한 지역에 근대국가를 건설해야 한다는 입장과 반드시 통일된 민족국가를 건설해야 한다는 민족주의 사이의 분열이 심각해졌다. 대중 역시 일제강점기보다 못한 농민들의 생활수준과 친일 분자 청산 요구에도 여전히 많은 부일 부역자들이 그대로 경찰에서 일하고 있는 현실을 비판했다.[2] 양 진영 간의 이런 갈등은 1948년 4월 3일 발생한 제주 4·3 사건을 계기로 폭발했다.

한편 소련은 1947년 10월 28일과 29일 유엔총회에 한반도 문제 해결을 위한 남과 북의 인민대표 초청 결의안을 제출하는 한편, 미국과 소련이 한반도에서 동시에 철수할 것을 결의한 안건을 상정했다.[3] 따라서 1948년 1월 8일 한국을 방문했던 국제연합의 한국위원회 역시 소련의 북한 입국 거부로 인해 남한에 국한된 선거를 실시하기로 결정하기는 했지만, 한국민의 민족주의적인 흐름을 무시할 수 없었다. 1948년 3월 4일 미군정청은 남한에서 선거를 실시하기 위해 15명의 한국인 중앙선거위원회 위원을 임명했으나, 불과 3일 전인 3월 1일 김구의 지지자들 1,000여 명이 단독선거를 반대하는 시위를 벌였다. 이 소식을 접한 국제연합 한국위원회는 공정한 선거 진행을 통해 한국 내부의 민족주의적 목소리를 지원함으로써 5·10 총선거는 높은 투표율을 기록한다.

노동쟁의와 파업의 본격화

전술했듯 미군정은 제2차 미소공동위원회가 결렬되기 전까지는 적극적인 국가 건설에 나서지 않아 경제 사정이 점점 어려워졌고, 노동자와 농민들의 불만도 커졌다. 1947년 1월 21일 소련군 연해주 군관구 사령부에서 소련 외무성에 보낸 정세 보고서 역시 지난 2년간 미군정이 어느 문제도 해결하지 못해 인민의 생활이 과거 일제와 비교해 더욱 어려운 실정이라고 지적하고 있다.[4]

리처드 D. 로빈슨이 지적한 것처럼 당시 한국민들의 가장 큰 불만은 식량과 농업 문제에 관한 것이었다. 해외에서 귀국한 사람들과 월남민들로 인해 인구가 급증해 더 많은 식량 생산이 요구되었다. 이를 위해서는 북한에서 생산하던 화학비료와 농업 물품들이 필요했지만 소련과의 협상 결렬로 인해 공급이 충분하지 못했다. 또 미군정은 당시 한국 농경지의 12.5%를 차지하던 가장 비옥한 귀속 농경지를 제대로 관리하지 않고 방치했다. 즉 미군정이 1947년 7월까지 생산력이 높은 농경지의 적극적인 불하에 나서지 않아 식량문제가 악화되었다.

미군정은 식량문제를 해결하기 위해 한국 농부들로부터 수확물을 수집하려고 했다. 하지만 미군정이 책정한 가격이 지나치게 낮았기 때문에 농부들은 수확물을 암시장에 내다팔았다. 표 III-1을 살펴보면 미군정이 제시한 가격은 자유시장가격의 20~30%대에 머물고 있었다.

(단위: 원)

	1945년	1946년	1947년	1948년	1949년
자유시장 미가	10.78	65.67	111.9	176.52	191.08
정부 수매가	1.32	23.84	26.31	49.33	106.88
정부 수매가/ 자유시장 미가 (%)	12	36	23	28	55

● 표 III-1) 1945~1949년 자유시장 미가와 정부 수매가 비교[5]

미군정은 농민들에게 유인책으로 미국에서 수입한 화학비료와 곡물의 교환을 제시했지만 소용이 없자 경찰과 행정 기구를 총동원해 곡물 수집에 나섰다.[6] 그 결과 1945년과 1946년에는 각각 목표량의 5.3%와 48%에 불과했던 곡물 수집량이 1947년 82.9%까지 상승하는 큰 성과를 거둔다.[7]

하지만 미국의 행정력이 충분히 수립되어 있지 않았기 때문에 지주와 경찰 관료들을 중심으로 구성된 지역위원회가 강제력을 행사해 곡물을 수집했고, 농민들의 강한 반발을 샀다. 이는 이후 1946년 9월의 대규모 파업과 10월 1일 대구 항쟁이 발발하는 가장 큰 요인의 하나로 작용한다. 1946년부터 주한 미군의 철수를 감행했던 미군정이 충분한 국가 운영자금이 없다보니 한국인 요원들을 충원할 수 없어 기존의 요원들에게 크게 의존할 수밖에 없었는데, 이것이 화근을 불러온 것이다.

한편 예산에서 행정비와 사법경찰비가 차지하는 비중이 작았기 때문에 한국인 관리와 경찰에게 지급되는 봉급 역시 적었다. 물론 이들에게는 특별 배급을 실시해 부족한 봉급을 일부 보충해주었지만,[8] 이들 역시 특히 경제가 어려웠던 1946년과 1947년에 일반인들과 마찬가지로 큰 어려움을 겪었다. 경찰의 경우 봉급보다는 이른바 '자발적 기부'에 생활을 의존했는데, 헨더슨이 지적한 것처럼 경찰의 금품 강요는 1946년과 1947년에 일상적인 일이 되었다. 로빈슨 역시 미군정에 고용된 조선인들이 봉급만으로는 최소한의 생활비도 감당할 수 없었기 때문에 공무원들이 기본적인 생활을 유지하기 위해서는 부정한 소득을 취하지 않을 수 없었다고 지적한다.

파업과 소요

랜드 연구소의 연구에서는 경찰에게 월급으로 1인당 국민소득의 2~3배를 지불할 것을 권고하고 있다. 하지만 1945년 9월 당시 한국 경찰의 봉급은 국민 평균 소득의 2~3배인 80~120달러가 아니라 3달러에 불과했다. 그에 비해 1946년 1월경 소련군정을 위해 일했던 번역원의 월급은 200루블 정도였는데,[9] 1949년 3월경 스탈린의 환산에 따르면 1달러는 5루블로 계산될 수 있었으므로[10] 약 40달러의 월급을 받았던 셈이다. 또 1950년 2월경 소련 고등군사학교에서 교육받고 있던 북한의 위관급 장교들의 경우 소위가 1,300루블 정도를 받는 것이 타당하다고 여겨졌는데, 이 금액 역시 약 260달러로 환산될 수 있다.[11] 결국 이러한 자료들은 북한에 비해 남한의 국가 건설 자금이 얼마나 부족했었는지를 보여주는 동시에 한반도에 대한 소련과 미국의 관심 차이를 단적으로 보여준다.

이러한 상황에서 미군정이 고용한 최말단의 공무원들부터 경찰에 이르기까지 독직과 부패가 횡행했다. 특히 경찰들의 주 수입원 중 하나는 이들이 암시장에서 거래하는 쌀과 미국산 상품들이었다.[12] 이 상품들은 당시 경제난으로 고통을 겪고 있던 민중들에게 가장 절실히 필요한 물품들이었기 때문에 경찰에 대한 반감은 더욱 커질 수밖에 없었다. 거의 모든 관공서에 부정부패가 만연한 가운데[13] 민중들의 미군정에 대한 혐오감 역시 증폭되었다.[14]

미군정기의 유형별 소요 건수를 집계한 자료들에 따르면 해방 직후인 1945년의 소요가 일본인, 친일파나 경찰서, 관공서의 관리들 습격에 집중되어 있었다면 1946년 이후부터는 양곡 수집 반대와 식량 요구 등 생활 문제로 전환되었다. 특히 소요는 미군이 대거 철수했는데도 한국인 요원들의 충분한 충원이 이루어지지 않아 국정 운영에 차질이 빚어지고 있던 1946년 하반기~1947년 상반기에 집중되었다.

좌익은 이러한 사정을 파고들었다. 1945년 12월에 결성된 좌익 계열의 조선노동조합전국평의회가 관계된 파업 통계를 보면 파업 건수와 참가 인원수가 1946년 9월~1947년 3월에 가장 집중되어 있다. 미군정이 본격적인 국가 건설에 착수한 1947년 7월부터는 파업 건수와 참가 인원이 급격히 감소하다가 북한과 공산당 세력의 지령에 따라 본격적인 투쟁이 발생했던 1948년 2월에 파업 건수가 다시 급증하지만, 참가 인원은 1946년 9월~1947년 3월의 절반에도 미치지 못했다.[15]

9월 총파업과 대구 10·1 사건

1946년 5월 '조선정판사 위조지폐 사건'이 발생하자 미군정은 조선공산
당을 불법화하고 이 사건에 연루된 인사들에 대한 체포령을 내린다. 박
헌영 계열의 공산당 세력들과 조선노동조합전국평의회는 노동자들을
선동해 1946년 9월에 철도, 운송업 노동자들이 중심이 된 전국적인 규
모의 총파업을 전개한다.

　1948년 9월 23일 부산 철도 노동자 7,000명의 파업을 신호로 총파업
이 시작되었다. 9월 24일 조선노동조합전국평의회 산하의 남조선철도
노동동맹 소속 노동자 4만 명이 미 군정청 운수국을 상대로 쌀 배급 증
가와 임금 인상, 감원 중지 등을 요구하면서 파업에 나섰고, 이는 인플레
이션 증가와 식량 부족으로 고통받고 있던 많은 노동자들의 공감을 불
러일으켰다. 다음 날인 9월 25일에는 철도 노동자들이 파업에 돌입해 철
도 수송이 마비되었고, 출판 노조 역시 파업을 일으켜 모든 신문이 정간

되었다. 9월 27일 우체국과 전화국으로 번진 파업은 9월 30일 전기와 인쇄 등 다른 산업 분야 노동자들로 확대되었고,[16] 10월 2일에는 시내 전차 운전사와 차장들의 파업이 이어졌다.

총파업의 확대를 막은 북한 주둔 소련군 총사령관

9월 28일 하지 장군은 선동자들이 파업을 도발했다고 비판했는데,[17] 이는 사실이었다. 파업을 주도했던 공산당 지도부는 북한에 주둔 중이던 소련군 사령부에 파업 방침을 문의했다. 9월 9일 박헌영의 문의에[18] 쉬띠꼬프(스티코프) 사령관은 200만 엔을 지원하고, 임금 인상, 체포된 좌익 활동가들의 석방, 미군정이 정간한 좌익 신문들의 속간, 공산당 지도자들에 대한 체포령 철회 등의 요구 조건들이 받아들여질 때까지 파업 투쟁을 할 것을 지시했다.[19] 그나마 상황이 더 악화되지 않은 것은 소련군이 한국에서 가능한 한 빨리 철수하고자 했던 미국과의 협상을 염두에 두고, 인민위원회로의 권력 이양을 총파업의 요구 조건에서 사실상 배제하도록 권고했기 때문이다. 전현수 역시 소련군정이 총파업을 미군정의 정책을 비판하는 수준으로 제한하고 미군정과의 협상을 지시함으로써 총파업 투쟁이 미군정 타도의 직접적인 정권 투쟁으로 발전하는 것을 사전에 차단했다고 지적했다.[20]

한편 전술했듯 당시 미군정은 인플레로 인한 쌀 가격의 폭등을 막기 위해 가격을 통제하고 곡물 수집령을 내리고 있었다. 좌익 세력들은 이를 구실로 시위를 전국 지역으로 확대하려 했고, 미국이 과거 한국에서 곡물 가격을 폭락시켜 경제적 착취를 행했던 일본을 흉내 내고 있다고 헛소문을 퍼뜨려 저항감을 고취했다. 총파업은 10월 1일 대구 지역의 시위를 계기로 전국적인 규모의 폭력 시위로 발전한다.

예고된 재난의 시작

당시 대구 지역은 좌익 세력들의 활동이 활발해 '제2의 모스크바'로까지 불리고 있었다. 당시 약 32%를 기록하고 있었던 실업률 역시 전국에서 두 번째로 높은 수준이었다.[21] 이미 대구 지역의 실업률은 일제강점기인 1938년 4월 13일에도 16.6%에 달할 정도로 높았는데, 해방 이후 그 2배로 증가한 것이다.* 아울러 다른 지역보다 뒤늦게 곡물 수집에 착수한 경상북도 미 군정청이 남한 전체 수집분 중 가장 많은 곡물을 수집[22]하는 과정에서 무리하게 경찰과 행정력을 동원해 주민들의 원성이 커지고 있었다.[23]

　그러나 대구·경북 지역의 경찰 지원율은 극히 저조해 치안력이 확립되지 못했다. 이에 1946년 초부터 표출되고 있었던 대구 주민들의 불만이 경찰관과 미군정 관리 살해라는 극단적인 부력시위로 전개되어 10월 2일 미군정은 계엄령을 선포한다. 시위가 대구뿐만 아니라 인근 경북 지역 등으로 확대되어 1945년보다 1만여 명이 감축된 미군과 조선경비대, 경찰의 인력만으로는 이를 막을 수 없자, 1945년 12월 21일과 1946년 5월 13일에 각각 결성된 대한독립촉성전국청년단체총연맹과 대한독립촉성국민회청년단 등이 중심이 된 우익 청년단체들이 대구 10·1 사건 진압을 돕는다. 이미 대한민주청년동맹을 중심으로 서북청년단, 대한독립

---

* 1938년 4월 13일 당시 대구의 인구는 8만 1,449명이었는데, 이들 중 주민의 1/6에 해당하는 1만 3,317명이 실업자였다. 박종효 편역, "1938년 4월 13일(조선일보)", 『러시아 연방 외무성 대한정책 자료 I』, 선인, 2010, p. 134.

촉성노동총연맹, 대한독립촉성국민회청년단, 대한독립청년단 등의 우익 청년단원 2,000여 명이 9월에 개시된 철도, 운송 노조 파업에 적극적으로 개입해 약 3,000명에 이르는 우익 계열 대한독립촉성노동총연맹 소속 노동자의 직장 복귀를 방어하고 있었다.[24]

1946년 9월 21일에 결성된 대한독립청년단은 9월 29일~10월 2일 전 단원을 총동원해 800여 명의 별동대를 중심으로 9월 총파업을 진압하는 데 전념했다. 10월 12일에는 일제 패망 후 서울시 인민위원회와 민주주의민족전선, 조선민주주의청년동맹이 무단으로 점유해 사용하고 있던 종로구 안국동 로터리의 이문당 건물을 습격해 탈취했다. 이후 이들은 미군정청으로부터 건물 사용 허가를 받아 이 건물에 자리잡고, 좌익계 기관지였으나 9월 3일 정간 처분을 받았던 『현대일보』를 인수해 좌파 선전에 대응했다.[25]

이렇게 우익 청년단체들이 개입해 본격적으로 활동하기 시작한 1947년 중반 이후에는 우익 계열의 대한독립촉성노동총연맹이 좌익 계열의 조선노동조합전국평의회의 규모와 조합원 수를 능가한다. 1947년 9월 통계에 따르면 대한독립촉성노동총연맹은 총 221개 조합에 3만 9,786명의 조합원을 확보해, 13개 조합에 2,465명의 조합원이 소속되어 있던 조선노동조합전국평의회를 크게 앞섰다.[26]

한국전쟁의 전초전, 빨치산 활동

1946년 9월과 10월을 기점으로 시작된 공산주의자들의 파괴 공작은 끊임없이 계속되었다. 많은 좌익 인사들이 대한민국 정부 수립을 방해하기 위해 1947년 3월과 1948년 2월에 총파업을 전개했다. 일부 좌익 인사들은 산으로 달아나 한국전쟁의 전초전을 형성한 빨치산 활동을 전개했고, 이는 1948년의 여수·순천 사건과 1950년 봄까지 전개된 게릴라 활동으로 이어진다.

좌익 세력의 빨치산 활동은 1946년 10월에 시작되었는데, 빨치산 부대의 존재는 소련군정에게 향후 공산당의 행동 방침을 문의해온 조선공산당의 보고를 통해 확인된다. 북에 있던 박헌영은 빨치산 부대의 식량과 탄약이 부족하다고 호소하면서 향후 투쟁 방침에 대한 교시를 내려달라고 요청했다.[27] 빨치산 부대 가운데 일부는 북으로 넘어가 소련군에게 일자리를 주선해달라고 요청하기도 했는데, 쉬띄꼬프는 이들을 무장해제시켜 조사한 후 남한으로 귀환시키든가 북한에 억류하라고 지시했다.[28] 쉬띄꼬프는 북한이 무장투쟁의 배후 기지로 전환될 가능성을 차단하려고 했는데,[29] 이는 북한의 국가 건설이 충분히 이루어지기 전까지 미군정과의 마찰을 최대한 피하기 위해서였다.

한편 이들 도주 좌익 세력들 중 일부는 1948년 2월 7일 총파업과 제주 4·3 사건 이후 전라남도 곡성군과 구례군 일대에서 '야산대'로 불리던 무장 유격대로 전환했다. 그리고 이 야산대 중 일부가 1948년 여수·순천 사건 이후 군 정규 부대에서 전환한 유격대로 흡수되면서 본격적인 게릴라 활동이 시작된다. 1948년 6월 평양에서 발족한 조국통일민주주의전선 결성 대회는 지리산 유격대가 보내온 전갈을 소개하면서 조국통일민주주의전선 결성의 핵심 과제 중 하나로 유격대와의 연계를 강조했다. 그에 따라 좌익 세력들과 토벌대 사이의 유격전 역시 새로운 단계로 접어들었다. 북한 정권이 남쪽의 유격전을 지휘할 수 있는 기구인 조선인민유격대를 1949년 7월에 창설해 본격적으로 지원함으로써 유격전이 남과 북의 대리전 양상으로 변모한 것이다.[30]

좌우익 청년단체

1946년 가을 발생한 좌익의 총파업과 대규모 항쟁 때부터 미군정을 도왔던 우익 청년단체들은 1947년 7월 제2차 미소공동위원회 결렬을 계기로 본격적으로 국가 건설 활동의 전면에 나선다. 1946년 9월 이전에는 좌익 세력이 폭력 행사와 청년단 조직에 있어서 우익에 비해 상대적으로 우세했다. 그러나 1946년 9월과 10월을 기점으로 좌익 세력이 불법화되면서 우익 청년단체들이 우세해졌다. 1945년 8∼12월까지는 좌익 청년단체들이 우익 청년단체들보다 크게 우세했으나 대한민국 임시정부와 이승만이 귀국하면서 1945년 가을부터 우익 청년단체들이 차츰 열세를 만회하기 시작한 것이다. 우익 청년단체들은 1946년 3∼6월까지 남한 각지를 돌며 전개된 이승만의 순행을 계기로 한국광복청년회, 대한독립촉성전국청년단체총연맹, 대한독립촉성국민회청년단 등을 중심으로 세력을 과시하며[31] 좌익 청년단체들과 치열한 경쟁을 벌였다. 이승만은 당대의 정치인들 중 사조직을 통한 대중 동원에 가장 능숙했는데, 소련군정 문서의 1946년 3월 28일자 보고에 따르면 김원봉은 이승만의 영향력하에 있는 조직화된 군중 수를 10만 명 정도로 평가하고 있다.[32] 1946년 9월과 10월 이후 수세에 몰린 좌익 청년단체들은 1948년부터 지하조직화되었다.

해방 직후 기선을 제압했던 좌익 청년단체

해방 직후 전직 경찰은 '친일파'라는 사회적 분위기 때문에 8월 15일~9월 8일까지 한인 경찰관의 80%가 사라져 치안에 큰 공백이 발생했다. 혼란이 극에 달하자 당장의 치안을 유지하기 위해 많은 지식인들과 깡패, 부일 협력자 등이 정치 성향과 관계없이 건국준비위원회의 깃발 아래 일치단결했다. 김동인 같은 문인이 보안대장으로 동원되었고,[33] 김두한 역시 대원들의 65%가 전과자 출신이었던 치안특별감찰대를 조직해 건국준비위원회를 위해 일했다.[34] 건국준비위원회의 보안대 역시 경찰관 위주로 조직되어 종로경찰서를 본부로 삼았으며,[35] 일본군 학병 소위 출신이었던 백남권은 건국준비위원회 남도부의 연락을 받고 치안대장이 되어 일본 군복을 입은 채로 일본군을 무장해제시켰다고 증언했다.[36]

   해방 직후에 만들어진 최초의 청년단체들은 좌익과 우익의 대립이 본격화하지 않았던 1945년 8~9월에 활동했으며 좌우익이 연합한 경우가 많았다. 이 단체들을 결성 순서대로 정리해보면 다음과 같다. 1)건국치안대(1945년 8월 16일) → 2)건국학도대(1945년 8월 16~25일) → 3)조선학도대(1945년 8월 25일~9월 25일)이다. 당시 좌우익이 대립하지 않고 연합할 수 있었던 가장 큰 이유는 해방 직후 인적 자원의 취약성에 있었다.

조선학도대를 비롯한 단체들은 다른 청년단체들과의 협조하에 일본인 소유의 모든 기업체를 접수, 관리하기 시작했다. 퇴각하는 일본인들에 의한 파괴 행위와 재산 은닉 및 도피 행각에 대응해 기업체들을 안전하게 보존하고 관리해, 식민지의 사회·경제적 구조를 파괴하고 새로운 민족국가 건설을 위한 물적·경제적 자원 구축을 위한 토대를 마련하기 위해서였다.[37]

당시 좌익 청년단체들이 우익 청년단체들보다 빠르게 결성되었는데, 임시정부와 이승만이 귀국하기 이전에 주도권을 잡았던 여운형의 건국준비위원회와 인민공화국의 영향이 컸다. 가장 강력한 움직임을 보인 것은 1946년 4월 25일 결성된 '조선민주주의청년동맹'으로 이들은 9월과 10월의 전국적인 총파업과 폭동을 주도했다. 당시 소련 정부는 1946년 9월 23일~11월 11일에 남한에서 발생한 파업과 폭동에 참가한 인원을 총 2만 2,900명(파업 1만 2,600명, 폭동 1만 300명)으로 계산하고, 그중 절반을 상회하는 1만 4,000명이 조선민주주의청년동맹원인 것으로 파악했다.[38] 조선민주주의청년동맹은 1947년 5월 17일 미군정이 공표한 행정명령 제2호에 의해 테러 단체로 규정되어 등록이 취소되자, 대부분의 조직원이 조선민주애국청년동맹으로 소속을 바꿔 본격적인 무장투쟁을 전개했고, 일부는 조선경비대*와 경찰, 우익 청년단체 등에 잠입해 활동했다.

* 박헌영은 1949년 3월 5일 스탈린과의 회담에서 공산주의 동조자들을 한국 군부에 이미 침투시켰으나 아직 노출시키지 않고 있다고 증언했다. 박종효, 2010, p. 312.

서북청년단의 등장과 우익의 반격

우익 청년단체들은 1)북한에서 월남한 중상층 이상의 20~30대 청년들을 중심으로 구성된 대한독립촉성전국청년단체총연맹과 서북청년단, 2) 김두한과 유진산이 중심이 된 대한민주청년동맹과 청년조선총동맹, 3) 서상천 등이 주동이 되어 공산 세력과의 대결 노선을 표방했던 대한독립청년단, 4)임시정부 출신의 이범석과 지청천이 결성하고 민족주의 중도주의 노선을 표방했던 조선민족청년단과 대동청년단의 네 그룹으로 나눌 수 있다.

이들 중 공산화를 피해 월남한 실향민들, 특히 평안도 출신의 20대 청년들이 급격히 좌경화되는 남한 정국에 울분을 품고 조직한 단체가 있었다. 그들은 1946년 8월 21일 파업을 벌이고 있던 조선노동조합전국평의회 산하의 적색노조를 습격해 승리를 거두었는데, 이를 기점으로 우익 청년단체의 반격이 시작된다.[39] 이들이 지금까지도 유명한 서북청년단이다. 1,000여 명의 회원으로 출발했던 서북청년단은 평안도 출신 실업가 방응모, 박흥식, 최창학 등의 자금 지원과 미군정청 한국인 고급 관리들의 적산 불하 등을 통해 20만 회원을 거느린 단체로 성장했다.[40] 한편 이들은 문교부장 유억겸과 담판해, 진학 관련 서류를 제출할 수 없었던 이북 출신 학생 6,000여 명을 대학에 편입시킴으로써 이철승 등이 주도했던 우파 대학생 단체인 반탁전국학생총연맹에 힘을 보태기도 했다.[41]

서북청년단의 급성장에는 다음과 같은 이유들이 있었다. 먼저 월남한 사람들의 반수 이상을 차지한 것이 중상층 이상의 20~30대 청년들이었다. 우익 진영의 정당 간부들과 어울리면서 공허감을 위로받을 수 있었던 이북 출신 정치가들에 비해 이들은 남한 사회에 심한 위화감과 공포심을 지니고 있었다. 월남 후 거리에서 노숙과 걸식을 일삼으며 방황하던 이들은 반공을 하지 않으면 살아남을 수 없다는 사실을 공유하며 점차 조직화되었다.[42] 한편 20만 단원들 중 6,000여 명이 문교부의 결단으로 대학에 진학했던 것을 고려해볼 때 이들의 3% 이상은 고등학교 졸업자 이상이었을 것으로 추정된다. 일제강점기 한국인 경찰관들 중 고등학교 졸업 이상의 학력을 보유한 사람들이 0.2%[43]였다는 사실을 고려해보면 이들이 상대적으로 매우 고학력 집단이었음을 알 수 있다.

투철하게 정신 무장이 되어 있었던 데다 행동력을 뒷받침할 수 있는 지적 능력까지 보유한 당대 최고의 인적 그룹들 중 하나였던 이들은 미군정에서 큰 세력을 형성하고 있었던 동향 출신의 고위 관리들과 부호들로부터 재정적인 지원까지 받으면서 단시간에 핵심적인 우익 청년단체로 급성장했다. 이들은 당시 국내 치안을 유지하는 데 급급해 남파 공작원들의 색출과 게릴라 토벌에 어려움을 겪고 있던 경기, 강원도의 경찰 지서나 파출소를 도와 의용 경찰대의 역할을 수행하고 각지로 파견되는 등 차츰 그 역할이 커졌다. 하지만 동시에 국내외 언론으로부터 "백색테러 조직" 혹은 "파시스트 전위 조직"으로 불리면서 미 군정청의 해산령 지시에 시달렸다.[44]

한편 주한 미군의 대거 철수에 따른 치안 공백을 목격한 우익 청년단체들이 자발적으로 미군정과 경찰을 돕기 시작하자 미군정은 이들을 경찰과 조선경비대에 편입했다. 우익 청년단체들의 규모는 크게 성장해, 1947년 1월 14~15일경 소련 언론은 미군정의 예상을 인용해 이승만의 신탁통치 반대 강연에 동조해 대규모 폭동을 준비할 수 있는 우익 단체의 조직원 규모를 약 200만 명으로 추산했다.[45]

조선민족청년단의 부상

1946년 10월 9일 이범석이 조선민족청년단을 발족하자, 9월 총파업과 10월 인민 항쟁을 겪으면서 전술군과 경찰 병력만으로는 체제를 유지하는 데 한계가 있다는 것을 절감한 미군정은 이들을 공식 후원했다. 이후 조선민족청년단은 남한 최대의 우익 청년단체로 급성장한다. 미군정은 조선민족청년단에 33만 5,000달러를 지급해 지도자 양성 학교를 설립케 하고, 정책고문으로 미군 대령 어니스트 보스^{Ernest E. Voss}를 파견해 이들의 훈련을 도왔다.[46] 원래 하지는 조속한 미군 철수를 달성하면서도 그에 따른 군사력 붕괴를 방지하기 위해 군대 창건을 건의했었다. 하지만 소련과의 협상에 지장을 줄 것을 우려한 미국 정부가 이를 반대하자, 좌익에 대항한 국가의 물리력을 확장하고 미군 철수 이후 한국의 지도 세력을 양성하기 위해 조선민족청년단을 후원한 것이다.

그 외에도 미군정이 조선민족청년단을 공식 후원한 이유는 서북청년단 등 빈공 투쟁 활동을 전면에 내세운 기존의 우익 청년단체들이 '파시스트의 전위 조직' 혹은 '한민당이 돈으로 고용한 외인부대'라는 미국과 한국 언론의 악평에 시달렸기 때문이다. 당시 경찰 총수였던 조병옥이 "서북청년단이 없었다면 남한 치안이 어려웠다"고 지적할 정도로 기존의 단체들에 대한 의존도가 컸지만 이들만으로는 한계에 부딪힐 수밖에 없었다.*

---

* 극우 성향의 우익 청년단체들 역시 민족주의적 정통성에 의거한 이념적 권력 자원을 활용하려고 했다. 청년조선총동맹 회장이었던 유진산은 조직원들에게 보낸 격문에서 자신들이 임시정부의 건국이념을 표현하기 위해 쓰던 홍익인간을 지도 이념으로 삼고 있다고 주장했다. 『동아일보』, 1947년 10월 7일, 「청년조선총동맹회장 유진산, 동맹원에 격문」.

반면 이범석이 이끈 조선민족청년단은 기존 우파 청년단체들의 단골 구호였던 반공 실력 투쟁 대신 민족지상과 국가지상이라는 신념을 토대로 강력한 민족 훈련을 주장했다.[47] 무엇보다도 이들은 안중근 의사의 조카인 안춘생과 임시정부의 국무총리와 참모총장을 지낸 노백린의 아들 노태준이 지휘하던 광복군 제2지대를 주축으로 결성되어 민족주의적 정통성을 확보하고 있었다.[48] 그러면서도 대공 투쟁을 본격적으로 전개하지 않고 비정치적인 운동에만 전념하면서 좌익에 대한 비폭력을 주장했기 때문에 반공 투쟁을 주목적으로 하는 기존의 극우 청년단체들로부터 강한 비판에 시달리는 등[49] 당시 미 국무부의 중도파 후원 방침에 따라 김규식을 지원하던 미군정의 정책에 가장 부합하는 우익 청년단체였다. 실제로 이범석은 공개적으로 테러 반대를 외치면서 조직 내 테러리스트들을 제거함으로써 테러에 크게 의존하고 있었던 기존 우익 청년단체들과의 차별화를 꾀했다.[50]

미군정의 조선민족청년단 후원은 제2차 미소공동위원회가 결렬된 이후에 본격화되어, 1946년 500만 원에 불과했던 후원금이[51] 1947년에는 1,900만 원으로 거의 4배 가까이 늘어났다. 조선민족청년단의 본격적인 활동 역시 소련과의 협상을 통한 한반도 단일정부 수립이라는 미국의 목표가 좌절되기 시작한 1947년 9월부터 시작되어 1948년 초에는 조직 확대 개편 작업이 본격화되었다. 이러한 변화는 1947년 10월 20일 미군정 장관 대리 헬믹Charles Helmic이 미군정의 모든 부서장과 기관장들, 고문들에게 보낸 '조선민족청년단의 목적과 활동에 관한 비망록'에 잘 드러나 있다. 이 비망록에서 밝힌 조선민족청년단의 목적은 크게 두 가지로, 우선 미군정의 남조선 안정화 프로그램을 수행하는 한편 향후 남한의 지도 세력을 양성하는 것이었다.[52]

창설 이후 한동안 지역 봉사와 단원 훈련이라는 '비정치 운동'에 집중하던 조선민족청년단은 우익 청년단체의 또 다른 중심축으로 부상해 경쟁 관계에 있었던 지청천의 대동청년단과 서북청년단 등의 우익 청년단체들과 연대해 미군정의 치안·안보 유지 활동을 보좌하며 1948년 5월 10일로 예정된 총선거를 저지하려는 좌익 세력과 맞섰다.[53] 조선민족청년단을 중심으로 한 우익 청년단체들은 남한의 단독선거를 저지하려는 좌익 세력에 대항하기 위해 경찰 보조 조직인 향보단에 가입해 투표 방식과 기권 방지를 위한 계몽 사업을 전개하는 한편, 좌익의 선거 파괴 공작에 맞서 투표소와 관공서를 경비하는 등 선거 전반을 관리했다.

한편 조선민족청년단은 중앙훈련소를 중심으로 훈련을 실시한 지 1년 만인 1947년 10월경 19만 9,000명의 훈련생을 배출했는데, 1948년 가을 무렵에는 그 수가 무려 115만 명으로 늘어났다.[54] 조선민족청년단 중앙훈련소 수료자들 중에는 고학력자가 많아 파급력이 컸다. 지금의 대학 졸업자에 해당하는 중졸 이상의 학력을 가진 사람들이 수료자들의 81%를 차지했는데, 이들이 다시 시, 도, 군의 연고지로 내려가 지방훈련소를 설치 운영하면서 조직이 기하급수적으로 늘어났다.

아울러 조선민족청년단은 좋은 시설과 정인보, 배성동, 조소앙, 조봉암 등의 고급 강사진, 과학적 커리큘럼으로 구성된 자신들의 선진 훈련 프로그램을 서북청년단과 대한독립촉성국민회청년단, 대한독립청년단 등의 다른 우익 청년단체들에게도 위탁 교육하는 등 문호를 개방했다. 이를 경험한 타 청년단원들의 50%가량이 조선민족청년단에 합류하고 우수성을 선전해 결과적으로 우파 청년단체들이 조선민족청년단 중심으로 흡수, 통합되는 결과가 이루어졌다.[55]

제헌의회 선거와 향보단[56]

미군정은 대한민국의 탄생을 위한 제헌의회 선거운동 당시부터 우익 청년단원들을 중심으로 구성된 향보단에 의존할 수밖에 없었다. 근대국가 건설을 위해서는 국가의 무력 기구 독점이 필요했지만, 좌익의 투쟁이 점차 유격전으로 변했으므로 우익 청년단체들이 국가기관인 경찰과 군대의 일부가 되어야만 비로소 경찰과 군대가 유일한 국가 폭력 조직으로 기능할 수 있었기 때문이다.

좌익의 투쟁은 민주주의민족전선과 남조선노동당(남로당)이 주축이 되어 1948년 2월 7일에 일으킨 2·7 구국 투쟁과 1948년 5월 10일의 선거를 반대하기 위한 투쟁으로 전개되었다. 먼저 2·7 구국 투쟁이 2월 7~20일까지 전국 규모로 벌어졌다. 불과 2주 사이에 시위 103건, 파업 30건, 동맹휴업 25건, 충돌 55건이 발생했고, 총검거 인원만 8,497명에 달했다.[57] 5·10 선거 반대 투쟁은 선거사무소, 경찰서 집중 공격 등 직접적인 무장투쟁으로 격화되었다. '남조선 단선반대투쟁 전국위원회'를 조직한 남로당은 지하조직인 백골대, 유격대, 인민청년군 등을 조직해 5월 한 달 동안 경찰, 언론사, 통신·운수 기관 등을 공격했다. 특히 5월 8~10일에는 거의 매일 선거인 등록소, 투표소, 경찰서 등을 공격했고, 이 과정에서 경찰, 향보단 측과 충돌했다.

5·10 총선거의 성공 요인

사실 5·10 총선거는 매우 갑작스럽게 결정되었다. 제2차 미소공동위원회가 아무런 성과 없이 종결되자 한국 문제를 이관받은 유엔총회에서 5·10 총선거 실시를 결의했던 것이다. 국제적으로 5·10 총선거는 냉전을 시작한 자유민주주의와 공산주의 간 대결의 실험의 장이 되었다. 그런데 불과 6개월 남짓 기간에 결정되고 이루어진 5·10 총선거가 성공적인 결과를 맺음으로써 자유민주주의의 우수성이 증명되었다.

5·10 총선거의 성공 요인으로는 총선거 실시의 불씨를 당긴 이승만, 그리고 공정성을 갖춘 서구 수준의 선거법을 준비한 유엔 한국 임시위원단, 한국의 풍토에 맞는 선거법제를 마련한 프랭켈Ernst Frankel과 퍼글러Charles Pergler의 역할, 높은 경쟁률과 선거 열기를 이끌어낸 미군정 공보원의 노력을 들 수 있다. 이러한 요인들이 처음으로 자유선거를 경험하는 한국인들의 자발적인 참여를 유도했고, 5·10 총선거는 민주공화국의 출발점이 되어 새로운 역사를 창조했다.

5·10 총선거의 불씨를 당긴 이승만

1948년 1월 이승만이 단독선거 추진 회합을 주최하자 하지는 이승만과 김구, 김규식을 초청했다. 그리고 2월 12일 오후 한자리에 모인 세 사람에게 남한 단독 총선거를 희망한다는 메시지를 국제연합 소총회에 보내달라고 요청했다. 하지는 한국 정부를 이끌 지도자로 이승만을 선택하고 싶지 않았기 때문에 자신이 지원했던 김규식, 그리고 이승만과 결별한 김구를 끌어들여 이승만을 견제하려고 했던 것이다. 김구는 선거를 실시하는 데 반대하지는 않지만 자신과 김규식이 참석하는 남북연석회의가 불발될 경우에 공개적으로 지지하겠다고 했다. 김규식 역시 "우리가 만일 남과 북을 단결시킬 수 있을지의 여부를 알아볼 모든 수단을 다 써보지도 않고 남한에서의 총선거를 지지한다면, 장차 국가의 분단을 영구화시킨 역사의 반역자로 불릴 것"이라면서 김구의 의견에 동조했다.

하지만 이승만은 모든 책임을 자신이 지겠다고 주장했다. "당신들이 거기에 염려할 필요는 없소이다. 내가 전적으로 책임을 질 것이고 아무도 당신들에게 책임을 묻지 않을 것이오. 남한에서의 총선거를 반대하는 당신들의 이유가 무엇이오?" 그러자 김규식은 "우선 이 정부가 국제연합의 승인을 받을 것인지? 둘째로, 얼마 정도의 원조를 미국으로부터 얻어낼 수 있겠는지? 이런 문제들을 알지 않고 우리는 여기에 뛰어들 수 없소"라고 대답했다.[58]

1948년 2월 19일 즈음 김규식은 미국 정부가 확실한 한반도 정책을 가지고 있지 않다고 비판하면서 조속히 한국 군대를 창설해야 한다고 주장했다. 만일 미국 정부가 한국에 경제원조와 군사적 보호를 제공해주어 정부를 수립한다면 자신 역시 이 정부를 지지하지만 미국의 의도가 불분명하기 때문에 단독정부 수립에 찬성할 수 없다고 밝힌 것이다.[59] 이미 정읍 연설에서 사실상의 정부가 수립되고 있는 북한에 대항해 남한 역시 정부를 수립해야 한다고 주장한 이승만은 냉전이 불가피하게 전개되고 있는 상황에서 차선의 선택으로 단독정부 수립을 주장하며 자신이 모든 책임을 떠안겠다고 나선 데 반해 김규식은 미국의 적극적인 지원 없이 정부를 수립해봐야 미래가 불투명하다고 판단해 이에 찬성하지 않았던 것이다. 중간파와 공산당은 이승만이 '단독정부' 수립을 획책한다고 비난했다. 한국독립당(한독당)과 임시정부 정통론을 주장하던 국민의회 의원들 역시 총선거를 반대하면서 남북협상을 통한 정부 수립을 기도했다.[60]

하지만 이승만은 이런 움직임에 아랑곳하지 않고 1948년 2월 22일 성명을 통해 미국 정부와 하지도 남한 단독 총선거안을 지지하고 있음을 상기시키며 우파 진영과 국민들에게 동참할 것을 호소했다. 2월 26일 유엔 소총회에서 임시위원단의 의견을 수용해 한국에서 자유 총선거를 실시할 것이라고 결의한 이후 한국민주당과 대한독립촉성국민회(독립촉성국민회), 김구를 지지해오던 대동청년단이 단독선거 지지 의사를 표명했다. 그리고 3월 1일 이범석이 독립촉성국민회의 상무위원으로 선출되면서, 조선민족청년단 역시 단독정부 수립을 추진했던 우파 진영에 본격 합류하는 등 5·10 총선거 실시를 위한 인적 기반이 마련되었다.

서구 수준의 선거법을 준비한 유엔 한국 임시위원단

제헌의회 선거를 주도하게 된 유엔 한국 임시위원단의 법률 자문^{Legal Counsellor}이자 3분과 간사였던 벨기에인 마르크 슈라이버^{Marc Schreiber}는 사회민주당 당원 출신의 "법적 완벽주의자^{legal perfectionist}"로, 모든 면에서 서구 국가의 높은 수준에 비견되는 선거법을 준비하고 싶어했다.[61] 5·10 총선거 당시 유엔 한국 임시위원단에 합류해 선거법제를 마련하는 데 공헌한 프랭켈과 퍼글러 역시 사회민주주의를 신봉했던 인물들이다.

프랭켈은 미국의 독일 군사점령을 모델로 삼아 한국에서 법의 지배, 민주주의, 사회경제적 개혁이란 목표가 달성[62]될 수 있도록 필요한 조치들을 취하려고 했다. 주일 체코슬로바키아 대사 시절에 소련과의 포로 송환 협상에 관여하면서 반공주의자로 변신한 퍼글러 역시 한국에서 '법치Rule of Law'를 실현하는 것을 가장 큰 목표로 삼았다.[63]

이들은 미군정하에서 구성된 우파 중심의 행정부가 선거 관리를 좌지우지할 수 없게 선거법을 만들었다. 즉 한국민주당과 이승만을 중심으로 하는 독립촉성국민회의 독주를 견제하고자 했던 것이다. '공무원은 선거운동을 할 수 없다'는 규정에 따라 일찌감치 후보 선전원으로 활동하던 반장들의 사퇴가 속출했다.[64] 당시 유권자의 등록과 투표는 미군정청의 각급 선거관리위원회의 관리 아래 이루어지고 있었다. 선거를 지휘하게 될 미군정청의 한국인 요원들은 이승만의 독립촉성국민회나 한국민주당과 관계된 경우가 많았다. 실제로 5·10 총선거의 공정성을 평가절하하는 일부 인사들은 이를 토대로 경찰이나 말단 행정기관의 선거 종사원들이 투표를 강요하고 심지어 조작했다고까지 비난했다.[65] 그런데 유엔 한국 임시위원단이 준비한 선거법 덕분에 이러한 가능성이 상당 부분 사전에 차단되었던 것이다.

아울러 유엔 한국 임시위원단은 대표성의 문제를 들어 이북 출신 유권자들을 위한 특별 선거구를 두어야 한다는 남조선과도입법의원의 선거법 조항을 받아들이지 않았다. 그들은 이 조항이 인구 비례에 따른 의석수 배정을 정한 유엔총회 결의에 반할 우려가 있다고 여겼고, 결국 특별 선거구 제도는 채택되지 않았다.[66] 이로써 북한 체제를 피해 월남해 강한 우파 지향을 지녔다고 평가받던 이북 출신 인사들의 집결 역시 좌절되었다.

높은 경쟁률과 선거 열기

북한의 선거 불참에 맞서 성공적인 선거를 이끌어내야 했던 미 군정청 역시 기민하게 움직였다. 국회의원선거법이 공포된 3월 17일을 기준으로 했을 때, 3월 1일 유엔 임시위원단이 공표한 선거일 5월 9일까지는 불과 53일밖에 남지 않았기 때문이다. 무엇보다 미군정은 선거 분위기를 고무시키기 위해 홍보 활동에 집중했다. 미군정은 홍보 활동을 강화하기 위해 이미 1947년 6월 본국에서 홍보 전문가들을 초빙해 주한 미군 산하에 특별 기구인 공보원을 설치했고, 이를 적극적으로 활용했다. 이들은 선거 포스터와 팸플릿, 공중 살포용 전단(삐라)과 신문, 주간지 그리고 영화와 라디오 방송 등 당시 활용 가능했던 모든 미디어를 동원해 역사적인 첫 번째 선거를 알렸다. 이들의 모든 콘텐츠는 '투표를 어떻게 하는가'라는 주제에 집중됐다.[67]

특히 미군정은 후보를 나타내는 표지로 투표용지에 세로로 작대기를 그었고, 벽보에 있는 후보자의 이름 밑에 사진을 붙여 누가 누구인지를 구분할 수 있게 했다. 이는 당시 문맹률이 30%에 달했지만 선거권을 보장하기 위해 나온 특단의 조치였다. 이를 통해 유권자들은 자신이 몇 번 후보를 찍을지 식별할 수 있었다. 또한 미군정청은 많은 문맹자들이 입후보자를 구별할 수 있게 투표용지를 한문, 한글, 기호의 세 가지로 인쇄했다. 선거운동 역시 특별한 제한을 두지 않았다. 선거위원회의 승인하에 일정한 벽보를 붙일 수 있었지만 돈이 없는 후보자는 백로지나 헌 신문지에 붓으로 자신의 이름과 작대기로 표시된 기호를 표시해 붙여도 되었다. 선거운동 방식 역시 확성기를 쓰지 않고 두꺼운 종이를 말아서 만든 메가폰을 사용하면 되었다.

처음 맛보는 자유선거

한국인들은 처음으로 자신들의 자유의사로 실시하는 투표에 열광했다. 자기가 좋아하는 후보자를 국민의 대표로 국회에 보내야 한다고 열을 올렸다. 돈을 주거나 밥을 사지 않아도 자원봉사자들이 넘쳐났다.[68] 5·10 총선거는 오늘날의 기준에서는 여러 가지로 미흡했지만 적어도 '투표 독려'에 있어서만큼은 모범적인 선거였다. 물론 처음 치르는 선거인 만큼 선거운동과 관련한 명확한 제한이 없었고, 합동 유세나 정당 연설회역시 없었다. 그러나 입후보자들 간의 득표 경쟁은 출발부터 치열했다.[69]

총 200석의 의석을 두고 948명이 입후보한 5·10 총선거는 4.7 대 1이라는 높은 경쟁률을 보였다. 선거 당일에도 좌익들이 수류탄 테러 등을 일으켜 전국에서 18명이 목숨을 잃었지만, 1948년 5월 10일 오전 7시~오후 7시까지 전국 1만 3,272개 투표소에서 역사적인 투표권이 행사됐다. 투표율은 현재까지도 깨지지 않고 있는 95.6%를 기록했다. 미군정의 정치고문은 선거 당일 본국에 보낸 보고서에서 "선거 당일 (제주를 제외한) 전국에서 18명의 사망자가 발생했지만 2,000만의 인구를 감안할 때이는 상대적으로 적은 수치였다"고 평가했다. 당시 신문들 역시 "좌익테러에도 불구하고 투표 성적은 양호하다"고 자축했다. 마셜 미 국무장관은 5월 12일 특별 성명을 내고 "처음으로 치러진 민주적 선거의 성공은 치하받아 마땅하다"며 한국 민주주의의 첫걸음을 축복했다.[70]

'산하의 오역'으로 유명한 김형민은 누가 뭐래도 이 선거의 역사적인의미는 지대하다고 기술한다. 수천 년 봉건 군주 체제하의 신민이었고, 제국주의 치하의 피압박 민족이었던 조선인들이 자신의 참정권을 공식적으로 행사한 첫 선거인 5·10 선거는 우리나라 민주주의의 출발점이었고 대한민국 정부 수립의 모태였다는 것이다. 따라서 그는 5·10 선거는 북한을 배제한 단독선거라는 한계와 좌익의 방해 공작과 미숙한 운영 등으로 흠결을 남기긴 했지만, 글자 그대로 구렁텅이에서 빠져나오는 첫발이었고, 20세기 우리 민족에게 가장 중요한 날 중의 하나였다고 역설한다.

민족 천년의 새로운 역사를 창조하는 장엄한 새벽이 밝으니 단기 4281년의 5월 10일! 흐렸던 날이 맑게 갠 이날이 아침 일곱 시부터 세계의 커다란 주목을 받으며 남조선 1만 3,000여 투표소에서는 이 나라의 자주독립 정부를 수립할 국회의원을 선출하는 민주주의적 투표가 애국 동포들의 줄기찬 열성으로 경건하게 시작됐다…. 진실로 구렁텅이에 빠졌던 조선 역사의 수레바퀴를 앞으로 앞으로 한 걸음씩 올리게 하는 큰 힘이 될 것이니 이 세기적 사업에 비치는 광명은 더한층 찬란한 것이다.[71]

향보단의 그늘

한편 제헌의회 선거가 성공을 거둔 데에는 향보단의 역할이 컸다. 경무부장 조병옥은 선거사무소 습격 사건이 80건이나 발생하는 상황 속에서 3만 5,000여 명의 경관만으로는 도저히 모든 투표소를 지켜낼 수 없어서 향보단을 조직했다고 밝히기도 했다.[72] 원칙적으로 향보단원들은 사법권을 가지고 있지 않았지만 일부 향보단원들은 기자들에게 폭력을 행사하는 등 과잉 행동으로 물의를 빚기도 했다.[73]

이러한 부작용에도 불구하고 향보단은 선거 이후 민보단民保團이라는 이름으로 명맥을 유지한다. 민보단 역시 국민들에게 각종 기부금을 징수하는 등 여러 가지 폐해[74]와 월권 행위로 구설수에 올랐지만,[75] 옹진 지구 38선 충돌 사건 때 전투에 참여해 공비 소탕에 큰 도움을 주는 등 그 역할을 인정받았다.[76] 민보단은 국가의 공권력을 보완하기 위해 우익 청년단원들과 함께 경찰을 도와 좌익 세력과의 교전에 직접 참여하는 한편, 군사훈련을 받고[77] 경찰과 모의 전투 훈련을 실시[78]하는 등 준군사 조직으로서의 역할을 수행해 이후 이승만이 구상하는 민병 조직의 기초가 된다.[79]

그러나 우익 청년단체들이 국가 폭력의 일부가 되면서 부작용 역시 심화됐다. 우선 국가 예산의 부족으로 이들은 비합법적 자금에 의존할 수밖에 없었는데, 이들이 모금한 강제적 내지 자발적 기부금이 국가 세입의 거의 절반에 달했다. 또한 국가기구 역시 공식 조직과 비공식 조직으로 분리되어 국가가 이중으로 작동하게 되었다.[80]

제주 4·3 사건

제주4·3연구소는 제주 4·3 사건을 이렇게 정의한다. "1947년 3월 1일 경찰의 발포 사건을 기점으로 하여, 경찰과 서북청년단의 탄압에 대한 저항과 단선·단정 반대를 기치로 1948년 4월 3일 남로당 제주도당 무장대가 무장봉기한 이래 1954년 9월 21일 한라산 금족지역이 전면 개방될 때까지 제주도에서 발생한 무장대와 토벌대 간의 무력 충돌과 토벌대의 진압 과정에서 수많은 주민들이 희생당한 사건."

하지만 제주 4·3 사건을 바라보는 시각에서 보수와 진보는 첨예하게 대립하고 있고, 복잡하고 다양한 원인으로 얽혀 있는 이 사건을 하나의 요인으로만 설명할 수는 없다.[81] 하지만 국가가 확실히 폭력을 독점하고 공권력을 확립하지 못했던 근본적인 한계와 깊이 연관되어 있다는 것을 발견할 수 있다.

먼저 제주 지역은 지역적 특수성 때문에 중앙의 복잡한 권력 변화를 인지하지 못하고, 건국준비위원회가 조직한 인민위원회의 권위를 계속 받아들이고 있었다. 즉 경찰의 발포에 항의해 인민위원회가 주도한 '3·10 총파업'에 경찰서와 관공서를 비롯해 제주도 전체 직장의 95% 이상이 참여한 것에서 알 수 있듯, 제주도에서는 미군정의 공권력이 타 지역에 비해 충분한 권위를 갖지 못했다. 미군정의 제24군단 중 가장 늦게 한국에 도착한 제6사단이 1945년 11월 10일이 되어서야 제주도를 점령했고, 이마저도 행정력을 지닌 군정 요원이 파견되는 3단계가 아닌 2단계의 전술 부대에 의한 점령 단계에 머물렀기 때문이다. 미군정 요원들은 1946년 1월 14일에야 겨우 행정력을 수립할 수 있었는데, 불과 2개월 후인 1946년 3월 15일에 제40사단이 본국으로 철수하게 되어 4만 4,352명으로 급감한 제6사단과 제7사단 병력이 점령지역을 재분할하게 되었다.[82]

이러한 상황에서 행정력을 갖춘 군정 요원과 관료의 수적·질적 부족에 시달리고 있던 미군정이 제주도 지역까지 행정력을 수립하지 못해 제주도 지역은 기존의 건국준비위원회와 인민위원회에 의한 행정이 지속되었다. 그러다 1947년 3월 1일 경찰의 발포에 흥분한 제주도민들이 경찰서를 습격하자 미군정은 이를 공권력을 확립할 기회로 판단해 강경하게 대처한다. 여운형은 남조선과도입법의원 선거 당시 제주도에 배정된 2석의 의석을 모두 인민위원회 소속 의원들이 차지하자 이를 제주 출신 도지사의 중립적 관리 덕택으로 해석했다. 하지만 이를 지켜봤던 미군정의 판단은 달랐는데, 현지 관리들이 미군정의 정책을 충실히 따르기보다는 제주도민 편향의 정책을 시행하고 있다고 생각했고, 이에 1948년 5월 선거를 진행하는 과정에서 방침을 바꾼다.

악몽의 섬

미군정은 제주도 지사를 비롯한 현지 수뇌부를 전원 교체하고 외지 경찰을 투입했다. 또 부족한 물리적 폭력을 보충하기 위해 평안도 피난민들로 구성된 500~700명의 서북청년단원을 서울에서 내려보냈다.[83] 그러나 이들로 인해 1년 동안 500여 명이 체포되고, 2,500여 명이 구금되자 높은 독립성을 누리던 제주도민들은 반발했다. 사사끼(사사키 하루타카) 역시 제주도로 파견된 서북청년단이 경찰과 협력해 제주도의 남조선노동당 지구당 조직을 붕괴시키는 등의 공헌을 했지만 합동 노조 및 농민위원회와 사사건건 물리적으로 충돌해 사태를 확대시키면서 제주도 내부가 더욱 소란스러워졌다고 지적한다.[84] 여기에 지리적으로 고립되어 있어 타 지역에 비해 교체되지 않고 계속 등용되는 부일 관리들 역시 제주도민들의 분노를 가중시켰다.

이러한 제주도민의 정서를 이용해 김달삼과 500여 명의 남조선노동당 세력이 1948년 4월 3일 무력 투쟁에 나섰고,[85] 1,500여 명으로 불어난 이들은 한국전쟁 발발 전까지 대대적인 빨치산 활동을 전개했다. 1948년 5월 1일경까지 제주시 주변의 여러 지역을 점령한 공산주의자들은 대규모 빨치산 전쟁을 벌였다.[86] 하지만 일제강점기 만주에서 게릴라 토벌 경험이 있었던 송요찬 등이 투입되면서 제주 4·3 사건은 잠시 소강상태를 보였다. 그러나 대한민국 정부 수립 2개월여 만에 여수·순천 사건이 발생하자 이승만 정부는 그 어느 때보다 강경한 초토화 진압 작전을 개시했고, 제주는 신생 대한민국의 정통성과 정권의 명운을 건 장소가 되었다. 당시 제주에서의 토벌 작전은 남과 북이 한국전쟁 이전에 전개한 전초전의 성격을 띠고 있었다. 1950년 4월 3일 제주 빨치산의 지도자였던 김달삼은 제주도의 빨치산 운동 상황을 보고하고 북한의 지시를 받기 위해 극비리에 평양에 들어가 있었다.[87]

이승만 정부는 이들을 토벌하기 위해 경찰뿐만 아니라 군부대까지 투입했다.[88] 1948년 10월 11일~1949년 3월 1일까지 9연대와 2연대의 3개 대대가 동원되어 제주도 경비사령부를 구성했다. 그러나 토벌을 위해 파견된 군 병력 내부의 좌익 동조자들이 빨치산에 가세해 자신들의 신임 연대장을 암살하면서 사태가 복잡해졌다. 군 내부의 좌익 숙군 작업이 충분히 이루어지지 않은 상태에서 좌익 군인들이 토벌에 투입되는 바람에 사건이 확대된 것이다. 결국 정부는 원래 파견되었던 부대를 1949년 3월 2일~5월 15일에 2연대의 4개 대대로 교체해 대대적인 토벌을 전개한다. 그리고 중도 세력과 제주 출신 인사들의 강한 반대에도 불구하고 가장 강한 강도의 토벌이 진행되면서[89] 중산간 마을의 95% 이상이 소실되고 주민 2만여 명이 산으로 내몰리는 결과가 초래되었다.

한편 제주도에는 그 어느 지역보다도 많은 서북청년단원이 투입되었고, 이들은 제주도민들과 잦은 마찰을 빚으면서 공포와 증오의 대상이 되었다. 특히 이들은 국가의 충분한 지원을 받지 못하는 가운데 제주도민들의 가축 등을 임의로 밀매해 원성이 자자했다. 1949년 3월 2일 제주도 지구 전투사령부 군사령관으로 파견되어 이를 근절하려고 노력했던 유재홍조차 서북청년단원들의 과도한 행동과 이에 대한 제주도민들의 극도의 반감을 4·3 사건 발전의 주요 원인 중 하나로 지적했다. 유재홍은 서북청년단원들이 빨갱이 소탕이란 이름 아래 구타를 일삼으며 도민을 괴롭힌 데다,[90] 무장 좌익 세력에게 많은 동료와 가족을 희생당한 경찰관들이 복수심에 사로잡혀 좌익 세력의 가족들을 악랄한 수단으로 괴롭히자 이를 견디다 못한 주민들이 산으로 들어가면서 사건이 악화되었

다고 증언했다.[91]

　당시 진압 활동에 투입된 서북청년단원들은 1,000여 명에 이르렀다. 1948년 4월 6일 조병옥 경무부장의 요청으로 먼저 200명이 경찰에 자원입대해 우리나라 최초의 전투경찰 대대로 편성되었으며, 5월경에는 500명이 추가로 '서청제주진압대'로 편성되어 우익 청년단원들과 협력했다.[92]

　제주에서 이들의 역할은 다른 어떤 곳에서보다 컸다. 예를 들어 4·3 사건 당시 제주 지역에서 전사한 군인은 180여 명, 경찰 전사자는 140여 명이었던 것에 비해 서북청년단 희생자는 모두 639명으로 훨씬 많다. 제주 4·3 사건 진상규명 및 희생자 명예회복위원회에 신고된 희생자의 통계를 살펴보더라도 78.1%(1만 955명)를 차지하고 있는 토벌대의 비율이 12.6%(1,764명)를 차지하고 있는 공산 무장대에 비해 압도적으로 높은데, 이 통계는 토벌대의 80% 이상이 사망했다는 미군 보고서와도 그 맥을 같이한다.

　그러나 모든 것을 근대국가를 수립하기 위한 과정에서 불가피하게 발생한 희생으로 정당화할 수는 없다. 제주 4·3 사건 진상규명 및 희생자 명예회복위원회에 신고된 희생자의 통계를 살펴보면, 10세 이하 어린이(5.8%, 814명)와 61세 이상 노인(6.1%, 860명)이 전체 희생자의 11.9%를 차지하고, 여성의 희생(21.3%, 2,985명)이 컸다는 점에서 남녀노소를 가리지 않은 과도한 진압 작전이 전개됐다는 것을 알 수 있다. 또 1948년 12월(871명)과 1949년 6월(1,659명) 등 두 차례에 걸쳐 2,530명을 대상으로 실시된 '4·3 사건 군법회의' 역시 재판이 없었거나 형무소에 간 뒤 형량이 통보되는 등 형식적인 절차에 불과했다. 무엇보다 사흘 만에 345명을 사형선고 없이 암매장했으나 국내 언론에 전혀 보도되지 않은 점

등으로 볼 때 법률이 정한 정상적인 절차를 밟지 않았다고 판단된다.[93]

실제로 당시 남한 정부는 1만 5,000명이 살해되었다고 공식 발표했지만, 북한 측 자료에서는 일반 주민과 빨치산을 포함해 3만 명이 살해당했다고 주장한다.[94] 이렇게 2배 정도의 차이가 발생하는 것을 볼 때 비공식적인 폭력에 의한 피해자가 상당수 발생했다는 것을 알 수 있다.

제주도는 국가가 행정력을 수립하지 못하고 폭력을 독점하지 못한 가운데 우익과 좌익의 인적·물적·경제적 자원이 대신 투입되어 남과 북이 한국전쟁 이전에 대리전을 펼친 대표적인 장소였다. 따라서 제주도는 모두에게 악몽의 섬일 수밖에 없었다.[95]

대한민국의
국가 건설
1

대한민국은 형식적으로는 국가의 모습을 갖추고 있었으나 국가의 하부구조가 충분히 마련되어 있지 않아 온전한 국가의 모습을 갖추고 있다고 보기 어려운 국가였다.

– 김동춘

대한민국의 건설 과정에 있어서 가장 핵심적인 문제는 국가의 건설에 필요한 물적, 인적 자원들이 턱없이 부족했다는 점이었다. 북한에 진주한 소련군은 공산국가 건설을 위한 청사진을 가지고 있었고 토지개혁과 국가 건설, 군비 확장 작업을 신속하게 추진하고 있었다. 이에 대한민국 역시 공산주의에 맞서는 자유민주주의적 국가의 건설을 서둘러야만 했지만 시간이 매우 부족했기 때문에 대한민국의 건설은 '날림공사'를 벗어날 수 없었다.

– 최정운

초라한 출발

우여곡절 끝에 대한민국 정부가 수립된 1948년 8월 15일, 평탄한 미래를 기대하는 사람은 아무도 없었다. 김규식이 남조선과도입법의원 의장이던 시절 그의 비서실장을 지내고 남북연석회의에도 민족자주연맹 대표로 참여했으며, 1980년대 운동권 학생들의 필독서 『해방 30년사』를 쓴 중도파 송남헌의 증언에 따르면, 김구와 김규식은 5·10 선거를 통해 수립된 대한민국과 이승만 정부가 오래가지 못하고 금방 무너질 것이라고 생각했다.[1]

초대 주한 미국 대사를 지낸 존 무초 ^{John J. Muccio}의 보고는 보다 객관적인 외부의 시각을 보여준다. 1949년 11월 27일 보고서에서 그는 한국 정부가 2개월 전보다는 강해졌지만 여전히 기본적으로 취약하고 행정부가 전반적으로 형편없다고 지적했다. 그리고 국가적 차원의 행정이 무능한데 지방과 하부 차원은 더욱 열악해, 정부와 국민 간의 관계가 악화되고 있다고 기술했다.[2] 당시 대한민국의 실체는 미군정기에 민정장관을 지냈던 중도 민족주의자 안재홍이 1948년 8월 10일 『조선일보』에서 밝힌 다음의 진술에 함축적으로 요약되어 있다. 이미 안재홍은 정부 수립 직전부터 대한민국이란 국가가 외교와 국방, 그리고 재정에서 미국 의존적인 성격을 보일 것을 예상하고 있었다.

> 신생 정부에 대해 박약체 경향이라는 것은 부인할 수 없으나 이 대통령의 자기 판단에 의한 약간의 과단성을 인정한다. 물론 외교 국방 재정 등에는 상당한 제약을 받겠지만 그 외에서는 자주성을 가질 것이다. 내가 민정장관 시대에 받은 제약은 없기를 바란다.[3]

김동춘은 대한민국이 "형식적으로는 국가의 모습을 갖추고 있었으나 국민을 먹여 살릴 수 있는 국가의 하부구조가 충분히 마련되어 있지 않아 온전한 국가의 모습을 갖추고 있다고 보기 어려운 국가"[4]였다고 지적했다. 초대 국회의원으로 친일파 숙청 특별조사위원회 위원장을 지낸 김인식은 당시의 환경을 아무것도 없는 황무지 혹은 허허벌판에 비유했다.

> 그때 허허벌판이야. 황무지에 들어가서 다 만드는 거야. 아무것도 없거든. 황무지에 나라를 만드는 거야.[5]

민족주의 이념 자원

당시의 상황을 살펴보면 무엇보다도 하부구조적 권력을 담당할 자본가 계급이 형성되어 있지 않았다. 1947년 3월이 되어서야 미군정이 일본인들이 남기고 간 귀속재산의 일부를 불하하기 시작했기 때문에 그 건수도 기업체 513건, 부동산 839건, 기타 916건에 불과했다. 그중 소규모 업체만을 대상으로 이루어졌던 귀속 기업체의 불하는 전체의 10~20%에 불과했고, 대규모 업체를 중심으로 한 불하는 제1공화국 성립 이후로 미루어졌다. 그나마 극심한 인플레 때문에 적산 매각 대금이 평가절하되었고 불하 대금의 체납 역시 심각했다. 따라서 귀속재산 매각이 정부 재정에 주는 효과 역시 대단히 낮을 수밖에 없었는데, 1949~1955년에 귀속재산을 매각한 수입 가운데 일반 재정 세입에 실제로 전입된 금액은 연평균 1.5%에 지나지 않았다.

결국 1949년까지도 정부 재정의 60%가 적자였고, 통화량 역시 미군정 말기보다 2배나 팽창해 물가가 2배나 올랐지만, 공업 생산량은 일제 강점 말기인 1944년의 18.6%에 지나지 않았다.[6] 따라서 경제는 붕괴 직전이었다. 1948년 당시 산업 생산성은 2차대전 이전의 80%에 불과했고 높은 인플레와 식료품 부족, 숙련된 기술자와 전력 부족, 그리고 갈수록 늘어나는 피난민들과 귀국자들로 인해 경제성장의 전망마저 암울했다.

당시 국가의 사정은 다음의 예를 통해 단적으로 드러난다. 공무원 비리 감찰을 담당했던 감찰위원장 정인보가 냉정한 법 집행과 비리 감시가 아니라 공무원 최저생활 보장의 필요성과 공무원 봉급 인상이 물가에 미치는 영향까지를 함께 고려해 응급 해결책을 대통령에게 건의한 것이다.[7] 당시 대한민국은 국가의 행정을 담당해 국가권력을 확립함으로써 근대국가를 완성해야 할 관리에게조차 충분한 월급을 줄 수 있는 여력이 부족했다. 따라서 공무원의 비리를 철저히 감시해야 할 감찰위원장조차 비리를 저지르는 공무원의 현실을 인정할 수밖에 없었고, 비리의 구조를 근절할 수 있도록 공무원의 최저생활이 가능할 수 있는 여건을 만들고자 했던 것이다.

정부는 경제적·물적 자원의 부족을 민족주의적인 대의명분에 기초한 이념 자원의 극대화를 통해 보완하려고 시도했는데, 후술할 제헌헌법의 제정 과정은 이를 단적으로 보여준다. 이승만은 제헌국회 첫 회의에서 29년 만에 민국의 부활을 공포한다고 발언했고, 제정된 헌법을 실었던 관보에 "대한민국 30년"이라는 연호를 사용하는 등 의식적인 노력을 기울였다.[8] 제1공화국의 각료들 역시 임시정부의 이념이었던 삼균주의를 정책으로 계승하고 있다고 공공연하게 밝혔다. 초대 상공부 장관 임영신은 국회본회의 보고에서 "우리 국헌상 만인공생의 균등 사회 건설이 요청되므로 균등 분배 제도를 한층 강화해야 한다"고 진술했다.[9] 초대 사회부 장관 전진한 역시 "질병 의료 행정에 있어서의 국민 이익 균점의 헌법 정신에 부합하는 전 국민의 빈부, 지방의 차별이 없는 균등 의료 향수를 위한 현 의료 행정 개선과 국민의 빈부 차별 없는 질병 예방과 의료 보호의 균등"을 강조했다.[10]

그와 함께 제헌국회는 정부에 등용된 친일 분자 숙청을 국무원에 건의하는 동시에 특별위원회를 만들었는데,[11] 이는 미군정과 일제강점기 관리들을 배제해야 한다는 목소리가 제기되고 있었기 때문이다.* 정부 출범 후 10일 만에 상공부 차관 임문환이 부일 협력 여부로 물의를 빚자 사표를 낼 정도로[12] 당시 사회적 분위기는 엄격했다. 행정 공백을 우려해 군정 말기에 수립된 국가행정 체제와 관료들을 유지하기를 원했던 미군정의 권고에도 불구하고, 이런 사회적 분위기로 인해 과장급 이

---

* 당시 제헌국회 의원 김효석이 앞으로 수립될 정부에 현 군정 관리를 국무위원 또는 행정 각 부처장에 등용치 말 것을 대통령에게 건의하자고 제안해 국회에서 정식 안건으로 처리된 상태였다. 『서울신문』, 1948년 8월 2일, 「제37차 국회본회의, 조각문제로 격론」.

상 상급 공무원들의 94%가 교체되었다.[13] 이승만은 당시의 상황에 대해 "행정에 경험이 있는 사람들은 반민족[反民族]이라 하니 쓸 수 없고, 신인을 사용하게 되어 곤란한 일이 많았다"고 회고했다.[14]

초대 내각 역시 항일 투쟁 등 민족주의적 대의명분에 충실하고 개혁적인 인사들을 중심으로 구성되었다. 이승만은 "과도정부 수립의 문제가 급선무이므로 임정 법통 관계는 지금 문제 삼지 말고 정식 국회와 정식 정부가 수립된 이후에 의정원과 임정의 법통을 이어받자"는 내용의 성명서를 발표했을 때 자신에게 맞섰던 이들을 등용했다.[15] 한 예로 이승만은 임시정부 봉대론을 끝까지 주장하며 좌우합작에 의한 통일 정부 구성을 추진했던 백홍균을 체신부 차관에 임명했다.[16] 그 외에도 남조선 과도입법의원의 관선의원으로 참여했던 중도 민족주의자인 고창일[**]과 김법린,[17] 한국독립당 출신의 최명수[18] 등이 외무부 차관과 감찰위원 등으로 배치되었다. 이승만은 통일된 민족국가 건설을 주장하며 정부 참여를 거부했던 임시정부와 중도파, 좌익 경력 인사들을 초대 내각에 포함시키고, 미군정기에 득세했던 한국민주당 출신 인사들을 최대한 배제했다. 이에 한국민주당 당적을 지닌 사람들 가운데 김도연만이 재무장관으로 임명되는 결과가 초래되었다.

초대 내각에는 부일 협력자가 없었다. 12명의 장관 중 망명 독립운동가나 민족주의 계열의 인사가 50%를 차지하고 있었으며 기타 인물들

[**] 상해 임시정부 출신의 독립운동가였던 고창일은 해방 후 김병로, 원세훈, 김약수 등과 함께 한국민주당을 탈당해 중도 성향의 민중동맹을 창설했다. 남조선과도입법의원의 관선의원을 지낸 고창일은 제1공화국 초대 내각에서 외무부 장관 대리를 역임하기도 했다.『경향신문』, 1946년 12월 8일, 「입법의원 관선의원 선임서와 성명서 발표」.『서울신문』, 1948년 8월 10일, 「제4차 국무회의, 각부 차관 임명과 정부기구문제 등 토의」.『조선중앙일보』, 1949년 3월 4일, 「민족자주연맹, 부서와 임원을 개선」.『조선일보』, 1950년 11월 10일, 「납북요인들 행방불명」.

역시 해당 분야의 권위자들이었다.[19] 이들 외에도 임시정부의 이념인 삼균주의 계승을 부르짖었던 정인보, 명제세 등의 중도파 인사가 공무원의 비행을 감시, 감독하는 감찰위원회와 국가 총예산의 결산을 확정하고 각 국가기관의 재정을 감독하는 재정의 최고 심사기관인 심계원*[20]의 수장으로 포진했다.

전문 지식과 행정 능력을 갖춘 인력의 부족

국가 출범부터 현실은 순탄하지 않았다. 정권 이양 과정에서 한국과 미국 간의 마찰이 표면화되었다. 국무총리이자 국방장관이었던 이범석과 외무장관 장택상은 미국이 정권 이양에 관한 협정을 통해 철군 완료 시까지 조선경비대와 경찰에 대한 지휘권을 보유하겠다고 하자 이를 주권 침해라고 강하게 항의했다.[21] 이 문제로 자신의 귀국이 늦어질 것을 우려한 하지는 오랜만에 미국에서 휴가를 즐기고 있던 존 무초에게 신속히 돌아와달라고 요청했다. 무초의 중재로 한국이 9월 3일자로 경찰권을 인수하되 조선경비대의 지휘권은 미군이 완전히 철수하기 전까지 보유하기로 합의가 이루어졌다.[22]

하지만 정부 출범 후 2달이 지난 후에도 행정 공백 상태는 여전했다. 사회부 장관 전진한은 여수·순천 사건과 수해 복구 보고를 통해 "이때까지의 정부 시책은 국민에 침투되지 않았다"고 밝힘으로써 1948년 11월까지도 국가의 행정력이 국민에게 충분히 스며들지 못했음을 고백했

---

* 심계원의 임무는 국가 수입과 지출의 결산, 검사였으므로 특히 세금 등의 재원 조달이 어렵고 투명한 예산 집행이 필수적이었던 신생국가에 매우 중요한 기관이었다.

다.[23] 이승만은 정부 행정에 활용 가능한 인물들의 명단을 제출해달라고 국회에 두 차례나 요청했지만 감감무소식이기 때문에 모든 것이 순조로워지기까지는 오랜 시간이 걸려야 할 것 같다고 토로했다.[24]

실제로 이승만은 국회의원들에게 국정에 활용 가능한 인물을 추천하는 투표를 해달라고 요청했다.[25] 심지어 당시 정부의 고위직에는 이승만과 정치적 갈등을 빚고 있던 한국민주당과 그 후신인 민주국민당(민국당) 소속 의원들은 물론이고 상해 임시정부 시절 이승만을 탄핵했던 창조파의 선봉장 신성모와 송호성[26]도 포진해 있었다.

인물 부족보다 더 큰 문제는 당시 공직에 입문한 사람들이 대부분 독립운동과 민족 교육 운동에 참여해 민족공동체 의식의 고조와 국민 단결에는 공헌했지만, 전문 행정 능력을 갖춘 경우는 드물었다는 점이었다.[27] 초대 주한 중화민국 대사 사오위린은 3,000만 한국인 가운데에서 2,000~3,000명의 행정 간부조차 찾아낼 수 없다는 것은 한국인의 재간과 지혜를 모욕하는 일이라고 진술했지만,[28] 사실 그의 판단보다 상황은 훨씬 더 복잡했다. 국가를 건설하기 위해서는 그가 판단한 것보다 수십 배가 넘는 인력이 필요했기 때문이다. 실제로 당시 실무를 알든 모르든 중학교 이상의 학력을 가진 사람이 나라를 통틀어 2만 5,000명밖에 되지 않았다. 이 같은 인재 빈곤 현상은 친일파를 척결하지 못한 배경의 하나가 되었다.[29]

미루어지는 부일 관리 청산

이렇게 인적 자원은 절대적으로 부족했고, 오직 소수의 한국인들만이 근대적인 행정과 국가기구를 한국에 도입한 일본의 식민 제도를 경험한 상태였다.[30] 따라서 이승만은 1946년 11월 12일 『서울신문』과의 인터뷰에서 신속한 근대국가 건설을 위해서는 부일 협력자들의 참여가 불가피하다는 생각을 밝혔다.

> 이 문제는 우리 환경이 해결할 수 없으니, 미리 제출되는 것은 민심만 혼란케 하며 통일에 방해를 끼치는 것이다. 국권을 회복한 후에 조처하는 것이 순서적이다. 극렬 친일 분자라도 기회를 주어 민족에게 복리될 공효功效를 세우게 되면 혹 일후에 장공속죄할 희망이 있을는지도 모를 것이니, 40년을 참아온 처지에 얼마 더 참기가 그다지 어려울 것이 아니다. 우리는 국권 회복을 통일적으로 진행할 따름이다.[31]

친일파의 국가 건설 참여에 대한 이승만의 생각은 제헌국회 의원으로 친일파 숙청에 관한 특별조사위원회 위원장을 지낸 김인식의 다음과 같은 발언으로 요약된다.

> 그 양반은 친일파는 아니었거든. 그 참 싫어했거든. 일본 사람들을… 근데 정부 조직해서 정부를 리더하기 위해서는 그 사람들로 하여금 일하게끔 해야 제대로 간다 그렇게 된 겁니다.[32]

이러한 인식은 이승만뿐만 아니라 국무총리 이범석에게서도 찾아볼 수 있는데, 그는 보다 구체적인 이유를 제시했다. 이범석은 1948년 8월 20일 정부 수립 직후 가진 인터뷰를 통해, 자신이 단순한 친일 부역 관리 처벌 반대론을 주장하는 것이 아니라 만일 친일 부역의 과거를 문제 삼아 관리들을 단죄한다면 가뜩이나 인적 자원이 부족한 신생국 대한민국의 약체성이 더욱 심화될까봐 우려하는 것이라고 피력했다.

독립을 획득하고 자주주권국가를 형성하는 것이 자연적으로 발전하는 것은 독특한 정치 이념에 있는 것이다. 그것은 즉 민족자결이고 이 자결은 역사적으로 긴 투쟁으로 싸운 우리 민족정신에 있다고 본다. 오늘날 우리가 민국 정부 수립을 위해 노력해왔으나 나는 여러분들을 배척하고자 하지 않는다. 여러분들을 배척한다면 그만큼 한 숫자의 인재를 상실하는 때문이다. 그러나 우리들은 장구한 시간을 통해 남의 심부름하는 동안에 민족문화는 여지없이 부패되었다. 하루속히 이런 것이 청산되어야 하겠는데 점진적으로 청산해 부패한 관료 냄새를 없이 하고 정기 있는 민족 인격을 앙양시키는 자치력을 갖도록 해야 할 것이다. 국가를 떠난 개인이 없고 민족을 떠난 관리는 없는 것이다. 그러므로 항간에서 떠도는 탐관오리는 절대로 이 정부에서는 용납될 수 없다. 여러분도 이런 악질적인 탐관오리의 적발에 전적 협력을 바라며 실천해야 할 것이다. 조각組閣의 약체 문제로 항간에 물의가 있는 모양이나 약체 운운은 조각에 있는 것이 아니고 정부 목적을 수행하는 데 비로소 그 약강이 있는 것이다. 민국 정부는 오늘부터 비로소 강약이 있을 것이다.[33]

이승만 역시 정부 수립 초기인 1948년 8월 20일의 인터뷰에서, 전반적인 여론은 친일파를 청산해야 한다는 쪽으로 돌아가고 있지만 아직 확실한 기반을 갖추지 못한 국가로 출범한 대한민국의 현실에서는 당장 실행하는 것이 불가능하므로 당분간 부일 협력 관리들의 기용이 불가피하다는 입장을 밝혔다.[34] 무엇보다 이승만은 이들을 기용하지 않아 공백이 생길 경우 근대국가 건설 일정에 차질이 발생할까봐 두려워했다.

내가 귀국 직후 국내의 여론은 우선 친일파·민족 반역자의 처단 청산에 비등되고 있었다. 경찰이나 정부 내에 상당한 수의 친일파가 있다는 것이다. 그때 나는 이런 문제로 민족이 분쟁하느니보다 우리는 하루속히 국권을 회복한 후 법률을 제정해 처단하는 것이 가하다고 했다. 오늘 여기 모인 관리 중에는 과거 40년 일정 때나 군정 3년을 통해 민족의 불평 비평의 대상이 되는 관리도 있을 것이다. 그렇다고 해서 나는 과거의 친일한 관리를 포용한다는 말은 아니다. 그러나 앞으로 우리 정부를 견고한 지반 위에 세우기 위해 친일 분자의 처단은 아직 시일이 빠르다고 본다. 우리가 일제 40년간과 군정 3년간을 참아왔으니 조금만 더 참고 법적으로 서서히 처리해야 할 것이다. 세계 각국은 우리들의 정치 역량과 정치 운영에 있어 민족의 분열 분쟁으로 그 장래를 의심하고 정치권을 한인에게 맡길 수 없다는 견해도 있다. 그러나 세계 공론으로 우리 한인에게 정부를 허용하자는 데 일치해 오늘날 우리에게 정부의 주권을 이양했다. 그러나 정부 운영이 잘 안되기를 바라며 또 그렇게 되기를 희망하는 일부 분자들은 민족을 분열시키고 국회와 정부 간의 알력을 조장하며 정당 간의 정권 쟁탈과 세력 부식에 여념이 없다면 장래의 국운은 과거 40년간 일제 압정보다 더 심한 비참한 지경에 빠질 것이다. 우리는 민족이 견지한 4천여 년의 조국 역사에 혁혁한 유업을 계승해 개인의 이익, 편·불편, 세력 부식을 버리고 오직 민족의 일치 협력으로 희생적 정신으로 매진해주기 바란다. 잘되었던 못되었던 우리 손으로 된 정부는 일제의 정부나 군정보다 나으면 나았지 못하지는 않을 것이다. 그러므로 상부 명령

에 절대 복종해 외부 선동에 휩쓸리지 말고 오직 국권 회복에 전력을 다해주기 바란다.[35]

『중앙일보』프랑스 특파원이었던 언론인 주섭일이 쓴 『프랑스의 대숙청』은 드골 치하의 프랑스가 전후 나치 협력자를 모범적으로 처단하고 민족 정기를 세운 것을 예로 들어 친일 부역자를 기용한 이승만의 제1공화국을 비판한다.[36] 일리가 있는 지적이다. 하지만 주섭일의 지적과는 달리 유럽사의 권위자 마조워는 프랑스 공무원 85만 명 가운데 0.7647%에 불과한 6,500명 정도만이 해고되었다고 기술한다.[37] 이는 고도의 전문성을 요하는 국가 행정을 담당하는 관리의 양성과 대체가 그만큼 어렵다는 사실을 반증하는 것이다. 이승만의 측근 로버트 올리버[Robert T. Oliver]는 국민들이 자치 경험은 물론 행정 및 기술 업무 수행을 위한 훈련이 전혀 되어 있지 않던 대한민국의 경우에는 고도의 전문성을 갖춘 국가 관리의 중요성이 더욱 컸다고 지적한다.[38]

이승만 역시 국가기구에 종사하는 관리들은 그 전문성으로 인해 쉽게 대체할 수 없다는 것을 잘 알고 있었다. 그는 1948년 7월 말 정부 수립 직전에 가진 기자회견에서 자신이 미국 정부에 국가 운영에 필요한 인적 자원을 당분간 빌려주고 그들이 파악한 나름의 데이터베이스를 양도해줄 것을 요청했다고 밝혔다. 전술했듯, 이념 자원을 극대화하기 위해 일제와 미군정 치하에서 일했던 관리들을 일체 배제해야 한다는 여론을 상당 부분 수용하면서 과장급 이상의 고위 관리들이 대거 교체되어 행정력 수립에 큰 어려움을 겪고 있었던 것이다.

그러나 대부분 이양은 8월 15일 이내로 다 될 줄 믿는다. 내가 미군사령관에게 요청한 것은 미 정부에서 한국 정부에 있는 고문과 또 기술자 얼마를 빌려주기 바라며 또 어떤 사람이 무슨 일에 도움이 될 것인지 명부를 만들어서 우리에게 천거하면 우리는 그중에서 택해서 몇 사람을 쓰겠다 했고 따라서 한인 부처장들은 각각 자기 맡은 직책을 여일如一히 근무해서 후임자가 나기를 기다려야 할 것이오 그 전에는 조금도 변동이 없기를 바란다. 우리 새 정부가 들어서면 미美 고문관과 기술자와 한인 관공리를 다 일제히 가려내서 새 사람들이 들어가는 것을 좋아할 사람도 없지 않을 터이나 그것은 불가능한 일이니 최고 각원들만 새로 나서 정권을 장악하고 아래의 모든 관리들은 기능과 근면 자격 여하에 따라 다 인용할 것이다.[39]

그러나 신생 대한민국은 1948년 10월 발생한 여수·순천 사건으로 최대의 위기를 맞는다. 따라서 정치적 정당성과 국민적 지지가 줄어드는데도 국가보안법을 제정하고 반민특위를 해체시켜 행정과 치안에서 전문적인 경험과 기술을 가진 부일 관료들의 정부 잔류를 계속 용인할 수밖에 없었다.

당시 주한 미국 대사였던 무초와 미국 정부의 일부 관리들은 이승만 정부가 내부의 공산주의 반란 세력과 외부의 적대적인 군사력과 대치하는 심각한 위기 상황에 직면해 있기 때문에 미군 철수를 늦추고 한국의 안보를 보장해주어야만 한국의 정치적 안정과 경제발전의 기틀이 마련될 수 있다고 주장했다.[40] 무초는 1949년 1월 27일자 전문에서 북한의 압도적 군사력과 소련 해군 잠수함의 제주도 출몰을 보고하며 미군의 철수 시기를 늦춰달라고 요청했다. 또한 당분간 미군이 주둔해줄 것을 요청한 이승만의 결의안을 미국이 국제연합총회에서 채택해줄 것을

공식 요청했다.[41]

　중국 대륙에서 공산군이 승기를 잡은 것을 지켜보고 있던 미국 정부 역시 한국에서 체제 전복, 파괴 활동이 만연해 경험도 없고 미숙한 한국 정부를 위협한다고 판단해 이승만의 주한 미군 철군 연기 요청을 받아들였다.[42] NSC 8의 결정에 따라, 1948년 12월 31일까지 완료하기로 했던 미군 철수 계획을 수정해 1949년 6월 30일로 철군을 연기한 것이다. 이에 전략적 가치가 없고 독립국으로서의 생존 가능성이 희박한 한국에서 1949년 5월 10일까지 철군할 것을 주장하던 육군성과 맥아더의 의견[43]은 보류되었다. 또 1948년 8월 26일 100명의 인원으로 구성된 주한 미군 고문 사절단 역시 미군 철수에 대비해 500명까지 증원되는 한편, 한국에 대한 경제원조의 규모 역시 크게 확대되었다.

미국의 요구로 이루어진 공무원의 대량 감원

1949년 5월 1일 당시 67만 4,000명에 달했던 실업자 수를 통해 드러나듯 경제적·물적 기반이 심각하게 취약했던 대한민국[44]은 설상가상으로 심각한 국가안보의 문제마저 해결해야 했기 때문에 이를 극복하기 위해서는 미국의 도움이 반드시 필요한 상황이었다. 미국은 당분간 자신들의 지원에 전적으로 의존해야 할 한국이 경제적으로 자급자족할 수 없고 북한의 위협을 감당하지 못해 붕괴될 위험이 크다는 걸 알고 있었고, 그런 일이 벌어져 미국의 위신이 크게 손상될까봐 두려워했다. 미국은 한국에 북한을 공격할 만한 충분한 군사력이나 군사적 공약은 제공하지 않고 경제적으로만 지원해 한국이 북한 정권과 경쟁할 수 있기를 희망했다. 이에 경제원조를 약속하고 철군 날짜를 1949년 6월 30일까지 연

장했던 것이다.[45]

하지만 미국 정부가 재정 적자와 인플레를 줄이지 않으면 경제원조를 중단하겠다고 공언했기 때문에 한국 정부는 정부 지출을 대폭 삭감할 수밖에 없었다. 실제로 1949년 4월 1일 정부 중앙 부처에서 2만 명이 감원되었고, 4월 5일에는 전체 예산의 23%를 국방비로 배정한다는 삭감안이 발표되었다.[46] 가뜩이나 부족했던 치안과 국방 능력이 삭감안으로 인해 더욱 감소할 것을 우려한 정부는 우익 청년단체들을 통합해 대한청년단을 결성하고 이들에게 군사훈련을 시켜 준군사 조직의 업무를 맡기는 한편, 이들 청년단원들 중에서 일정 인원을 선발해 군대와 경찰 조직에 편입했다.

국가 자율성의 증대

한편 국가안보가 국가 건설 과정의 중요한 과제로 등장하자 정부는 삼균주의와 국가안보의 내용을 모두 포함한 과도기적 이념인 일민주의를 제창해 국가 건설을 위한 국민운동으로 보급했다. 학도호국단 등의 학생 단체는 일민주의를 국가안보 차원에서 강조했으며, 정부기관을 비롯한 사회 각 계층은 애국기 헌납 운동 등을 통해 국가의 능력으로는 확보할 수 없었던 자원들을 마련해주기도 했다. 이로 인해 국가안보 문제가 그럭저럭 개선되기 시작했다. 1949년 6월 주한 미국 대사관은 당시의 안보 상황에 대해 "남북한 간 군사적 균형의 안전장치 역할을 하고 있는 주한 미군의 철수가 전면전을 가져올 가능성을 배제할 수는 없지만 남북한 간에 상당한 군사적 균형이 이루어지고 있다"고 평가했다.[47]

한편 대중들의 목소리를 국가 건설 과정 동원에 대한 교환 대가로 수용해 사회 개혁을 추진한 덕분에 긍정적인 결과가 나타나기도 했는데, 토지개혁과 의무교육 실시 등이 그 대표적인 예다. 이를 통해 정치적 정당성이 향상되어 국민들이 점차 자원 동원에 대해 동의하고 국가에 대한 귀속감 역시 증가하면서 국가의 자율성이 향상되었다. 그리고 이를 지켜본 중도파 세력이 1950년 5월 30일의 제2대 국회의원 선거를 통해 대한민국 건설 과정에 참여하면서 정치적 정통성과 민족주의적 대의명분의 문제가 향상되어 이념 자원이 보다 극대화되기 시작했다.

1950년 6월 25일 한국전쟁이 발생하기 직전에 국가는 균형재정을 달성하고 빨치산 등의 내부 반란을 진압함으로써 정치적·경제적 안정을 찾아가고 있었다. 1950년 4월 28일 미 정부 관리는 AP통신과의 회견에서 대한민국이 정치·경제상의 위기를 모면했으며 앞으로 많은 난관이 기다리고 있지만 국가의 존립과 민주주의적 발전의 기초가 확립될 것으로 기대한다고 평가했다.

최근 균형예산안의 통과로 인해 현재의 경제 부흥 상태가 계속된다면 한국은 수년 내에 경제적으로 독립할 수 있을 것이며, 이에는 한미 양국 위원들로 구성된 경제안정위원회의 업적이 크게 기여하고 있다. 또 200명의 국회의원을 선출하는 제2대 국회의원 선거에는 제헌국회 선거 당시 공정한 선거가 실시되지 않으리라는 이유로 출마를 거부했던 정당들까지 참여해 약 1,400명의 입후보가 예상되는 등 공정한 선거가 기대되고 있다. 한편 이제 한국 군대는 소련이 북한을 원조하지 않는 한 공산주의 지배하에 있는 북한에 대항해 국권을 유지할 수 있을 것이다. 현재 한국에는 육군 9만 3,000명, 해군 7,000명 그리고 5만 명의 경찰력이 500명의 미 군사고문단에게 훈련을 받고 있으며 그

성적이 매우 만족스럽다. 실제로 1949년 10월 이래의 공산주의 게릴라군 및 기타 반도 소탕전에서 약 5,000명의 게릴라가 사살되었으며 그들은 사실상 남한으로부터 소탕되었다. 따라서 한국이 향상된 생활 수준을 가진 한층 민주주의적인 국가로서 등장한 징조가 보이며, 북한으로부터의 위협이 제거되면 곧 자립할 수 있을 것이다.[48]

한국전쟁의 서막

하지만 이러한 성과에 힘입어 이승만 정부가 무력 통일을 시도할 것을 우려했던 미국 정부의 우려와는 달리 전혀 다른 상황이 전개되었다. 중국 국공내전에 참전해 전투 경험이 풍부한 인민해방군 출신 3개 사단 병력이 1949년 하반기부터 중국에서 북한으로 귀국했다. 그리고 1950년 4~5월에는 소련이 북한에 군용 트럭과 탱크, 항공기, 중화기 등을 대량 공급했다. 이로써 남북한 간의 군사력 대결에서 북한이 병력 수와 병기 모두에서 절대적 우위를 차지하게 되었다.[49]

이러한 북한의 정황을 가장 잘 알고 있었던 것은 이승만과 남한 정부였다. 1949년 9월 이미 한국 외무부는 대한민국 정부를 승인한 21개 국가에 서한을 보내 한국전쟁을 예방할 수 있는 적극적인 조치를 촉구했고, 1950년 3월에는 국방부 장관 신성모 또한 북한이 침략할 것이라고 예측했다.[50] 이승만 역시 한국전쟁 발발 6일 전인 6월 15일까지도 미 국무부 고문 존 덜레스John Foster Dulles와 주한 미국 대사 무초에게 미국의 명확한 안보 공약을 요구하면서 만일 모종의 조치가 강구되지 않는다면 냉전에서 패배하고 말 것이라고 주장했다.[51]

이에 반해 미국은 전쟁이 일어나는 순간까지 전쟁 가능성에 대해 회의적이었고, 적극적으로 대처하지 않았다. 미국은 중국 내 상황이 악화되어 한국의 전략적 중요성이 커지자 한국에 이전보다 큰 규모의 경제적·군사적 지원을 제공하기로 결정했다. 그러나 이러한 지원은 경제적·이념적 봉쇄 차원에서 행해졌을 뿐이며, 전략적 가치가 그리스, 터키, 일본 등에 비해 떨어져 직접적인 군사력을 투입할 수 없었기 때문에 한국은 미국의 군사적 보호 없이 살아남아야 했다. 만일 이렇게 해서 계속 살아남는다면 한국을 트루먼독트린의 하나의 성공 모델로 삼아 계속 지원하겠다는 것이 미국의 방침이었다.[52]

1950년 4월 초에 제출된 NSC-68 보고서는 소련의 전 세계적인 군사 위협으로 인해 미국이 이전보다 훨씬 많은 500억 달러의 국방비를 책정해야 효율적으로 대응할 수 있다는 결론을 제시했다.[53] 하지만 기적적인 재선 이후 국내 여론으로부터 방위비 지출의 추가 삭감을 요구받던 트루먼 행정부로서는 이를 받아들이기 어려웠다. 전략적 가치가 떨어진 한국에 대해서는 더더욱 신경 쓸 수가 없어 6월 25일에 한국전쟁이 발생하기 전까지는 큰 관심을 쏟지 않았다. 비록 중국 대륙이 공산화되어 한국의 전략적 중요성이 커져 지원을 늘리기는 했지만, 여전히 한국은 7번째로 중요한 국가에 불과했다. 세계의 거의 모든 지역에서 소련과 맞서고 있던 미국은 한반도의 공산화가 미국의 위신 추락으로 이어질 것을 두려워하면서도 가능한 한 세력 균형 상태가 유지되어 더 이상의 자원을 투입하는 일이 생기지 않기를 바랐다. 그에 반해 소련과 중국은 중국 대륙을 포기한 미국의 태도가 한반도에 그대로 이어질 것으로 예상해 북한의 침략을 용인했기에 마침내 한국전쟁이 발발했다.

부족한 예산과 안보 위기로 미뤄진 경찰 개혁

1948년 8월 15일 대한민국 정부가 수립되면서 경찰 정원이 1950년 4만 8,010명까지 증가하고[54] 국가 예산에서 경찰 관련 예산이 차지하는 비중 역시 대폭 증가했으나 여전히 관업비나 행정비가 차지하는 비중에는 훨씬 미치지 못했다. 경찰 조직 역시 좌익 세력의 폭력에 대항해 공권력을 수립하기 위해서는 부일 경찰들을 한시적으로 이용해야 한다는 미군정 말기의 분위기가 대한민국 출범 초기에도 이어졌다.

(단위: 십억 원, %)

연도		1948년	1949년	1950년
일반 재정		31.3	77.6	105.6
경찰비	금액	2.4	10.6	13.4
	비율	7.7	13.7	12.7

● 표 IV-1) 제1공화국 출범기의 경찰비(1948~1950년)[*55]

그러나 미군정 시기부터 높았던 경찰 개혁의 목소리 또한 제1공화국 출범을 계기로 본격화되었다. 제헌국회 초기인 1948년 8월 2일의 제37차 국회본회의에서 한국독립당 계열의 신성균 의원이 "앞으로 수립될 정부에는 군국주의나 경찰국가화할 염려가 없는 조각을 해주기 바란다"고 제안하자 많은 의원들이 찬성했다.[56] 반민족행위자처벌법에 적극적이었던 소장파 노일환 의원은 현 경찰 중 일제강점기부터 종사한 경찰관이 8할 이상이라고 지적했다.[57] 1948년 9월 7일에는 대전 제3관구 경찰청 신임 경찰 대표들이 기존 경관의 퇴직을 요구했다. 이것은 현직 경찰관 대 신규 임용자 간의 알력과 반목이 노골화된 사건으로, 새로 경찰에 충원된 인력들이 대표 50여 명을 선출해 일제강점기부터 경찰에 종사했던 인력들의 퇴직을 공개적으로 요구했다.[58]

당시의 여론을 보면 미군정 3년간 친일 세력들이 정치적·경제적으로 조직화되어 정권욕에 불타는 정치인들과 결탁해 있으므로 이들을 숙청해야 한다는 의견이 대두되고 있었다.[59] 그러자 일제강점기에 경찰이었던 현직 경찰관들 중 수도경찰청 간부들이 민족정기 앙양을 위해 퇴진한다는 성명을 발표하고 사표와 건의서를 제출하며 집단 발발했다.[60] 내무부 장관 윤치영은 이에 굴복해, 일제 때의 간부 경관만큼은 교체할 방침이라는 담화 때문에 동요하는 일선 경찰들을 안정시키기 위해 "전직 경관의 거취 운운은 사실이 아닌 선동에 불과한 것으로 이에 동요치 말고 경찰 업무에 진력할 것을 당부한다"는 담화를 발표한다.[61] 한편 미군정의 경찰을 책임지고 있었던 조병옥과 윤치영 간의 갈등 때문에 경찰

---

* 경찰비가 표 IV-5의 '사법경찰비'와 차이를 보이는 것은 '사법비'의 포함 유무 때문이다. 특히 1948년과 1949년은 한국 사법부가 팽창한 기간이었으므로 사법비를 포함한 사법경찰비의 규모가 경찰비보다 매우 컸던 것으로 추정된다.

권 이양 문제가 매끄럽게 진행되지 못하자 이승만 대통령이 완전한 정권 이양이 이루어지기 전까지는 부일 경찰들의 처벌 문제를 한시적으로 덮어두자는 입장을 발표하기에 이른다.

아직 정권이 이양 중에 있으므로 어떤 사람을 처단하는 것은 혼란을 일으킬 염려가 있다. 정권을 이양한 뒤 특별법원을 만들고 처단하자. 미국인들은 친일 반역자를 구별할 수 없어 혼동해서 사람을 써왔으므로 군정 밑에서라도 나라를 위해 애써온 사람이라면 장공속죄해야 할 것이다. 물자가 자꾸 새나간다고 하는데 이것은 반민 처단법 때문에 경찰관들이 동요한 탓이라고 한다. 정권 이양이 다 되고 정돈되거든 처단하자.[62]

그러나 여수·순천 사건이 발생해 국가안보의 문제가 최우선 과제로 등장하자 사회 분위기가 급변했다. 준내전 상태에 돌입했다고 판단한 행정부는 국내 정세의 긴급성을 이유로 미군정 때처럼 각 지방에 경찰청을 두는 제도로의 환원을 선택하고 국회에 이의 통과를 요청했다. 하지만 국회는 정부안이 경찰국가를 만들 우려가 있다는 이유로 거부했고, 법안의 명칭까지 '지방행정에 관한 임시 조처법'으로 고치고 그 유효기간마저 6개월로 정해 공포했다.[63]

정부가 친일 분자들을 등용하고 있는 데 분개한 국회가 반민특위를 구성한 것에 찬사를 보내던 언론마저 국회에 부정적으로 돌아선다. 그것은 시내 각 파출소 앞에 바리케이드를 구축해 전쟁터 같은 인상을 주고 긴박한 상황을 연출하는 등 치안과 안보 문제가 신생 공화국의 생존에 가장 중요한 사안으로 부각되고 있었기 때문이다.[64] 1948년 11월 20일 국회를 통과한 국가보안법이 12월 1일 공포, 실시되었고, 1949년 2월 6일에는 국회 내 소장파들이 제안했던 외국군 철수안이 국회에서 부결되었다.

1948년 말 이후 모두 10차례에 걸쳐 2,300여 명의 북한 공산 게릴라들이 남한에 침투했다. 이들은 1948년 2월의 총파업과 제주 4·3 사건, 여수·순천 사건 이후 산으로 도주해 유격대로 전환한 좌익 세력 2,000여 명과 합세해 각지에서 치열한 유격전을 전개했다. 1950년 6월 25일 한국전쟁이 발생하기 전까지 국내에서 고정적으로 활동하던 무장 좌익 세력은 도합 6,620명에 달했다.[65]

소련과 북한의 당시 자료들을 참조하면, 이들 빨치산의 존재와 규모는 생각보다 훨씬 위협적이었다. 북한 주재 소련 대사가 스탈린에게 보낸 보고에 따르면, 약 2,000명의 빨치산이 남한에서 활동하며 1949년 한 해에만 2,000회의 작전을 수행했다.[66] 또 북한 신문인 『민주조선』의 1950년 4월 25일자 보도에 따르면, 1950년 3월에만 약 6만 3,000명의 빨치산이 1,083회의 전투를 벌여 570명의 경찰을 사살하고 459명을 처형했다. 한편 태백산 지역에서는 1만 7,400명의 빨치산들이 351회의 작전을 전개했으며, 오대산 지역에서도 2만 명의 빨치산이 273회의 작전에 참여했다.[67]

따라서 경찰 역시 군과 함께 빨치산 토벌 작전을 수행하기 위해 22개 전투경찰 대대와 1만 명 규모의 전투경찰을 편성했다. 1948년 8월 20일 3만 5,000명이었던 경찰이 1950년에는 4만 8,010명으로 늘어났는데,[68] 빨치산 토벌을 위한 전투경찰 충원으로 인한 증원임을 알 수 있다. 하지만 전투경찰 외의 경찰 보충은 약 3,000명에 불과했다.

당시 이승만은 치안상의 위기를 타개하기 위해 상해 임시정부 시절 자신을 탄핵하는 세력의 선봉에 섰던 신성모에게 내무부 장관[69]과 대한 청년단 단장직[70]을 동시에 맡기고 있었다. 이는 출범 초기부터 일종의 내전 상태에 직면해 합법적 폭력의 독점에 실패한 경찰과 군대가 청년 단체에게 국가 치안을 상당 부분 의존하고 있었다는 것을 보여준다. 당시 반공주의를 표방한 청년단체의 총인원 수는 600만여 명으로 한국 정치에서 가장 유력한 세력이 되어 있었다. 이들은 경찰을 도와 치안 부문을 담당했을 뿐만 아니라 안보 영역에도 투입되어, 국군에 편성될 5만명의 호국군 역시 이 청년단체에서 선발할 예정이었다.[71]

　주한 미군 철수에 자극받은 북한은 1949년 초반부터 남한 내부의 호응을 얻어 남침을 결행할 것을 적극적으로 검토하고 있었다. 북한으로부터 5월경의 남침 계획을 전해 듣고 있었던 남조선노동당의 중앙당 지도부도 1949년 4월부터 5월과 6월, 9월에 네 차례에 걸친 해방 계획을 수립했다. 따라서 경찰 역시 남조선노동당을 붕괴시키고 좌익 세력을 검거하는 데 총력을 기울였다. 1949년 3월 남조선노동당 서울시당이 무너진 것을 시작으로 1950년 6월 25일 직전까지 약 1년 동안 20만 명 이상의 탈당 성명서가 각 신문 광고란을 휩쓸었다.[72] 이는 특별한 기술이 있는 부일 경찰들의 기용을 용인할 수밖에 없다는 것을 의미했고, 결국 이 기간에 반민특위가 해산되는 결과가 초래되었다.

　이렇듯 안보의 중요성이 부각되자 경찰청에서 경찰국으로 기구가 개편되어, 도지사가 경찰의 최고 책임자로 경찰권을 가지고 있었는데도 경찰국장에 주요 경찰행정을 잠정적으로 일임한다는 공문이 김효석 내무부 장관 명의로 각 도지사에게 발송되었다. 당시 직면한 사태를 비추어 볼 때 경찰의 임무가 군과 흡사하므로 기밀 보안과 유지를 경찰국장에게 일임하고 경찰행정의 특수성에 비추어 경찰관의 인사 문제와 경리

문제 역시 경찰국장에게 일임하라는 내용이었다.[73]

그런데 김효석은 국회 초기에 미군정과 일제강점기 관리들을 가급적 내각과 정부에 등용하지 말자고 주장했던 인물이다. 그는 민족주의의 입장에서 최대한 일제강점기와 미군정 시기의 잔재를 청산하고 새로운 국가를 건설하자는 대중들의 열망을 국회에서 대변했다. 하지만 민족주의 이념을 국가 건설 과정에서 극대화할 것을 주장했던 그조차도 국가안보가 최우선 과제로 등장하자 행정상의 필요성 때문에 경찰들의 주장을 수용할 수밖에 없게 된 것이다. 이렇듯 대한민국 정부 출범 초기부터 부일 경찰들의 처벌을 주장하는 목소리가 높았지만, 여수·순천 사건으로 인해 사실상의 전쟁 상태가 전개되자 점차 국가안보가 최우선시되면서 차츰 그 목소리를 잃어갈 수밖에 없었다.

대한민국 초기의 군대

미국의 요구로 축소된 국방비의 비율

1947년 7월 제2차 미소공동위원회가 결렬되기 전까지 미군정은 한국의 정규군은 한국이 독립할 때 창설해야 한다고 생각했다. 따라서 소련의 오해를 사지 않을 무장력이면서 내부의 전복 활동에 대처할 수 있는 경찰 예비대의 창설에 주력해, 경비 업무를 분담하고 치안 유지를 담당할 2만 5,000명 규모의 남조선국방경비대를 창설해 유지하고 있었다. 이로 인해 한국군 역시 공격용 무기가 아닌 소규모 국경 충돌이나 치안 유지에 적합한 방어 성격의 무장력만을 보유하고 있었다.

그러나 1948년 봄부터 남한 단독정부 수립이 가시화되면서 신속한 미군 철수를 위한 일환으로 조선경비대를 무장하고 훈련하는 문제가 제기되었다. 1948년 4월의 NSC 8 보고서에 따르면 6개월을 버틸 수 있는 보병 사단 규모의 장비를 한국 군대에 무상으로 제공하고, 한국 군대를 조직하고 훈련시키기 위해 250명의 임시 군사고문단을 창설하는 계획이 마련되었다.[74] 한편 1948년 7월 17일 제헌헌법과 정부조직법이 공포되어 국방부가 설치되었고, 8월 16일에는 초대 국방부 장관 이범석의 국방부 훈령 제1호를 통해 조선경비대와 조선해안경비대가 대한민국 국군으로 정식 편입되었다.

따라서 대한민국 정부 수립이 공식화된 1948년부터는 표 IV-2에서 볼 수 있듯 국방비가 현저하게 상승했다(그럼에도 국가 예산 중 가장 높은 비율을 차지한 것은 관업비였다). 하지만 미국 측의 인플레 억제와 재정 적자 긴축 요구로 국방비의 비율을 줄여야 했으므로 1950년의 국방비 비율은 1949년에 비해 줄어들었다.

(단위: 십억 원, %)

연도		1948년	1949년	1950년
일반 재정		31.3	77.6	105.6
국방비	금액	8.1	24	25 1
	비율	25.9	30.9	23.8

● 표 IV-2) 제1공화국의 국방비[75]

같은 계급의 한국군과 북한군의 월급도 크게 차이가 났다. 당시 환율로 계산할 때 2.4달러의 월급을 받고 있던 한국군 소위와 달리 북한군 소위는 100배 이상인 260달러의 월급을 받았다. 중위와 대위의 경우에는 그 격차가 줄어들기는 했지만 북한군 월급의 약 1/20 수준에 불과했다.

	한국군[76]	북한군[77]
소위	2.4	260
중위	12.2	280
대위	13.2	300

● 표 IV-3) 대한민국과 북한의 군 간부 봉급 비교

추가 지원을 망설이면서도 세력 균형의 붕괴를 걱정한 미국

이 정도의 국방비로는 도저히 안보의 위협을 감당할 수 없었기 때문에*
이승만은 미국이 확실한 안보 공약을 제시하기를 바랐다. 이미 무초에게
남한에 대한 공격은 미국에 대한 공격으로 간주한다는 성명서를 발표해
달라고 요청했던[78] 이승만은 자신이 철군 반대 의견을 언론에 제기하는
것을 미 국무부 장관 딘 애치슨Dean Gooderham Acheson이 문제 삼자,[79] 트루
먼에게 직접 호소했다.[80] 그러나 당시 미국은 한반도같이 일차적인 전략
적 중요성이 없는 지역에서는 가능한 한 적은 비용으로 최대의 효과를
거두고자 했기 때문에, 약 1,000만 달러로 결정된 대한 군사원조액을 2
억 달러 수준으로 격상해달라는 이승만의 요구를 받아들이지 않았다.

　미국은 중국의 상황이 악화되자 이전보다 큰 규모의 원조를 제공하기
로 결정했지만 직접적인 군사력을 투입할 수 없었기 때문에 한국은 미

---

* 이는 1949년 5월 4일 송악산에서 발생한 전투에서 적나라하게 드러난다. 당시 남북 간의 대
대급 전투에서 남측은 대대장을 포함해 39명의 전사자를 냈는데, 이 전투에도 우익 청년단과
주민들이 투입되었다. 전투 후, 제1사단장 김석원은 남북교역금지법을 위반하고 북으로 송출
된 명태를 압수하여 이를 남대문시장에 내다 팔아, 전투에 참여한 우익 청년단과 주민들에게
보수를 지급했다. 이후 경무대에까지 보고되었던 이 일은 국가가 최소한의 국방비마저 지불할
능력이 없어 군 지휘관이 스스로 대안을 모색하려 했던 사건이었다.

국의 군사 보호 없이도 살아남아야 했다.[81] 아울러 미국은 군사력의 증가가 재정 적자와 인플레 상승을 부추겨 한국이 중국 국민당 정부의 전철을 밟을 것을 우려해 이승만이 북침을 통한 통일을 시도하려 한다는 등의 이유를 들어 경제원조마저도 최대한 억제했다.

1949년 3월 15일 드럼라이트 Everett Drumright 주한 미 특별대표부 특사 대리는 애치슨에게 보낸 보고서에서 이승만이 명목상으로는 북한의 남한 공격 가능성을 언급하면서 장비의 확대와 개선을 요구하고 있지만 분명 북한 흡수를 상상하고 있으며 이는 위험천만한 태도라고 경고했다.[82] 특히 미국은 1949년 8월부터 소련제 비행기를 수입해 20~40대의 비행기를 평양 부근에서 비행시키고 있던 북한군에 비해 1950년 2월이 되어서야 기술원 양성소를 설치할 정도로 준비가 부족했던 한국의 공군력[83]을 보충하겠다며 비행기를 요청한 이승만의 행동을 일종의 사기극으로 간주하고 있었다.[84]

미국 정부는 2차대전이 막 종결되어 아르헨티나에 단돈 1달러에 전투기를 인도하면서도 한국에는 전투기를 공급하지 않았다. 한반도에서 세력 균형이 깨질 것을 두려워했기 때문이다. 미국은 주한 미군을 철수하면서 자신들이 보유하고 있던 30대의 경폭격기를 한국군에 인도하는 것을 거부하고 고철로 분해해 판매했다. 1949년 10월 1일에 탄생한 한국 공군의 초대 참모총장이었던 김정렬은 고육지책으로 애국기 헌납 운동을 추진해 1950년 5월 14일경 캐나다로부터 연습기 10대를 들여올 수 있었다고 회고한다.[85]

이렇게 미국은 군사력을 증강하려는 한국의 시도를 최대한 억제하고, 미국의 최소한의 경제적 지원이 가시적 성과를 보일 수 있도록 경제개혁에 초점을 맞추라고 요구했다. 트루먼 행정부는 만일 한국의 재정 위기가 계속된다면 중국에서 그랬듯 미국의 노력이 효과를 거두지 못했다는 반증이 되어 야당인 공화당에게 공격의 빌미를 제공할 것이라고 우려했기 때문이다. 따라서 1949년에 급증했던 국방비 비율이 한국전쟁이 발생했던 1950년에는 오히려 1948년보다 감소했던 것이다.

남과 북의 군사력 균형 붕괴와 한국전쟁 발발

그에 비해 북한은 1949년부터 소련과 중국의 적극적인 지원하에 병력과 무기를 보강해 남북 간에 전력의 균형이 무너졌고, 이는 한국전쟁으로 이어졌다. 1948~1950년 남과 북의 병력 증강 상황을 살펴보면 이미 1950년 한국군의 병력이 북한군에 비해 절대적으로 열세에 있다는 것을 보여준다.[86]

따라서 한국전쟁 발발 무렵에는 한국에 있었던 미국 관리들조차 불과 30대의 비행기를 보유한 한국군에 비해 180대 이상의 비행기를 보유한 북한이 우세하기 때문에 북한이 침공할 경우 대한민국 지상군의 우월성이 상실될 것이므로 한국군에게 미국의 비행기를 공급해야 한다고 생각할 정도였다.[87] 드럼라이트 역시 이전의 주장을 바꾸어 미국에 군사적 지원을 요청했다.[88] 무초도 한국의 독립과 자유를 보장하기 위해서는 단순한 군사·경제 원조 이상의 추가 원조가 필요하다는 사실을 미국 정부에 계속 역설하면서 "불행하게도 북한과 남한 간에 대규모 전쟁이 발생한다면 미국 정부가 설정한 1,000만 달러 정도로는 불충분할 것이다"라고 경고했다.[89] 이승만 역시 한국전쟁 발발 10일 전인 6월 15일까지도 미 국무부 고문 덜레스와 무초에게 한국에 대한 미국의 명확한 안보 공약을 요구하면서 만일 모종의 조치가 강구되지 않는다면 냉전에서 패배하고 말 것이라고 주장했다.[90] 하지만 방위비 지출의 추가 삭감을 요구받고 있었던 트루먼 행정부는 전쟁이 일어날 때까지 적극적으로 대처하지 않았다.[91]

국가안보 위기로 대거 입대한 일본군 출신자들

한편 이러한 군사적 열세 속에서 한국군은 임시정부의 유산을 계승하려는 사회 분위기에 맞춰 이념 자원을 국가 건설 과정에서 극대화하려던 경향이 강했던 초기의 분위기에서 점차 벗어나고 있었다. 사실 국군 창설 초기에는 임시정부와 광복군 출신 인사들이 국군의 중심이 되어야 한다는 사회적 분위기가 팽배했다. 정부 수립이 확정되자 미군정은 임시정부 출신 유동열을 수장으로 하는 통위부의 군제를 확대하고, 지휘 통솔상의 이유로 총 3개 여단으로 구성된 병력 중 제1여단장에 임시정부 출신 준장 송호성을 임명해 계급이 그보다 낮은 일본군 출신의 대령 이응준과 만주군 출신의 대령 원용덕을 통제하게 했다.* 또 주한 미군의 철수에 따라 1948년 3월 10일 2만 5,000명이었던 조선경비대의 병력을 5만 명으로 증강했고, 1948년 4월 29일부터 증설된 2개의 여단 중 제5여단장에 임시정부 출신 대령 김상겸을 임명했다.

임시정부 출신 손원일은 해안경비대가 보유한 3,000명의 병력과 함정 105척으로 해군 창군을 시작했다. 1930년 중국 중앙대학 항해학과를 졸업한 손원일은 중국 해군부의 유학 시험에 합격해 함부르크^{Hamburg}의 미

---

* 전술했듯, 이 두 사람은 임시정부 출신 인사들과 밀접한 관계를 맺고 있었고 해방 직후에는 자신들의 경력을 부끄러워하며 기회가 있을 때마다 임시정부와 광복군 출신 인사들이 국군의 중심이 되어야 한다고 강조했다.

국 상선 회사에서 근무한 후 1933년부터 상해 해안 경비함에서 근무한 바 있었다. 1946년 해군의 전신인 해안경비대 총사령관으로 임명된 그는 1947년 8월에는 해군 참모총장으로 승진해 해군의 창군과 증강 작업을 수행했다.[92]

아울러 정부 수립을 앞두고 서북청년단이나 대동청년단 등의 청년단체 간부들이 광복군 모체론을 바탕으로 군 내부의 좌익 분자들을 문제삼아 조선경비대의 전면 해산을 국군 재조직의 선행조건으로 추진하도록 정계에 압력을 가하고 있었기 때문에 광복군 출신들은 군에서 중용될 수밖에 없었다. 이에 대한민국 국군의 최고 수뇌부인 국방장관에 이범석을 임명한 것을 비롯해 국방차관과 육군 총사령관 역시 광복군 출신 최용덕과 송호성을 임명해 일본 육사 출신인 국방부 참모총장 채병덕과 육군 총참모총장 이응준을 지휘하게 함으로써 광복군 정통론이 실질적인 힘을 발휘할 수 있도록 최대한 노력했다. 이미 살펴본 것처럼 일본군과 잦은 마찰을 빚었던 채병덕은 여운형과 연계해 무장투쟁을 계획한 전력이 있었고, 이응준 역시 독립투사 이갑의 사위였기 때문에 이들의 임명은 상당한 정치적 안배에 따른 것이라고 할 수 있다.

한편 초대 국방장관이며 광복군 출신인 이범석이 "국군을 육성시킴에 있어 광복군의 투쟁 정신을 계승한다"고 천명한 이래 1948년 7월 29일 대한민국 육사로 정식 개교한 제6대 육사 교장에는 상징성을 고려해 광복군 출신 최덕신 중령이 임명되었다. 이후 제7대 교장(1949년 1월 15일~1950년 6월 10일) 김홍일 장군 → 제8대 교장(1950년 6월 10일~1950년 7월 8일) 이준식 장군 → 제9대 교장(1951년 10월 30일~1952년 11월 10일) 안춘생 장군에 이르기까지 모두 광복군 출신을 임명했다.[93] 그리고 광복군들 가운데 귀국이 늦어져 입대하지 못한 이들과 광복군 모체론을 내세워 국방경비대에 입대하지 않았던 이들을 육사 7기와 8기로 특별 임관했다. 국방부는 고급장교 확충의 일환으로 군사 경력자 9명을 기용했는데, 광복군 출신이 다른 군 출신에 비해 그 수가 절대적으로 부족했는데도 이준식, 오광선, 안춘생 등 광복군 출신 4명을 영관급의 군 중견 간부로 임명했다.[94] 그것은 당시 이승만 대통령이 "국방군 창설을 위해 맥아더가 일본인 장교 78명이 포함된 특별군사사절단을 파견했다"는 평양방송의 보도를 공식적으로 부인할 만큼 일본군 경력자나 일본군적 요소의 개입이 매우 민감한 문제로 부각되었기 때문이다.[95]

따라서 정부는 군 창설 초기 최고 계급인 준장 5명을 결정할 때에도 광복군 출신 3명, 일본군 출신 2명을 임명하는 등 광복군 출신을 크게 배려했다. 특히 이들 장성 5명의 임관식 때는 광복군 출신 김홍일이 대표로 국가와 대통령에게 충성을 다하겠다는 선서문을 낭독해 의식적으로 광복군 출신을 내세우려 했음을 발견할 수 있다.*

하지만 국가안보의 위기가 발생하자 일제강점기의 전력을 이유로 1947년 말부터 스스로 근신하고 있었던 50~60대의 일본군 출신자들이 중국군 출신의 군 경력자들과 함께 전격 입대했다. 이들은 1948년부터 제주도와 여수, 순천, 옹진 지구 등 최전선을 중심으로 배치되었다.

1947년 일본 육사 26기 출신의 예비역 중령 박승훈의 입대를 시작으로 1948년 8월에는 입대를 고사하던 일본 육사 27기 출신의 김석원이 2

---

* 준장 5명의 명단과 출신은 다음과 같다. 광복군 출신(3명)은 김홍일, 송호성, 손원일이고, 일본군 출신은 채병덕, 이응준이다. 그런데 전술했듯이 이응준은 유동열이 친혈육처럼 여기는 사이였고, 일본군 출신이었는데도 일본인들을 미워했던 채병덕은 해방 전후부터 민족주의자들과 밀접한 관계를 맺고 있었다. 결국 일본군 출신들의 장성 기용에 있어서도 민족주의적 이념 자원이 최우선적으로 고려되고 있었음을 알 수 있다. 『평화일보』, 1948년 12월 23일, 「김홍일 등 장성 5명의 임관식 거행」.

개 중대로 중국군 1개 사단의 공격을 격퇴했던 공적을 인정받아 전격 입대했다. 그와 함께 일본군 육사 26기 출신의 예비역 대령인 유승렬 역시 입대했다. 그 뒤를 이어 일본 육사 26기 출신의 예비역 중령 신태영도 여수·순천 사건이 일어나자 1948년 11월 대령으로 입대했다. 1948년 12월에는 일본군 중령 출신으로 제주도 경찰부장을 지낸 이형석이 발탁되었다. 1949년에는 일본 육사 26기 출신인 김준원까지 주위의 권유로 60여 세의 나이에 입대하는 상황이 펼쳐졌다. 마지막으로 1949년 6월 하순에는 일본군 육사 49기로, 소령으로 예편했으나 일본군 전력을 이유로 스스로 처벌을 기다리며 입대를 거부하고 있었던 이종찬이 입대함으로써 당장 투입이 가능한 일본군 영관 출신 가운데 거의 전원이 동원되었다.

제주 4·3 사건을 해결하기 위해 투입되었던 송요찬과 유재흥이 풍부한 야전 경험을 바탕으로 성과를 보인 것을 시작으로, 만주에서 동북항일연군 토벌의 경험이 있었던 김백일이 여수·순천 사건에서 한국군의 소방수로 등장하면서 일본군 영관 출신들은 본격적으로 최전선에서 활동하게 되었다. 즉 여수·순천 사건을 시작으로 본격화된 국가 위기를 해결하기 위해 입대한 50~60대의 일본군 영관 출신 노장들이 정일권, 백선엽, 공국진 등의 20~30대 청년 장교들과 함께 단시간에 내부 반란을 진압하고 국가를 안정시켰던 것이다.

숙군 작업과 광복군 출신 장교들의 몰락

여수·순천 사건과 제주 4·3 사건에는 공산주의 사상을 가진 군 장교들이 대거 관련되어 있었다. 이들은 미군정이 1946년 국방경비대와 군사영어학교 등을 창설하면서 장교들의 이념을 전혀 고려하지 않았기 때문에 선발되어 군에 잔류할 수 있었다. 군 내부의 좌익 세력은 끊임없이 반란을 일으켰을 뿐만 아니라 산으로 도주한 좌익 빨치산 세력과 합세해 무장투쟁을 전개하며 신생 대한민국을 위협했다.

군 내부 좌익 세력이 일으킨 주요 반란은 다음과 같다. 먼저 제주 4·3 사건 해결을 위해 파견될 예정이었던 부대가 1948년 10월 20일에 여수·순천 사건을 일으켰고, 이에 가담했던 군인 700여 명이 민간인 가담자 1,300여 명과 함께 지리산으로 들어가 유격전을 전개했다. 다음으로, 1948년 11월 2일 대구 지역에서 제6연대 군인들이 반란을 일으킨 후 1949년 1월 30일까지 2차례의 반란이 추가로 일어났다.[96] 이에 군은 1948~1949년에 사상적으로 요주의 인물들을 군에서 숙청하는 대규모 숙군 작업을 벌인다.[97] 숙군 작업은 한국전쟁 이전까지 모두 네 차례에 걸쳐 이루어져, 국가보안법에 의거해 처리된 사람만 모두 1,327명에 이르렀다.[98]

이러한 상황에서 광복군 출신들끼리 분열함으로써 광복군 정통론노 큰 타격을 입었다. 국무총리 이범석은 한국독립당 출신 장교 오동기가 김구를 추대할 목적으로 여수·순천 사건을 일으켰다고 주장했고, 여수에 파견되었던 오동기 역시 자신을 후원했던 육군 총사령관 송호성의 비리를 적발했다. 이에 수적으로 소수 집단이었던 광복군 출신이 위축되는 결과가 초래되었다. 남과 북의 분단이 본격화되었는데도 이를 받아들이지 못하고 여전히 민족지상주의에 입각해 좌우합작을 중시하는 삼균주의를 추종하던 광복군 출신들이 사상을 의심받게 된 것이다.

광복군 지대장 출신이었던 아나키스트 송호성은 정부 수립 직후부터 국가 건설의 임무에는 이념의 차이가 전혀 중요하지 않다고 발언하고,

1948년 제주 4·3 사건을 조기에 진압하기 위해 병력 파견을 논의할 때 "동족끼리 충돌해서는 안 된다"고 파견을 반대해[99] 이범석에게조차 공개적으로 면박을 당했다. 또 송호성은 중국군에서 하던 대로 지위를 이용한 돈벌이에 열중함으로써 민족주의적인 대의명분을 스스로 훼손했다. 송호성은 '사단장으로 3개월만 근무하면 평생 먹고살 수 있다'는 중국군에서의 잘못된 관행을 따르면서도 이를 독립운동에 몸 바쳐온 공적에 대한 보수로 생각해 자신의 친척을 부식 납품 업자로 지정해 폭리를 취했다. 하지만 송호성이 사임을 만류하며 여수로 파견한 오동기의 보고로 이 비리가 적발되었다. 설상가상으로 송호성은 여수·순천 사건을 통해 그 무능함이 드러나 청년방위대 고문으로 격하되어 군 권력의 중심부에서 멀어졌다.[100]

만일 전쟁이 일어나지 않았다면 군부의 정통성 중심에 섰을지도 모르는 광복군 출신들은 한국전쟁 이후 중심 세력으로 부상한 일본군 출신 그룹을 제치지 못하고, 송호성의 몰락과 함께 아무도 참모총장이 되지 못한 채 사라져갔다.[101] 신생 대한민국의 생존을 위협하는 빨치산 세력과 북한군 때문에 군인에게 가장 중요한 덕목 역시 민족주의적 정통성의 이념 자원이 아니라 안보에 관한 능력으로 바뀌기 시작했던 것이다. 숙군 작업과 전쟁이라는 극한 상황이 전개되면서 과거 일본이나 만주, 그리고 중국에서 배운 경험이나 전술 따위는 쓸모없어졌고, 새롭게 전개된 상황에 잘 적응해 신뢰를 얻고 통합 작전 등을 수행할 수 있는 실행력과 성실성이 중요해졌다.[102] 송호성과 김상겸의 경우에서 알 수 있듯, 나이가 많고 충분한 야전 경험이 없었던 임시정부 출신 군 최고사령관들은 정부 수립 초기부터 능력 부족을 드러냈다. 이들을 대신해 능력을 보여준 일본군 출신들 중에서도 50~60대의 노장들보다는 미군과 교유하며 이들의 군사기술을 빠른 시간 안에 습득할 수 있었던 20~30대 소장 장교들이 점차 부상했다.

민족주의적 분위기에서 견제받던 일본군 출신 장교들

당시의 군 구성원은 크게 일본의 장교 양성기관인 도쿄 육군사관학교와 만주 군관학교에서 훈련을 받은 사람들, 대학 출신 학병 장교들, 1938년의 특별 지원병 제도로 배출된 소규모의 장교와 하사관 그룹, 일본군에 징집되어 사병으로 근무하다 국방경비대에 사병으로 입대해 1946년 말~1948년에 추천을 받아 간부로 승격된 이들,* 그리고 중국의 국부군이나 조선의용군에서 복무한 장교 그룹 등으로 나뉜다.

이들 중 가장 강력한 그룹은 도쿄 육군사관학교와 만주 군관학교에서 훈련을 받은 사람들과 대학 출신 학병 장교들이었는데, 그 이유는 다음과 같다. 먼저 일본군에 복무했던 한국인이 39만여 명에 달한 데 비해, 광복군 출신은 일본군을 탈출한 한적 장병을 포함시켜도 3만 5,000명에 불과했다. 다음으로 일본군 출신 중에는 정규 사관학교를 졸업하고 현대전을 경험한 경우들이 많았지만, 광복군 출신은 출신 배경이 다양한 데다 중국군에 복무한 이들만이 중일전쟁을 경험했기 때문에 일본군 출신

---

* 한편 이들 중 강제적으로 일본 제국주의에 의해 동원된 일본 학병 출신자들은 일본군 경험자라고 해도 친일 세력으로 매도해 출발부터 창군이 일본군 계열에 의해 주도되었다고 보기는 어렵다. 이른바 지원병을 제외하더라도 학병의 경우에는 나중에 광복군의 일원으로 귀국한 경우도 적지 않았기 때문에 이들을 단순히 일본군 복무 경험이 있다는 이유만으로 비판하기는 어렵기 때문이다. 군사영어학교 출신 중 일본 학병의 비율은 61.8%에 달하며, 이 수치는 자발적 일본군 경력이라고 분류할 수 있는 일본 육사, 만주군, 일본군 지원병 출신을 모두 합친 36.4%에 비해 월등히 많은 숫자이다. 또 이들 중 대장 진급자는 4명, 중장은 12명이 배출되어 가장 높은 승진율을 기록했다.

중에서 많은 요원이 선발될 수밖에 없었다. 무엇보다도 광복군 측 역시 광복군을 주류로 삼아 정통성을 보장하지 않는 한 국방경비대에 참여하지 않겠다는 입장을 견지한 데다 1946년 6월까지 광복군의 주력이 중국 땅에 머물고 있어* 광복군의 입대가 매우 늦게 이루어진 것도 한 요인이 되었다.[103]

따라서 국방경비대의 간부진에도 수적으로 가장 우세한 일본군 출신들이 대거 포진했고, 미 군사고문단 역시 이들을 선호했다. 제1공화국 수립 이후에는 내부의 반란들을 제압하고 근대국가로서 생존하기 위해 광복군 출신들이 차지하고 있던 군 최고사령부를 점차 일본군 출신들이 장악해나갔다. 해방 전 군사 경력자 가운데 국군에 입대해 장군으로 승진한 사람들을 살펴보면, 일본군 출신이 226명(일본 육사 출신 26명, 일본 학병 출신 95명, 일본군 지원병 출신 105명)으로 44명의 만주군 출신, 32명의 광복군 출신과 비교해 가장 큰 비중을 차지했다.

하지만 이후에도 상당 기간 동안 광복군의 정통성을 중요시하는 사회적 분위기가 우세했기 때문에 일본군 출신들이 군부의 중심으로 전면 부상한 것은 20~30대의 일본군 장교 출신들이 대거 승진하는 한국전쟁 이후였다. 이미 전술한 것처럼 국방장관 이범석이 1949년까지 우익 청년단원들을 입대시켜 군의 중심 세력으로 삼았고,[104] 그의 뒤를 이어서 국방장관에 임명된 임시정부 출신의 신성모 역시 일본군 출신 군 원로들과 갈등하면서 군을 장악했다. 또 지리산 지역의 빨치산 토벌에는

---

* 당시 장제스(장개석)는 광복군을 다가올 중공군과의 내전에 동원해 활용하려는 의도를 가지고 있었고, 김구 역시 이에 동의했다. 따라서 총사령관 지청천 역시 일본군의 무장해제 완료 시 인도될 무기와 한적 장병의 완전한 편입을 기대하며 1946년까지 중국에서 대기하고 있었다. 『중앙신문』, 1945년 11월 30일, 「지청천, 장개석의 원조하에 광복군을 개편, 훈련할 계획」.

정일권, 김백일, 공국진 등의 일본군 출신자들을 투입한 반면, 태백산 지구 전투사령관으로는 중국 중앙육군군관학교 출신 이성가를 임명해 일본군 출신자들만이 중용되고 있다는 반감을 희석시키고 균형을 맞추려고 시도했다.

이와 함께 일본군 출신들끼리 경쟁할 때에도 일제강점기 선후배 간의 서열보다는 민족주의자들과의 관계를 훨씬 중시했다. 일본군 출신들 중 독립투사 이갑의 사위였던 이응준을 제외하고 나이와 계급이 가장 높았던 사람은 1948년 당시 56세로 태평양전쟁 때 100여 회의 교전 경험을 가진 대령 출신의 김석원이었다. 그러나 근신을 이유로 늦게 입대하면서 일본 육군사관학교 27기의 김석원은 자신보다 20여 세나 연하였던 채병덕의 지휘를 받게 되었다. 그리고 이들이 의견 차로 충돌했을 때, 대선배로서의 관록과 권위는 있으나 민족주의적 측면에서는 흠결이 있었던 김석원 대신 이범석을 비롯한 민족주의자들의 호감을 얻고 있었던 채병덕[105]이 승리하는 결과로 이어졌다.

이러한 분위기는 한국전쟁 직후에도 계속됐는데, 다음과 같은 사건을 통해 단적으로 알 수 있다. 한국전쟁 중 만주군 간도특설대 출신인 김백일이 비행기 사고로 사망하자 조사를 낭독한 신성모 국방장관은 일본군과 만주군 출신 노장들인 이응준, 신태영, 원용덕 등을 지칭하며 "이 따위 늙은 사람들이 우리 군을 지휘했더라면 우리들은 벌써 저 부산 앞바다로 들어갔을 것"이라며 공개적으로 모욕하기까지 했다.[106] 그러나 당시 이들은 편지를 보내 항의하는 것 외에는 별다른 대응을 하지 못했다.

이는 임시정부 출신이었지만 서구식 해군 교육을 받았던 손원일이 해군의 발전에 기여하고 승승장구한 것과 좋은 대비를 이룬다. 손원일이 수장으로 있었던 해군은 열악한 장비에도 여수·순천 사건 진압의 일등

공신이 되었다. 그리고 1949년 4월 15일 창설된 해병대 역시 육군을 능가하는 뛰어난 전투력을 보이며 안보가 최우선의 과제가 된 상황에서 국가가 안정된 공권력을 수립할 수 있도록 크게 기여했다.

초기의 재정·조세 기구

1948년 8월 15일 정부 수립과 함께 출범한 제1공화국의 국가 재정기구는 대통령과 국무총리 직속하의 재무부와 기획처, 임시외자관리청으로 구성되었고, 재무부 안에 이재국, 사세국, 회계국, 세관국, 전매국이 속해 있았나. 이들 기관들이 제출한 예산안을 국회가 심의·의결하고, 국가 예산 지출이 투명하게 집행되었는지 심계원의 감독하에 결산이 이루어지면 이를 국회가 다시 검토하는 등 형식적으로는 근대국가의 틀을 갖추고 있었다. 그런데 임시외자관리청의 존재를 통해 알 수 있듯, 제1공화국 수립 이후에도 한국은 국가 재정의 상당 부분을 미국의 경제원조에 의존하고 있었으며, 미군정 때부터 비롯된 경제 불안정의 양상 역시 계속되었다.

제1공화국은 출범했지만 여전히 부르주아계급이 육성되지 못해 조세율은 극히 부진했고, 이는 재정 적자와 높은 인플레율로 이어졌다. 설상가상으로 미군정으로부터의 행정권 이양이 제대로 이루어지지 않은 상태에서 대규모 공무원 이동이 이루어져 행정이 제대로 집행되지 못했다. 그리고 1948년 10월 이후 여수·순천 사건과 제주 4·3 사건, 빨치산의 공세를 수습하기 위해 대규모의 국방비 지출이 불가피했다.

(단위: 십억 원)

세출					세입				
구분	1948년		1949년		구분	1948년		1949년	
	금액	%	금액	%		금액	%	금액	%
행정비	2.12	6.8	3.44	4.4					
사법경찰비	4.45	14.2	12.20	15.7					
국방비	8.09	25.9	23.95	30.9	조세	5.5	17.8	13.6	14.9
교육비	2.74	8.8	7.33	9.5	인세 수입	0.5	1.5	0.9	1
사회 보건비	1.52	4.9	2.50	3.2	관업 수입	12.6	40.8	0.5	0.7
산업 경제 대책	4.31	13.8	13.78	17.8	잡수입	1.8	6	2.4	2.5
지방 경제 지원	1.88	6	4.41	5.7	원조 자금			0.2	0.2
공공사업비	1.76	5.5	4.31	5.6	차입금	9.9	32.0	45.1	49.5
채무, 기타			3.25	4.2	국채금			9	10
타회계 전출	3.72	11.9			특별회계 전입	0.6	1.9	19.4	21.2
계	31.3	100	77.59	100	계	30.8	100	91.1	100

● 표 IV-5) 1948~1949년의 일반회계 세출입(각 회계연도 기간은 4월~이듬해 3월임)[107]

생산과 소비를 책임진 약한 국가

표 IV-5를 보면 조세수입이 여전히 부족한데, 그것은 미군정기의 경제 환경이 그대로 이어져 조세를 부담할 자본가계급이 부재했기 때문이다. 미군정은 국가 재산의 90%를 차지하고 있던 적산의 불하를 허가하지 않았다. 1949년 1월 당시에도 산업부흥의 관건이 적산의 신속한 해결에 있다고 지적된 바 있었으며,[108] 1949년 3월 이승만 역시 직접 나서서 귀속재산처리법이 국회에서 통과되기 이전이라도 국유화 대상 이외의 귀속재산을 신속히 매각하도록 지시했다.[109] 하지만 1950년 3월까지도 법안 처리가 이루어지지 않고 있었기 때문에 자본가계급이 형성되지 못했다.[110] 그 결과 미군정 때와 마찬가지로 세출과 재정 적자가 증가하고 인플레가 만연할 수밖에 없었다. 이를 해결하기 위해서는 미군정 때 그랬듯 국가의 자금이 투입되어야 했는데, 약한 국가가 이런 문제들을 막아내고 있던 중 미국의 대한 경제원조가 증가해 잠시 문제가 해결되었다.

하지만 미국은 증가한 재정 적자를 해결할 수 있는 개혁 조치가 없다면 더는 원조하지 않을 것이라는 사실을 분명히 했다. 이승만 정부가 미군정 3년 동안 발생한 약 230억 원이라는 엄청난 규모의 재정 적자를 떠안고 출범했기 때문이다.[111] 사실 국방비가 급증하고 근대국가의 행정력을 정착시키기 위해 공무원 조직을 확충해야 했던 당시 상황에서는 적자재정의 편성이 불가피했다. 서주석은 주한 미국 대사관과 ECA^Economic Cooperation Administration(경제협조처)가 낸 공동 보고서를 인용해, 1948년 각 기관 및 준정부조직이 수령한 기부금이 225억 원으로 당시 조세수입의 몇 배에 달하는 엄청난 규모였다고 지적하고 있다.[112]

이는 세금 재원을 확충할 수 있는 자본가계급이 부재해 국가 운영에 필요한 자금을 조달할 수 없자 비정상적인 방법을 동원한 것으로 볼 수 있다. 그러나 미국은 이런 현실을 무시하고 원조의 대가로 한국 정부에 균형재정과 경제 안정을 주문했다. 다행히 기획처장 이순탁이 특별회계 편성을 통해 흑자재정을 이룩함으로써 미국의 경제원조를 계속해서 받을 수 있었지만 근본적인 해결책이 되지는 못했다.

따라서 정부 수립과 동시에 일제강점기부터 사용하던 관세 관련 행정 및 제도를 개혁하고 있던 정부[113]는 적극적으로 세원 확보에 나서는 한 편,* 전국의 인구·자원·산업시설 등을 파악하기 위해 공보처 통계국을 신설했다.[114] 그러나 이것만으로는 역부족이었기 때문에 공무원의 3할 을 감원하기까지 했다.[115]

중국 공산화 이후 증가된 미국의 원조

이러한 대한민국 초기 국가의 재정·경제 정책은 냉전의 서막이 열리면 서 미국의 대한 원조가 증가된 국제정치적 맥락과 제3세계 신생국가의 근대국가 건설의 어려움이라는 양면을 모두 고려할 때 이해할 수 있다. 대한민국 정부 수립 이후에도 최소한의 경제 지원과 주한 미군 철수 방 침을 고수한 미국 정부는 미군정이 종료되자 한국에 대한 원조 계획을 수립할 새로운 기관으로 ECA를 낙점했다. 1948년 8월 25일 트루먼은 마셜 국무장관에게 대한 경제원조 계획을 1949년 1월 1일자로 ECA로 이관하고 관련 협정을 한국 정부와 체결하도록 지시했다.[116] 이에 미국 대외원조법[FAA]에 따라 1949년 1월~1951년 6월에 2억 186만 7,000달 러가 한국에 지원되었다.[117]

그런데 중국 대륙의 공산화가 확실해지면서 아시아의 공산화를 저지 할 전초기지로서 한국의 전략적 중요성이 커졌다. 1948년 9월 초 미 국

---

* 재무부 차관 김유택은 조세수입이 100억 정도에 머무르는 이유를 담세 부족이 아닌 일반 국 민의 납세 의식 빈약과 당국자의 세원 포착이 불충분한 것으로 보고 있어 이 경우에도 행정 력이 미치지 못했음을 유추해볼 수 있다. 『자유신문』, 1950년 5월 17일, 「김유택 재무부 차관, 1950년도 예산관리 방법 언명」, 국사편찬위원회, 『실록 대한민국사 자료집 2: 한국 경제 정책 자료집 2: 1950.1-1950.6』, 2010, p. 609.

무부 점령지역 담당 차관보 살츠만^{Charles E. Saltzman}은 원조 액수를 늘려 3년 동안 총 1억 3,000만 불의 무상원조를 제공해야 한다고 주장했다. 한국을 전복하려는 공산주의자들의 시도를 무력화하는 것이 미국의 이익에 부합된다고 지적한 것이다. 파격적인 장기 무상원조로 한국 정부가 계속 살아남을 수 있을지는 확신할 수 없다고 전망하면서도, 한국을 반공 기지로 간주해 지원이 불가피하다고 주장한 것은 이전까지 미 국무부가 보인 태도와 비교했을 때 매우 고무적인 일이었다. 미국 정부가 한국에 경제원조를 했을 때 생길 경제적 효과보다는 이념적·정치적 효과를 중시한 것이다.[118] 물론 여기에는 단서들이 붙어 있었다. 미국 정부는 지속적인 원조의 의무를 지지 않으며 한국 정부가 협정을 위반할 경우 언제든지 원조를 중단할 수 있다는 것이었다.[119]

1945~1949년 당시 한국을 포함한 동남아시아에 대한 경제원조 금액은 미국의 총 대외 경제원조액 가운데 8.7%에 불과했지만, 한국은 동남아시아 국가 총 지원액의 28.8%에 해당하는 25억 5,700만 달러를 지원받았다.[120] 이렇게 동남아시아 국가들 가운데 한국이 가장 많은 원조를 받은 것은 중국 대륙의 공산화 때문으로, 표 Ⅳ-6을 보면 1947년부터 미국의 대외 원조액이 3배 이상 급증한 것을 알 수 있다.

(단위: 천 달러)

GARIOA				OFLC
1945년	1946년	1947년	1948년	1949년
4,934	49,496	175,371	179,592	24,528

● 표 Ⅳ-6) 미군정기 원조 수혜 실적[121]

한국 정부로서는 미국의 경제원조액 급증이 매우 고무적인 일이었다. 그러나 1948년 10월 4일 시작된 한미 협상에서 외환 처리와 배급 기구 설치에 관해 이견이 발생해 1949년 1월 1일로 예정되어 있던 ECA로의 업무 이전 일정이 차질을 빚자,[122] 주한 미국 대사 무초가 이승만에게 라디오 방송을 통해 국민과 국회에 대외 원조의 필요성을 호소해 설득해 줄 것을 요청했다.[123]

당시 미군 철수를 주장하고 있던 소장파 국회의원 박윤원, 황윤호, 노일환 등은 경제원조를 전제로 미국의 경제고문이 상주하는 것은 일종의 내정간섭으로, 또 다른 을사늑약이 될 수 있으니 검토할 시간이 필요하다고 지적했다. 이에 재무부 장관 김도연은 미국의 경제원조가 한국 경제의 회복을 위한 것으로 통제경제를 명시한 제헌헌법의 정신 역시 무역을 통한 통제와 재정균형을 역설하고 있다고 답변했다. 이에 경제원조가 절실하다는 사정을 충분히 알고 있던 의원들의 협조로, 재석 109명에 찬성 84명으로 원조 협정안이 통과되었다.[124]

그에 따라 1949년 1월 17일 국무총리 산하의 재정·조세 기구인 임시 외자총국이 설치되어 미국의 대한 원조 물자에 관한 모든 사무를 관장하게 되었고, 한국 내의 미국 원조를 효율적으로 운영하고 감독하기 위해 주한 경제협조처ECA가 설립되었다. 미국 정부는 한국 정부에 지원한 원조금의 사용 계획과 수출입을 통제하기 위해 원조 기금을 포함한 한국의 모든 외환이 미국 원조 대표와의 협의 및 동의를 통해 이루어지도록 한국 정부와 합의함으로써 한국의 금융정책뿐만 아니라 경제정책 전반에 관여할 수 있는 절대적인 권한을 가지게 되었다.[125]

경제협조처의 지원 프로그램은 1949년 7월 1일부터 본격적으로 시작되어 한국전쟁이 발발하기 직전인 1950년 6월까지 진행되었다. 그러나 일본과 유럽의 경제 회복을 중시했던 트루먼 행정부는 경제협조처가 2억 달러로 상정한 안을 1억 5,000만 달러로 축소했다. 이 금액은 트루먼 행정부의 중국 정책이 실패하는 것을 지켜본 공화당 의원들이 승인을 거부하며 처리가 지연되다 결국 1950년 2월에 1억 2,000만 달러로 확정되었다.

(단위: 달러, %)

품목	금액	비율
1. 식료품	119,000	0.1
2. 비료 및 농업 용품	32,851,000	27.4
3. 석유 산품	7,862,000	6.6
4. 의료 용품	226,000	0.2
5. 원료 및 반제품	27,702,000	23.1
6. 공업 시설 및 공급품	3,973,900	3.3
7. 부흥 계획	33,958,000	28.3
8. 조사 조업 계약	1,980,000	1.7
9. 해양 운임	5,244,000	4.3
10. 기술원조	3,512,000	2.9
11. 경협 행정비+예비비	2,573,000	2.1
합계	120,000,000	100

● 표 IV-7) 1950년 경제협조처의 한국 경제원조 예산 내역[126]

경제 활성화를 위한 정부의 노력

하지만 의회 승인이 지연되는 과정에서 대한 경제원조 금액은 최종적으로 8,470만 3,000달러로 결정되었다. 이렇듯 미국의 경제원조를 통해 국가 운영에 필요한 최소한의 기반은 마련했지만 근대국가로서의 발전을 위해 반드시 필요한 장기적인 경제 부흥 계획은 좀처럼 세울 수 없었던 것이 한국전쟁 이전까지의 상황이었다. 한국은 원조금을 산업과 교통 시설 건설, 광산 개발에 투입해 미래를 위한 경제발전의 토대를 마련하려고 했으나, 미국은 인플레를 진정시키기 위해 원조금을 소비재 반입에 사용하려고 했다. 따라서 한국 정부는 경제협조처를 통해 원조를 받는 동안 미국과 의견 충돌이 잦았다.[127]

한편 한국에서는 다음과 같은 자발적인 노력이 행해지고 있었다. 신설된 공보처 통계국은 구체적이고 현실적인 재정·조세 정책의 입안을 돕기 위해 신속하게 움직였다. 먼저 서울을 비롯한 15개 도시민의 살림 상태를 직업별로 파악해 총인구의 1/5이 실업자이며, 공업·상업의 종사자와 사무원의 수가 실업자 수보다 훨씬 적다는 사실을 밝혀냄으로써 당시의 높은 생활고와 산업 경제의 침체성을 수치상의 통계로 계산했다.[128] 다음으로 공보처 통계국은 악화되고 있는 민생 문제 해결책을 강구하는 데 필요한 기본 통계자료를 작성하기 위해 조선은행 조사부와 공동으로 봉급생활자들의 생계비를 조사했다. 이를 통해 적절한 임금과 봉급 결정의 기준을 마련하고 곡물의 적정가격을 산출함으로써 생활 필수물자의 수급 조절을 도모했던 것이다.[129] 그리고 최종적으로는 통화 긴축정책이 국민생활에 미치는 실질적 효과와 물가 간 상관관계를 밝혀냈다.[130] 기획처와 상공부 등의 경제 부서는 공보처 통계국의 지원을 받아 산업 경제를 활성화할 수 있는 계획들을 빠르게 실행에 옮길 수 있었다.

대한민국의
국가 건설
2

현 정부는 친일 반역자 처벌을 주장하는 사람들을 공산당의 앞잡이, 민족 분열을 일으키는 악질 도배로 몰아감으로써 국민의 지지를 받지 못하고 있다.

-제헌국회 의원 조현영

우리가 세운 정부이니까 정부 노릇을 할 수 있도록 서로 돕고 일을 해나가는 것이 우리가 다 같이 할 바라고 이 사람은 생각하는 것입니다.

-제헌국회 의원 황두연

나는 지주도 아니요 소작인도 아니지만 대체로 보아 지주는 500여 명가량밖에 안 됩니다.

-제헌국회 의원 서상일, 국회 산업위원회 위원장

미국을 만족시킨 젊은 장교들

민족주의적 국가 건설을 원하는 목소리는 대한민국이 출범한 이후에도 사그라들지 않았다. 따라서 대한민국은 출범 초기부터 민족주의를 흡수하기 위해 노력했다. 이러한 노력의 일환들로 나타난 것이 제헌헌법 제정과 단독정부 수립을 반대한 중도파와 좌익 출신까지도 포용한 초대 내각 구성, 그리고 반민특위를 통한 친일파 처벌 추진이었다.

그러나 전술한 것처럼 국가의 존립 자체가 위협받자 국가보안법이 제정되고 반민특위의 활동이 무산됨으로써 민족주의를 흡수하려는 노력은 뒷전으로 밀렸다. 특히 일제강점기의 악연으로 얽혀 있던 남과 북의 최고 지휘관들이 상대방에 대한 뿌리 깊은 증오감과 적대 의식으로 충돌하고 북한이 민족주의적 감정을 자극하는 선전을 극대화하면서 민족주의를 흡수하려는 대한민국의 노력은 점점 더 난관에 부딪혔다.

국가안보의 위기를 해결하기 위해 전면에 배치된 사람들 중에는 북한에서 월남한 사람들이 많았다. 한국군의 원로로 창군 작업을 주도한 이 응준을 비롯해 여수·순천 사건과 제주 4·3 사건, 지리산 지구 빨치산 토벌 등에 긴급 투입되어 단시간에 사태를 수습한 김백일, 백선엽, 정일권, 유재흥 역시 이북 출신이었다. 특히 정일권과 김백일을 중심으로 한 빨치산 토벌대는 1949년 4월 중순경까지 40%의 반도를 귀순시키고 민간인 2,000~3,000명을 자수시키는 성과를 거두었다.[1]

이들 휘하의 장병들 역시 이북 출신이 많았다. 지상화력과 훈련 상태를 포함한 북한군의 전반적인 전력이 한국군보다 우세한 것으로 드러난 상황에서 1949년 10월경 정부 수립 이래 처음으로 정규전에 가까운 전투를 끝낸 직후 한국군의 최전방 경비는 허술했고, 유사시에 집중할 수 있는 병력 역시 한정되어 있었다. 이렇게 상황이 절대적으로 불리한 가운데 옹진 지역에서 발생한 전투에서 한국군이 반격으로 전환해 전선을 원상 복구할 수 있었던 원동력은 상당 부분 평안북도 출신 장병들이 보여준 투철한 적개심이었다.[2]

그러나 동시에 이들의 존재는 남북의 충돌이 전쟁 수준으로 격화되기 시작한 가장 큰 이유 중 하나이기도 했다. 정병준은 대한민국 정부 수립 이후 일본군과 만주군 경력을 지닌 서북 출신들이 38선 부근의 주요 지휘관들로 배치되면서 남과 북이 서로 동원할 수 있는 모든 잔인한 수단과 방법을 사용해 대결을 펼쳐 긴장이 고조되었다고 지적한다. 특히 김일성과 최현을 비롯한 북한 지도층은 만주국 간도특설대 출신으로 자신들을 토벌했던 개성의 제1사단장 김석원과 옹진 지구 전투사령관 김백일 등에게 크나큰 증오심을 가지고 있었다.[3]

하지만 한국 정부는 이들에게 의존할 수밖에 없었다. 1949년 초반부터 미군 철수가 본격화되고 북한에 대한 소련의 군사 지원이 증가하자 한국 정부는 미국의 개입을 유지하기 위해 가능한 모든 수단을 동원했다. 당시 한국의 지도부는 미국이 한국을 지속적으로 지원할 것이라는 데 회의적이었다. 국무총리 이범석은 영국이 공산화된 중화인민공화국을 승인한 것은 북한을 승인한 것이나 다름없으며, 미국 역시 영국의 뒤를 따라 대만을 버릴 것이고 한국 역시 똑같은 운명에 놓일 것을 예상해야 한다고 생각했다. 이승만 역시 미국은 애초에 한국만을 위해 전쟁할 의사가 없기 때문에 국제 정세가 불리하다고 판단했다.[4]

한편 같은 일본군 출신이었지만 미국이 요구하는 기준을 빠르게 수용했던 백선엽 같은 청년 장교들이 미군과 끊임없이 갈등하며 혹평을 받았던 50~60대의 일본군 선배들을 제치고 군의 중심으로 급부상했다. 1948년 8월부터 1년 동안 미국 유학을 경험했던 이한림이 회고했듯, 청년 장교들은 미국 고문관들과 충돌하면서도 미국이라는 민주주의국가의 기준을 적극적으로 수용했다. 이런 현상은 초기의 한국 군부가 미국식 근대국가의 기준을 한국 사회 전체로 전파하던 조선민족청년단 단장 출신의 이범석과 그를 추종하는 세력들을 중심으로 운영되면서 심화되었다. 구식 일본군의 전술인 육탄 공격만을 맹신하고 정확한 사격에는 전혀 관심이 없어 미군으로부터 초급장교보다 못하다는 비난을 듣고 있었던 김석원과 달리 백선엽은 정확한 사격과 전술 운용을 선호해 깊은 신뢰를 얻었다.

일찍이 만주에서 동북항일연군 토벌을 경험했던 서북 출신 소장 장교들은 빠른 시일 내에 빨치산과 유격대를 토벌하여 미국을 만족시켰다. 이에 1950년 1월 15일 지리산 지구 전투사령부가 해체되었고, 2월 5일에는 호남 일원에 선포되었던 계엄령 역시 해제되었는데, 이는 여수·순천 사건 발생 이후 1년 3개월여 만의 일이었다. 1950년 6월 하순 한국전쟁이 발생하기 직전에는 남부 지역의 잔여 빨치산 세력이 약 200명으로 추산될 정도로 정국은 단시간에 안정화되었다.

근대국가로서 안정을 찾아가다

이렇게 상황이 안정되어가는 가운데 정부는 토지개혁과 초등학교 의무교육을 실시해, 국가안보를 중시하는 과정에서 밀려났던 국민의 목소리를 국가 건설 과정에 반영했다. 그러면서 전통 지주계층이 몰락하고, 일제강점기에 자본주의적 역량과 기술을 축적했던 이북 출신 월남자들을 중심으로 새로운 자본가계층이 형성되기 시작했다. 아울러 토지를 분배받고 교육의 혜택을 입은 국민들이 국가에 느끼는 귀속감이 증대되었다.

한편 이를 지켜본 중도파 정치인들은 제2대 국회의원 선거를 계기로 국가 건설에 참여했다. 그리고 이들의 참여로 국가가 반민족주의적 국가를 건설하고 있다는 비판에서 벗어날 수 있는 계기가 마련되었다. 이와 함께 균형재정을 달성해 국가 붕괴의 단계에서 벗어나 경제발전을 추진할 수 있는 단계에 접어들게 되었음을 대외적으로도 인정받았는데, 이는 1950년 6월 한국전쟁이 발생하기 직전의 일이었다.

제헌헌법[5]

임시정부의 정신을 계승하고자 한 제헌헌법

대한민국의 초기 근대국가 건설 과정에서 나타난 가장 큰 특징 중 하나
는 부족했던 자원들 대신 이념 자원을 극대화하려는 노력을 기울였다는
것이다. 신속하게 정부를 수립하는 과정에서 정부 수립을 반대하는 김
구, 김규식과 그들을 추종하는 세력들을 참여시키지 못해 정부 탄생부터
민족주의를 흡수하지 못했던 대한민국은 임시정부의 유산을 계승하고
자 하는 대중들의 열망을 충족시켜 국가권력의 정당성을 높임으로써 이
념 자원을 극대화하려는 노력을 기울였다. 그 대표적인 것 가운데 하나
가 제헌헌법의 제정이었다. 현재까지도 여전히 의문을 남기고 있는 제헌
헌법의 사회민주주의적 요소들은 물론 부르주아가 형성되지 못해 국가
가 생산과 소비의 주체로 담당해야 했던 당시의 경제 현실을 상당 부분

반영하고 있었다.

제헌헌법은 해방 이후 모두 여섯 단계의 사전 준비 과정을 거쳐 제정되었는데, 이를 간략히 표로 정리해보면 다음과 같다.

명칭		일자	주요 인물/특징
행정연구위원회안		1946년 3월	신익희
민주의원안		1946년 3월	조소앙, 김붕준
입법의원 헌법안	행정조직법 기초위원회안	1947년 2월	신익희(위원장)
	남조선과도약헌안	1947년 3월	서상일(한민당)
	임시헌법기초위원회안	1947년 4월	김붕준(입법의원 내 중도파)
	조선임시약헌	1947년 8월	남조선과도약헌안과 임시헌법기초위원회안의 절충

● 표 V-1) 미군정기에 제정된 헌법안들의 제정 일자와 주요 특징

한민당의 서상일이 기초한 '남조선과도약헌안'을 제외하면, 전반적으로 제헌헌법의 사전 준비 과정을 주도한 것은 임시정부 출신의 신익희, 조소앙, 김붕준 등이었다. 따라서 임시정부의 헌정 경험이 광복 후에도 계승되었고, 당초 한민당이 선호해 서상일이 기초한 '남조선과도약헌안'이 의도했던 의원내각제는 대통령제를 선호하는 임시정부 출신 의원들의 반대로 채택되지 못했다.[6]

먼저 임시정부의 내무차장이었던 신익희는 임시정부의 건국 강령을 구현하고 1944년 임시정부가 작성한 대한민국 임시헌장을 계승하는 행정 조치를 준비하기 위해 일제강점기의 고등문관 출신들이 중심이 된 70여 명의 전문위원으로 행정연구위원회를 조직했다. 이들이 1946년 3월에 작성한 '행정연구위원회안'은 후일 1948년 유진오의 헌법 초안과

함께 '유진오 공동안'으로 절충되어 제헌국회 헌법기초위원회에 제출되었다.

한편 1946년 3월에 작성된 민주의원안 역시 헌법기초위원회에 주도적으로 참여한 김붕준과 조소앙의 영향력하에 대한민국 임시헌장을 수정해 작성되었다. 1944년의 대한민국 임시헌장을 계승하려고 했던 임시정부 출신 인사들은 대통령을 뽑는 방식에서 직접선거제와 국회 선출의 간접선거제라는 의견 차를 드러내긴 했지만, 기본적으로 대통령제와 의원내각제적 요소가 동시에 나타나는 이원정부제를 선호했다.

따라서 제헌국회에서 최종 결정된 정부 형태 역시 유진오 초안(1948년 5월) → 유진오 공동안(1948년 5월) → 헌법기초위원회안(1948년 6월) → 건국헌법(1948년 7월)이라는 네 단계를 거쳐 최종적으로는 임시정부 인사들이 선호했던 대통령제와 의원내각제적 요소가 동시에 나타나는 이원정부제로 결정하고, 대통령을 국회에서 선출하는 간접선거제를 선택했다.[7]

임시정부의 주석과 부주석을 지낸 김구와 김규식이 제헌국회 선거에 참여하지 않았지만 임시정부와 연관된 의원들은 제헌의회 내에서 상당한 세력을 형성하고 있었다. 김구와 김규식은 국제연합 한국위원회의 도움을 받아 통일 정부를 세우려다 좌절되자 제헌국회에 참여하지 않았지만 자신들의 대표자들은 들여보내기로 결정했고,[8] 이들 가운데 일부가 제헌국회에 진출했기 때문이다.

제헌국회 의원 당선자 198명의 소속 정당 분포도를 살펴보면 대한독립촉성국민회 56명, 한국민주당 29명, 대동청년단 13명, 조선민족청년단 6명, 한국독립당 1명, 조선민주당 1명, 기타 군소 단체 10명, 무소속 83명이었다.[9] 무소속 83명 중 약 30여 명이 김구 및 김규식을 추종하는 이들로 추산되었고, 이들 외에도 임시정부 세력들은 대한독립촉성국민회, 대동청년단, 조선민족청년단 등으로 뿔뿔이 흩어져 있었다. 그에 반해 여타 우익 청년단 출신 출마자들은 낙선했다. 청년조선총동맹 회장유진산과 대한독립청년단 단장 서상천이 낙선한 것을 비롯해 선우기성등 대동청년단에 합류한 서북청년단 출신 후보자들 역시 모두 낙선해국회에 진출하지 못했다.[10]

가장 많은 당선자를 배출한 '독립촉성국민회'의 경우 이승만, 김구 두영수를 중심으로 발족한 단체라 양 세력 간에 주도권 다툼이 치열했다. 이러한 다툼은 1948년 제헌의회 선거 당시에도 계속돼 독립촉성국민회는 3파로 분열되었다.[11] 따라서 독립촉성국민회가 대통령 이승만을 지지하고는 있었지만 이승만이 독립촉성국민회를 완전히 장악한 것은 아니었다. 제헌의회 선거 후 독립촉성국민회는 부위원장인 신익희, 지청천, 명제세, 이윤영 등 4인을 중심으로 계파가 분열되었고,[12] 이들 중 일부는 한국민주당과 연합했지만 다른 계파는 한민당의 정부 장악을 저지하기 위해 중도파와 제휴했다.

한편 무소속 구락부는 크게 3·1 구락부와 6·1 구락부로 양분되어 있었는데, 국회의장 신익희와 국회부의장 김약수가 이 둘을 주도하고[13] 있었다. 이들 무소속 구락부는 임시정부 출신 정권 참여파를 지원하면서* 대통령 이승만, 부통령 김구[14] 안을 제출했다. 임시정부 출신이며 대동청년단 소속으로 당선된 지청천이 김구 부통령을 실현시키기 위해 대통

---

* 특히 무소속 구락부 국회의원 53인은 1)남북통일, 자주독립의 평화적 전취, 2)민주주의 민족자결 국가 건설, 정치·경제·문화·인권의 균등 사회 구현을 목표로 한다고 밝힘으로써 임시정부의 삼균주의 이념의 계승을 뚜렷이 밝히고 있었다. 『서울신문』, 1948년 6월 15일, 「국회 무소속 구락부, 통일과 균등 사회 다짐」.

령 선거와 부통령 선거를 함께 치를 것을 제안한 것이다. 제헌의회 선거에서 최다 득표로 당선되었던 지청천은 단독정부를 수립할 수밖에 없는 대한민국의 현실을 인정하고, 통일 정부를 형성할 때까지 김구가 부통령으로 있기를 바랐다. 이에 대동청년단 소속 의원 14명을 주축으로[15] 무소속 구락부와 함께 김구 부통령안을 실현시키려고 했다.

1947년 4월 21일 장제스가 미국에서 한국으로 돌아오는 이승만에게 제공한 비행기 편으로 함께 귀국한 지청천은 대동청년단을 조직했다. 해방 직후 수많은 인물들이 좌우익 간의 투쟁 과정에서 대중적 신망을 잃어가던 정국에서 등장한[16] 광복군 총사령관 지청천에 대한 기대와 인기는 절대적이었다.[17] 대동청년단 역시 불과 8개월여 만에 49개 지부와 350만 명을 거느리는 거대한 규모로 성장했다.

국제연합의 한반도 결의가 남한만의 총선거로 결론지어지자 대동청년단 역시 김구 지지 노선을 포기하고 제헌의회 선거에 참가했다. 그리고 기존의 한국민주당과 독립촉성국민회에는 참여할 수 없었던 인사들이 뒤늦게 참여하면서 대동청년단은 청년단체가 아닌 정당의 모습을 갖추고 선거에 임했다. 이른바 삼균주의에 근거한 민족사회주의를 표방하며 선거를 치른 대동청년단은 공식 입후보자 13명 외에 동조자까지 포함해 총 20여 명을 당선시킴으로써[18] 무소속을 제외한 정파 중 독립촉성국민회와 한민당에 이어 제3당이 되었다. 그러면서 김구는 부통령 선거에 출마하지 않았는데도 전체 198명의 의원 중 1차 투표와 2차 투표에서 각각 65명과 62명의 지지를 얻었는데, 이는 전체 의원의 약 1/3에 해당하는 비율이었다.

그러나 부통령에 당선된 것은 임시정부 출신으로 이승만의 노선을 지지해 국가 건설에 참여한 이시영이었다.** 부통령과 국무총리 직이 이시영과 이범석에게 돌아갔다는 사실은 임시정부가 지니고 있었던 민족주의적 정통성의 이념 자원이 초대 국회에서 만만치 않은 영향력을 형성하고 있었다는 것을 보여준다. 1949년 12월 민주국민당이 창당되기 전까지는 임시정부와 연계된 무소속과 대한독립촉성국민회, 대동청년단이 가장 큰 정치 세력을 형성하고 있었다.[19] 민주국민당에서도 신익희와 지청천 등이 지도부를 차지하는 등 임시정부 출신은 제헌국회 내내 커다란 비중을 차지하고 있었다. 모든 자원이 부족했던 당시의 현실 속에서 많은 국민들이 임시정부가 지닌 민족주의나마 현실 정치에서 실현되기를 바랐던 것이다.

관념과 현실을 모두 반영했던 제헌헌법

이러한 배경하에서 상해 임시정부의 헌법 정신을 계승하겠다는 취지로 마련된 제헌헌법은 기본 이념으로 정치적 민주주의와 사회경제적 민주주의의 조화를 제시했다. 신우철은 국회 속기록에 나타난 서상일, 유진오, 최운교의 발언을 바탕으로 제헌헌법의 헌법 정신은 "민주주의민족국가, 민족사회주의국가의 건설"(서상일),* "정치적 민주주의와 경제적·사회적 민주주의와의 조화"(유진오),** 상해 임시정부, 한국독립당과 조

** 1946년 가을 한국독립당 등 임정 계통의 모든 정치단체와 관계를 끊는 비장한 성명을 발표한 바 있었던 이시영은 김구와 김규식에게 마음을 바꾸어 반쪽 정부나마 세우는 데 협력하자고 권유했다. 『경향신문』, 1948년 7월 4일, 「이시영, 부통령 출마설 등 제 문제 기자회견」.

---

* 서상일 의원은 유진오의 초안이 민주주의에 입각해 민족사회주의국가를 수립하려는 원칙하에 기초했다고 설명한다. 그에 따르면 초안은 특권계급을 인정하지 않으며, 근로자의 권리와 의무 존중, 단원제 국회 채택, 정부조직 형태는 대통령책임제로 하고, 국민경제를 수립하는 데 중점을 두었다. 『서울신문』, 1948년 6월 24일, 「제17차 국회본회의, 헌법 초안 상정」.

소앙이 지향한 "균등주의와 민주주의 결합" 또는 "정치, 경제, 사회, 문화의 균등을 기초로 한 민주주의"와 연계되어 있음을 발견[20]할 수 있다고 주장한다.

대한민국 임시정부가 표방했던 삼균주의는 토지의 국유화, 정치·경제 및 교육에서의 평등을 강조하면서, 공교육제도의 확립, 평등하고 의무적인 무상교육의 실시를 주장했다. 그에 따라 작성된 임시정부 헌법 문서들의 구체적인 방안들을 살펴보면 각 국민의 균등한 생활 확립과 민족·국가 전체의 발전을 위해 대기업, 토지 등의 자연 자원과 운송, 은행, 전신, 교통 산업의 국유화를 원칙으로 해 개인은 중소기업만을 운영할 수 있었다. 한편 토지의 상속, 매매 등을 금하고 이를 국유화해 경제적으로 덜 부유한 이들에게 차등을 두어 분배의 우선권을 주었다. 또한 적산 몰수 자본과 부동산을 국유화하고, 사회적 기본권으로 노동권, 휴식권, 피구제권 등을 주어 사회적 약자를 보호하는 등 경제 부문에 사회적 과제를 부여하고 국유의 범위를 광범위하게 설정함으로써 자본주의 시장경제와 거리를 두었다.

제헌헌법은 임시정부 헌법 제6장의 85조와 87조, 88조에서 규정하고 있던 중요 자원과 중요 기업에 관한 국유·국영 제도를 원칙으로 삼아, 86조에 "농지는 농민에게 분배해 그 분배의 방법과 소유의 한도, 소유권의 내용과 한계는 법률로써 정한다"고 명시해 농지개혁을 추진하는 등 자본주의경제 질서에서는 매우 파격적인 권리들을 시도했다.

** 국회의 헌법 및 정부조직법 기초위원회 전문위원이며 헌법 기초에 중심적 역할을 담당한 유진오는 1948년 6월 23일 국회본회의에서 다음과 같이 설명했다. "지금 상정한 헌법 초안의 근본정신은 정치적 민주주의와 경제적 사회민주의 체제 실현에 있는 것이다." 『서울신문』, 1948년 6월 24일, 「제17차 국회본회의, 헌법 초안 상정」.

균등하게 교육받을 권리와 초등교육의 의무·무상 교육, 노동 분야에서의 근로 권리에 대한 보장과 근로자의 이익 분배 균점권, 국민에 대한 사회보장 논의가 진행되었다는 것은 당시로서는 매우 파격적인 일이었다. 노동 분야의 경우 헌법 제17조에 "모든 국민은 근로의 권리와 의무"를 가지며 "여자와 소년의 근로는 특별한 보호를 받는다"고 규정되어 있었다. 또 제18조에서는 "근로자의 단결, 단체교섭과 단체행동의 자유는 법률의 범위 내에서 보장된다. 영리를 목적으로 하는 사기업에 있어서 근로자는 법률의 정하는 바에 의해 이익의 분배를 균점할 권리가 있다"고 규정하고 있었다. 이렇게 자본주의경제 질서에서는 매우 파격적인 권리들이 헌법상으로 시도될 수 있었던 것은 북한과의 체제 경쟁 문제와 함께 임시정부의 헌법을 계승해야 한다는 대의명분이 정치 현실을 지배하고 있었기 때문이다.

당시의 한 신문 사설을 통해서도 이때의 분위기를 파악할 수 있다.

대한민국의 헌법은 독재를 수단으로서라도 배격하고 민권 자유와 사회정의의 조화 또는 정치적 민주주의와 경제적 국가 계획의 양전兩全을 기하는 사회민주주의 노선에 기초하고 있다. 또 현존한 각 정당의 정강 정책도 거의 예외 없이 사회민주주의적 색채가 농후하다. 이것이 외국인으로 하여금 한국에는 이론적 우익은 없다고 결론케 한 원인이다. 그러나 이것은 정치적 민주주의의 결함에 각성한 후진 민족이 경제적 민주주의를 동시에 달성하려는 의도에서 나온 것으로 시대적인 조류라고 볼 수 있다.[21]

박찬표는 제헌헌법이 토지개혁, 노동삼권, 노동자의 기업 이익 분배

균점권, 반민족행위자 처벌 근거 조항 등 건국 과정에서 제기된 일반 국민의 요구를 광범위하게 수용했으며, 사회 경제 조항에서 자유경제 체제를 원칙으로 하되 광범한 국가 통제를 용인하는 상황에서 균등 사회를 지향하는 민주사회적 요소를 내포하고 있었다고 지적한다. 또한 사회민주주의적 내용을 담고 있는 조항들에 조소앙의 삼균주의는 물론 사회주의적 이상이나 제3의 길 등 그동안 신생국가의 이상으로 추구되어왔던 다양한 모색이 일정 부분 반영된 것으로 볼 수 있다[22]고 주장한다. 박명림 역시 제헌헌법이 자유주의적 시장경제를 지향하기보다는 국가의 강력한 개입을 정한 사회적 사회민주주의 헌법에 근접한 이유가 임시정부 이래로 추구된 경제에 대한 국가의 공화주의적 개입 전통을 따른 것이었다고 평가한다.[23]

그러나 전광석은 제헌헌법이 임시정부의 정신을 계승하면서 임시정부 헌법의 한계 역시 지니게 되었다고 지적하면서, 이를 이념의 혼재와 미완성의 체계로 요약하고[24] 그 원인을 정치, 경제, 사회 질서의 한계에서 찾는다. 그리고 그런 이유 때문에 공공사업의 국영화와 생산수단의 사유를 전제로 하는 조항들을 이해하는 방법에 따라 경제 질서에 대한 이해가 달라질 수밖에 없었다고 지적한다. 그래서 헌법 초안자인 유진오마저도 통제경제를 도입한 것이 통제경제를 원칙으로 하고 자유경제를 예외로 한다는 의미가 아니며 구체적 경제 질서는 법률에 유보된다고 설명하는 등 매우 애매모호하고 일관되지 못한 설명에 급급했다고 이야기한다. 실제로 제헌헌법에 채택된 통제경제적 헌법 질서는 기업 운영의 적극성, 합리성을 상실케 하고 생산력의 증가를 약화시킨다는 지적을 받다 결과적으로 사문화되었고, 1954년 1월 24일 정부가 제출한 헌법 개정안을 통해 자유주의적 경제 질서의 헌법으로 전환되었다.[25]

하지만 헌법에 규정된 사기업의 국·공유화와 경영에 대한 통제 관리는 그 실행 여부와 상관없이 국민경제를 형성하는 데 있어서 국가의 역할을 한층 강화시켰다. 김일영은 제헌헌법이 처음부터 사회보다는 국가에 치우친 비대칭성을 보여주었고, 사회국가적이고 국가 통제적이며 개입주의적인 경제 조항은 그 후 개헌 과정에서 조금 완화되기는 했지만 본질적으로 크게 변하지 않은 채 오늘날까지 이어지고 있다고 지적한다.[26]

이러한 모순된 측면은 안보 국가나 자유민주주의 경제의 발달과 충돌하기도 했지만 동시에 국가의 개입과 사회에 대한 국가의 강한 자율성을 가능케 했다. 제헌헌법은 지금까지도 우리에게 의문을 남기고 있지만, 국가 주도의 경제발전을 가능케 한 국가 개입의 대의명분을 정당화해주기도 했던 것이다.

제헌헌법에 관한 의문들을 해결해주는 당시 국가의 현실

그런데 제헌헌법에 관한 의문들은 당시 취약국가가 처해 있었던 현실을 고려할 경우 의외로 쉽게 해소된다. 물론 국가에 의한 통제경제를 원칙으로 삼아 국가가 주요 기업들을 소유하고 운영하면서도 자유경제를 허용한다는 것은 자본주의 체제가 상당 부분 자리 잡은 현 시점에서는 모순되고 이해할 수 없는 내용이다. 하지만 물적·경제적 기반이 취약해 국가가 직접 생산과 소비의 주체로 활동하면서 일제가 남기고 간 기업들을 운영 관리해야 했던 당시의 현실에서는 매우 적절한 조항이었다.

예를 들어 헌법 제85조는 사회주의적 균등의 원리를 실현하기 위해 지하자원과 수산자원의 국유화를 명시하고 있었으나 이 부문은 그 전에도 국유였다. 또 헌법 제87조가 규정한 운수, 통신, 금융, 보험, 전기, 수도, 가스 등 공공성을 가진 기업의 국영화 혹은 공영화 역시 해방 이후에 모두 적산으로 처리되어 국영 또는 공영이 된 셈이었기 때문에 큰 문제가 없었다. 마지막으로 국방 또는 국민생활의 필요에 의해 사기업의 국유화 혹은 통제 관리를 법률로 허용한 제88조와 관련해서도 유진오는 당시 비적산 기업체 중 주요 기업들이 국가의 인적·경제적·물적 자원의 취약성으로 인해 제약받는 경우가 많았고 자본액이나 규모로 보아 별로 큰 문제가 되지 않았다고 직접 밝히고 있다.[27]

유진오가 밝혔던 것처럼 결론적으로 건국헌법은 임시정부가 표방했던 삼균주의를 수용해 정치적으로는 이념 자원을 극대화하면서도 모든 자원이 부족했던 당시의 경제·사회적 상황을 정확히 반영해 정치적 민주주의와 경제·사회적 민주주의의 조화를 꾀하고 있었다. 그러나 국가가 궁극적으로는 부르주아 양성을 통한 자본주의 근대국가 건설을 목표로 하고 있었으므로 1954년경에 이르면 제헌헌법에 채택된 통제경제적 헌법 질서가 사문화되고, 헌법 개정을 통해 자유주의적 경제 질서의 헌법으로 전환될 수밖에 없었던 것이다.

좌초된 반민특위

근대국가 건설 과정에서 민족주의적 대의명분을 요구하는 대중들의 열망을 충족시킴으로써 국가의 정치적 정당성을 높이려고 한 노력의 대표적인 사례 가운데 하나가 반민족행위특별조사위원회(반민특위)를 통한 친일파 처벌법 제정이었다. 이승만 정부는 초대 내각 구성 당시 남한 단독정부 수립을 반대하는 세력과 과거 좌익 운동을 한 인사들까지도 포함시킴으로써 이러한 목소리를 최대한 흡수하려고 했기 때문에 처음에는 이와 유사한 선상에서 반민특위 활동과 친일파 처벌법 추진을 용인했다. 하지만 여수·순천 사건을 기점으로 국가안보의 문제가 최우선 과제로 등장하면서 이런 노력은 좌절될 수밖에 없었고 국가의 정치적 정당성은 침식되었다.

친일파 처벌에 관한 법은 남조선과도입법의원 당시부터 논의되었다. 관선 중도파 의원들이 '민족 반역자, 부일 협력자, 전범, 간상배 처단 특별법 초안'을 본회의에 상정한 것이다. 특히 이 법은 친일파 숙청 문제를 비교적 높은 수준으로 다루어, 특별히 일제 말기의 친일 행각을 가중처벌하기 위한 전범 처벌에 관한 장을 두기까지 했다.

제1공화국 수립 이후 제정된 반민족행위처벌법(반민법) 역시 과도입법의원의 친일파 처벌법의 정신을 계승한 가운데 일본의 공직자 추방령, 장제스의 전범 처리, 북조선인민위원회 법안도 참고해 구체적이고 실질적으로 친일파를 처벌하려고 했다. 일반 대중들의 여론 때문에 반민법은 정부 수립 바로 다음 날인 1948년 8월 16일 신속하게 국회에 제출되어 재적 141명 중 찬성 103표라는 절대적 지지를 받으며 통과되었다. 이승만 정부 역시 9월 22일 이 법에 서명하고 법률로 공포했다.

반민특위는 조사를 담당하는 특별조사위원회, 기소 및 송치 업무를 담당하는 특별검찰, 재판을 담당하는 특별재판소[28] 등을 국회에 별도로 설치했다. 그리고 정부기관의 비협조로 조사와 재판이 방해받는 것을 방지하기 위해 정부가 반민특위의 활동에 협력할 것을 법으로 명문화해두었다. 1949년 1월 5일부터 활동을 시작한 특별검찰부는 1월 8일과 10일에 박흥식과 이종형을 체포했고, 1월 25일에는 친일 경찰 출신의 노덕술을 체포함[29]으로써 활동에 큰 전기를 맞았다. 하지만 1948년 10월에 발생한 여수·순천 사건에 이어 빨치산과 무장 공비 등이 출몰해 국가안보상의 위기가 발생하자 국가보안법이 제정되고 우익 청년단체가 통합해 준군사 조직인 대한청년단을 결성하는 등 사회 분위기가 국가안보 중시로 바뀌어갔다. 특히 남로당원들이 주축이 된 폭동설과 북한의 침략설이 끊임없이 나도는 가운데 옹진 지구와 태백산, 지리산 지역을 중심으로 재래전 단계의 전투가 전개되면서 위기는 더욱 고조되었다.

따라서 처음에는 민족주의적 대의명분을 존중해 반민법을 공포하고

1949년 1월 11일까지도 라디오 방송 연설을 통해 건국에 공헌한 자라도 친일파와 민족 반역자는 처벌이 불가피하다고 밝혔던 이승만 역시[30] 근대국가로서의 주권과 기반을 대내외적으로 충분히 마련하지 못한 가운데 행정권을 수립하느라 국가에 필요한 인적 자원이 매우 부족한 단계이므로 친일 관리 청산은 추후에 진행하자는 생각을 하게 되었다.

1949년 2월 2일 이승만은 '좌익 세력이 활동하고 있는 상황에서 경찰의 기술이 아니면 사태가 더욱 악화될 것'이라는 내용의 담화를 발표했다. 그 요지는 현재 대한민국이 내부의 반란자에 대항해 근대국가로서의 생존에 필요한 치안을 유지하기 위해서는 치안 기술을 지닌 부일 경찰들의 전문성이 필요하며, 부일 경찰들은 국가안보 확립에 공을 세움으로써 과거의 죄를 씻으라는 것이었다.

다음 한 가지 더 말하고자 하는 바는 치안에 관계되는 문제를 중대히 보지 않을 수 없으니 지금 반란 분자와 파괴 분자가 처처處處에서 살인 방화해 인명이 위태하며 지하공작이 긴급한 이때에 경관의 기술과 정력이 아니면 사태가 어려울 것인데, 기왕에 죄법이 있는 자라도 아직 보류하고 목하의 위기를 정돈시켜 인명을 구제하며 질서를 유지하는 것이 지혜로운 정책이 아닐까 한다. 만일 왕사를 먼저 중재하기 위해 목전의 난국을 만든다면 이것은 정부에서나 민중이 허락치 않을 것이므로 경찰의 기술자들을 아직 포용하는 것이 필요하며, 따라서 기왕에 반공 투쟁이 격렬할 때에 경찰 기술자들이 직책을 다해 치안에 공효가 많을 때에는 장공속죄한다는 성명이 여러 번 있었으므로, 정부의 위신상으로 보나 인심 수습책으로 보나 조사위원들은 이에 대해 신중히 조처하기를 권고하는 바이다. 그러므로 이상 몇 가지 조건에 대해 국회에 많은 동의를 요청하는 바이니 국회의원 제씨는 이에 대해 충분한 협력을 가지기 바라는 바이다.[31]

그러자 국회는 격론을 벌이고[32] 김상덕 반민특위 위원장이 대통령의 담화를 반박하는 성명서를 발표했다.[33] 이에 이승만이 다시 치안 상황이 나라의 존립을 위협하는 이때 특별한 기술을 가지고 치안을 전담하고 있는 경찰과 그 가족들이 상당한 위협과 피해에 시달리고 있기 때문에 그들을 동요시켜서는 안 되며, 반민특위가 치안에 방해되고 삼권분립의 원칙에 위배되는 행위를 하고 있으므로 이를 포용할 수 없다는 요지의 담화들을 발표하며[34] 특경대 해산과 노덕술의 석방 등을 지시해 반민특위의 분위기는 점차 냉각되어갔다. 반민특위 김상돈 부위원장이 반발하고[35] 반민특위 특별재판부장이었던 김병로가 정부의 협조를 요청하는 담화를 발표한 가운데 반민법 법률 개정안이 국회본회의에 상정되었다. 하지만 반민특위를 주도하고 있었던 국회 소장파 의원들이 국회 프락치 사건으로 구속됨으로써 이들의 활동은 위축될 수밖에 없었다.

6월 6일 서울시 경찰국 사찰과 소속 경찰 440명이 반민특위의 간부 교체와 특경대 해산, 경찰의 신분 보장을 요구하며 사표를 제출한 것을 필두로 40명의 경찰이 반민특위를 습격해 22명의 특경대 경관을 체포했다. 6월 7일에는 서울시 경찰국 9,000여 명이 이에 동조하며 총사퇴를 무기로 정부를 압박했다. 남조선과도입법정부 당시 중도파들이 추진했던 친일파 처벌을 미군정이 만류했을 때와 흡사한 상황이 전개된 것이다. 당시의 법을 적용할 경우, 미군정의 행정, 경찰 부문 관리 중 약 860명에 이르는 인원이 친일파 처벌법에 따라 사법 심사의 대상으로 규정되는데도 한민당조차 민족주의적 정통성을 열망하는 여론을 의식해 적극적으로 저항하지 못했다. 결국 미군정은 행정 공백으로 인해 미군 철수 일정에 차질이 빚어질 것을 우려해 반민법 법률 개정안의 인준을 보류했다.

전술한 것처럼 전체 경찰의 70~80%가 해방 이전에는 경찰 경험이 없었던 사람들이었으므로 기본적인 치안을 유지하기 위해서는 어쩔 수 없이 전문 기술과 경험이 있는 부일 관료들을 등용할 수밖에 없었다. 정부가 수립되자마자 여수·순천 사건이 발생하고 빨치산들의 출몰이 이어져 신생국가의 생존을 위협하고 있었기 때문에 당시 주한 미국 대사무초 역시 행정 수립에 차질을 빚을 수 있는 친일파 처벌법에 우려를 표명하고 있었다.[36]

이승만 역시 부일 협력 관료들의 협조 없이는 근대국가 수립이 불가능하다고 판단해, 부일 경찰 관료들의 단체행동에 큰 부담을 느끼고 있었다. 만일 치안에 대한 전문 기술과 경험이 있는 고위 경찰 간부들을 반민법에 따라 처벌한다면 가뜩이나 인적 자원이 부족한 국가의 어려움이 가중될 것이 너무나 확실했기 때문이다.

일제강점기 독립투사들에 대한 무료 변호를 통해 명망이 높았고 한민당을 탈당해 좌우합작에 적극 협력했던 이인* 역시 반민법이 제정될 무렵이었던 1948년 8월 27일에 다음과 같은 이유를 들어 반민법의 문제점을 지적했다.

반역자에 대해서는 두말할 것 없이 법의 준엄한 재단을 내려야 합니

---

* 무소속 구락부에 소속되어 중도, 소장파 의원으로 분류되고 있었던 이인은 중도파 의원들의 정책을 잘 이해하고 찬성하는 의원 중 한 명이었다. 『경향신문』, 1949년 7월 16일.

다. 민족의 이름으로써 철저히 규탄해야지, 그대로 두었다가는 후일이 또 걱정되지 않겠습니까? 엄연한 반민족 행위의 증거를 철저히 조사한 후에 처단을 할 것은 물론이지요. 그러나 내가 말하는 반민족 행위자라는 것은 항간에서 떠도는 거와는 차이가 있소. 창씨를 했었다는 것이 문제가 아니고 일제시대에 관리를 했었다는 것도 문제가 아니오. 도나 부회 의원 중에도 합법적인 투쟁을 하기 위해 그 길을 택했던 자도 물론 대상이 안 되오. 이 땅의 인민을 못살게 군 자를 위는 높은 관리로부터 아래로 군수 면장까지 포함한다 쳐도 400~500명 정도로 보입니다. 그러나 그 전부가 숙청의 대상이 된다고는 보지 않으니 광범위하게 파급되리라고 걱정할 것은 없을 줄 압니다. 원래 반역자 처단은 화폐개혁과도 같이 만반의 준비와 조사를 해두고 법률이 제정되자 일주일 이내에 해버려야 하는데 지금 그 준비가 되었는지가 걱정입니다. 불란서 비시 정권하에서 어떤 검찰관은 4년 동안 일기를 적되 후에 처단을 위해 반역자들의 행실을 기록해왔다고 하지만 나는 내 가슴속에서 지우려야 지울 수 없는 일부 반민 행위자의 행신을 적어두고 있소.[37]

이인은 일신의 영달만을 꾀한 친일 세력들에 대한 법의 심판이 필요하다고 생각하며 자신의 마음속에도 그들에 대한 미움과 처벌 명단이 있다고 밝혔다. 하지만 처벌 범위는 당시 조선인을 못살게 군 400~500명의 관리들에 한해야 하며 현재의 미진한 준비로 과연 철저한 처벌이 가능하겠느냐며 반민법에 회의적인 태도를 보였다.

초대 법무장관 이인의 진술은 국가 수립에 관여한 경험이 있는 지도층의 공통적인 인식을 반영한 것이기도 했다. 장택상과 조병옥 역시 개

인적으로는 일제강점기에 부일 경찰들로부터 당한 고문과 구타의 기억에 여전히 분노를 느끼고 있지만 국가가 해방 직후의 극심한 경제적·사회적 혼란으로 인해 이들의 처벌을 감당할 수 있는 여건을 가지고 있지 못하다는 어려움을 토로한 바 있다.[38]

6월 7일 경찰에 대한 선처 약속과 업무 복귀를 촉구한 이승만은 같은 날 "경찰의 반민특위 특경대 해산은 자신의 지시이며 헌법은 행정부만이 경찰권을 가지는 것을 용허하고 있으나 반민특위에 의해 이 원칙이 흔들리고 있으니 이를 질질 끌 여유가 없다. 따라서 특경대 해산의 연기를 요청하고 있는 국회가 특위가 기소할 자의 비밀 명부를 작성하면 경찰이 천 명이건, 만 명이건 간에 기소자를 모두 체포해 한꺼번에 사태를 해결할 것"이라고 밝힘으로써 갈등을 최대한 진화하려고 했다.[39]

이승만으로부터 선처를 약속받은 경찰 역시 6월 8일 업무 복귀를 선언하며 치안 확보에 최선을 다할 것을 약속했다.[40] 이에 반민특위는 반민특위 습격에 관해 국회에 진상 규명을 요청했다. 반민특위를 지지하던 소장파 의원들이 반민특위의 원상 복귀와 책임자 처벌을 정부에 요청하면서 이승만을 압박하기 위해 의원내각제 개헌에 동참했지만 상황은 점차 반민특위에 불리한 방향으로 전개되었다.

1949년 7월 6일 반민법 공소시효 단축을 골자로 하는 2차 개정안이 통과되자 7월 7일 김상덕 위원장을 비롯한 특별조사위원 전원과 특별검찰관, 특별재판관 일부가 사임했다.[41] 이후 반민특위의 새로운 위원장으로 초대 법무장관 이인이 선임되었으나, 김성수의 동생인 김연수에게 무죄를 선고한 서순영 재판관이 사표를 제출하고[42] 이인마저도 공소시효 단축으로 인한 졸속 처리를 한탄하면서 사표를 제출하고[43] 국회에 보고함[44]으로써 사실상 반민특위의 활동은 종결되고 말았다.

이렇듯 대중의 지지를 등에 업고 출발한 반민특위가 좌절된 이유를 기존의 일반적인 입장들이 주장하는 친일 부역 관료들의 저항과 방해 때문만으로 보기는 어렵다. 물론 이들 집단의 저항과 반대가 상당했던 것은 사실이다. 하지만 이미 살펴본 것처럼 한국은 불과 1년도 안 되는 촉박한 행정권 이양 일정 속에서 신속하게 정부를 구성해야 했다. 따라서 민족주의적 열망에 의해 이념 자원을 극대화시켜야 했지만 인적 자원의 부족 때문에 국가기구 내부의 부일 세력을 제외시킬 수 없었다.

정부 수립 직후 발생한 여수·순천 사건과 연이은 국가안보의 위기는 국가의 근본적인 행정 능력과 인적 자원의 취약성을 보다 극명하게 드러냈다. 그러면서 동요하는 부일 세력, 특히 가장 필수적인 국내의 폭력을 독점할 수 있는 치안 기술을 가진 경찰 집단을 포용하지 않을 경우 국가의 생존 자체가 어렵다는 인식에 도달했다. 이것은 제3세계 신생국가가 근대국가 건설 과정에서 마주하는 국내적인 문제였지만, 당시 한국의 국가 건설에 절대적인 영향을 미치고 있었던 미국 역시 부일 관료들을 처벌해 신생 한국이 행정 수립에 어려움을 겪고 붕괴될 경우 자신들의 내외적인 위신이 손상될 것을 두려워했기 때문에 결국 안과 밖의 두 요소가 복합적으로 작용해 발생한 결과라고 볼 수 있다.

그러나 이러한 이유들을 들어 제1공화국의 미흡했던 친일파 처벌에 면죄부를 줄 수 있는 것은 아니다. 그 주된 이유 중 하나는 부일 관리들의 등용이 민족주의적 정통성을 갈망하던 민중들에게 큰 반발심을 불러일으켰는데도 일부 부일 경찰, 관리들이 그 책임을 김구와 한국독립당에 전가해 국가를 분열시킴으로써 그나마 남아 있던 이념 자원이 침식되었기 때문이다. 제헌국회 의원이었던 조헌영의 비판은 많은 것을 생각하게 한다.

현 정부는 친일 반역자 처벌을 주장하는 사람들을 공산당의 앞잡이, 민족 분열을 일으키는 악질 도배로 몰아감으로써 국민의 지지를 받지 못하고 있다.[45]

4·19를 주도했던 이기택 역시 이승만이 진정한 독립운동가였다는 사실은 부정할 수 없지만 그의 가장 큰 죄과 중 하나가 정부 수립 초기에 일제 부역자를 등용한 것이라고 지적한다.[46] 나아가 김동춘은 식민지 청산의 시대적 과제가 좌절되면서 형식적으로는 일제 부역 세력이 친미 정권의 주역으로 옷을 갈아입었으며, 내용적으로는 자주독립 국가 건설의 법적·도덕적 초석이 될 수 있는 정의와 민주주의 원칙, 국민교육과 학문의 기본을 세울 수 없게 되었다고 주장했다.[47]

무엇보다도 이들의 분노를 이용한 공산 세력들이 이를 자신들의 반란에 대한 주된 명분으로 삼아, 좌익 사상을 추종하지 않았던 많은 양민들까지도 좌익의 반란에 동조하거나 이를 방조하는 과정들이 반복되었다는 데 주목해야 한다. 실제로 여수·순천 사건 당시 반란군들은 친일파, 민족 반역자, 경찰관 등을 철저히 소탕하고 토지의 무상몰수, 무상분배를 실현하기 위해서는 대한민국이 분쇄되어야 하므로 조선민주주의인민공화국에 충성할 수밖에 없다는 논리를 전개했다. 나아가 이들은 부당한 적산 가옥 접수 등을 통해 경제력을 독점한 친일 세력이 식량을 밀거래하고 있다고 비판했다. 당시 김구의 남북협상을 통한 통일 정부의 수립 방침에 찬성하고 단독정부를 수립한 이승만에게 반대하고 있었던 사람들과 배급 식량이 제대로 지급되지 않아 당시의 경제 상황과 경찰에게 불만을 품고 있었던 주민들이 이들의 주장에 동조함으로써 사건이 급속도로 확대되었다.

이렇게 사건의 상당 부분이 민족주의적 대의명분의 훼손에 불만을 품은 국민들의 참여와 묵인을 통해 확대되었는데도, 이 사건을 해결하기 위해 투입된 것은 일제강점기 만주의 항일연군을 토벌한 경험이 있었던 김백일이었다. 아울러 이 과정에서 부일 경찰로 악명이 높았던 김종원처럼 과도한 폭력을 행사해 원망의 대상이 되는[48] 경우마저 발생함으로써 가뜩이나 물적·경제적 자원이 훼손된 상태에서 민족주의적 이념 자원 역시 손상되는 악순환이 반복될 수밖에 없었다.

여수·순천 사건

여수·순천 사건(여순 사건)은 대한민국 정부가 출범한 지 2개월 후인 1948년 10월 19일에 중위 김지회와 상사 지창수를 비롯한 일련의 남로당 계열 장교들이 주동하고 2,000여 명의 사병이 동조해 전라남도 여수군에서 봉기한 사건이다. 건군 초기 미군정은 군인들에게도 완전한 사상의 자유를 보장하고 있었고, 신원 조회 없이 침투한 남로당원들은 군에서 동조자들을 포섭해 반란을 일으켰다.

당시 여수·순천 사건 해결에 직접 참여했던 백선엽은 이 사건이 신생대한민국의 역량을 시험하는 큰 사건으로 대한민국에 대한 선전포고와 다를 바 없었다고 회고했으며,[49] 사사끼 역시 나라의 존립을 흔들어놓은 반란의 시발점이 되었다고 지적했다.[50]

김득중은 여수·순천 사건의 전체 희생자 1만여 명 중 지방 좌익과 반군에게 살해된 사람은 500명 정도에 불과한 반면, 95%는 국군과 경찰

날짜	사건
1948년 10월 19일	14연대 군인들이 여수 경찰서장과 사찰계 직원 10명, 대동청년단, 한민당 당원 등을 포함한 우익계 인사와 그 가족 70여 명을 살해.
1948년 10월 20일 오후	여수를 점령한 14연대 군인 2,000여 명이 오후에는 순천시까지 그 세력을 확대하면서 주민들을 살해하고 약탈과 방화 등을 자행.
1948년 10월 21~22일	21일에 인근 벌교, 보성, 고흥, 광양, 구례를 거쳐 22일에 곡성까지 점령. 한편 21일에 여순 지역에 계엄령을 선포한 이승만은 송호성 준장을 토벌 사령관으로 임명하고[51] 10개 대대 병력을 동원해 진압할 것을 명령.
1948년 10월 22일	오후 3시에 진압군의 순천 공격이 시작됨. 이때 반란군의 주력은 광양 및 인근 산악 지대로 후퇴해 경무장한 학생들과 좌익 세력만 남음.
1948년 10월 23일	오전에 순천을 수복한 진압군은 곧장 광양 일대의 반군 주력을 섬멸하며 여수를 탈환하려고 함. 그러나 여수 입구에 매복하고 있었던 반군의 습격으로 사령관 송호성 준장이 철모에 총을 맞아 고막이 터지고, 장갑차에서 추락해 허리에 부상을 입음. 그사이 반군의 주력은 백운산과 지리산으로 도망쳤고, 여수는 일부 선동 세력과 지방 좌익 세력, 그리고 학생 1,000여 명이 계속 점령함.
1948년 10월 25~26일	부상을 입은 송호성을 대신해 광복군 출신 김상겸* 등이 지휘했으나 완강한 저항으로 인해 큰 효과를 보지 못하고 시가전이 계속 전개됨. 김상겸 역시 교체되고 만주군 출신 김백일, 최경록, 백선엽, 백인엽 등이 이끄는 병력이 해군과 합류해 승기를 잡는 데 성공.
1948년 10월 27일	여순 사건이 완전히 진압됨. 그러나 민간인을 대상으로 대대적으로 협조자 색출에 나서 일부 무고한 양민들이 억울하게 살해당하고 단순 협력자들 역시 적극 가담자로 분류되어 일부는 즉결 처형당하고, 나머지 역시 투옥됨.

● 표 V-1) 여수·순천 사건의 개요

에 의해 살해당했다고 주장한다. 그에 따르면, 좌익의 경우 학살의 표적이 친일 경찰과 한민당 세력, 좌익 탄압에 앞장섰던 우익 청년단원들로 분명했던 반면, 우익의 경우 반군에 협조한 직접적인 증거가 없어도 심

---

* 폴란드군에서도 활동했던 김상겸은 이승만 지지와 임시정부 정통론을 표방하며 해방 직후 광복군 출신들로 구성된 '대한국군준비위원회'의 총사령 차장이었는데, 당시 위원장은 유동열이었다. 『매일신보』, 1945년 11월 1일, 「대한국군준비위원회와 동 총사령부 조직」.

증만으로 즉결 처형할 수 있는 초토화작전을 구사했다. 이로 인해 적지 않은 무고한 양민들이 처형되었다. 좌익 사상을 신봉하지 않았으나 부분 동조한 학생과 반군들이 남기고 간 소지품을 가지고 있던 사람들, 그리고 좌익에 온정적이었던 중학교 교장이나 평소 경찰과 사이가 좋지 않은 검사 등의 우파 지지자들까지도 변명의 기회조차 갖지 못한 채 살해 당했다는 것이다.[52] 당시 평양 주재 소련 대사였던 쉬띄꼬프는 1949년 9월 15일 스탈린에게 보낸 극비 보고서에서 대한민국 정부가 여수·순천 봉기에 참가한 사람들 가운데 1,170명을 군사재판소의 결정에 따라 1948년 10월 12일~11월 2일에 총살했다고 공식 발표했지만 실제로는 1만 명 이상이 처형된 것으로 보인다고 보고했다.[53]

여수·순천 사건 당시 무고한 양민들이 희생당하고 개인적인 원한 관계 때문에 처형이 자행될 수 있었던 이면에는 폭력을 담당하는 공권력의 취약성이 있었다는 데 주목할 필요가 있다. 앞서 제주 4·3 사건에서도 보았듯 당시에는 이런 일이 비일비재했는데, 사건이 발생한 지 1년 후 전라북도 지역의 5사단장을 역임했던 백선엽은 군 장교가 예전에 당한 수모를 앙갚음하기 위해 마을을 방화하는 등 개인적인 복수를 자행해 주민들의 민심이 악화되었다고 지적했다.[54]

"저는 당신들 편이지요. 당신들이 제일 강하니까요."

여수·순천 사건이 발생하자 1948년 10월 28일 이승만은 군대와 경찰에 호소문을 보내 급박한 국가 위기 상황에 대처해줄 것을 요청했다. 이승만은 군대와 경찰이 국가의 외곽을 수호하는 아성이자 내부의 치안을 확보하는 평화적 전사라고 지칭하는 등, 외부로부터의 침략 방어와 국가 내부의 물리력 독점을 통한 치안 유지라는 근대국가의 가장 초보적인 임무를 정확하게 인식하고 있었다. 그러나 이제 막 탄생한 허약하기 그지없는 국가가 그의 인식에 전혀 부응하지 못하면서 여수·순천 사건은 악화되었다.

동지 제군이여! 군대는 국가의 외곽을 수호하는 아성이요, 경찰은 내부의 치안을 확보하는 평화적 전사이다. 양자가 표리의 관계를 굳게 결속해 원활히 운영하므로서 국가는 융성되고 민족은 번영하고 독립은 견고히 될 것이어늘 어찌해 군경이 마찰·박해·살륙에까지 이르게 됨은 누구를 위함인가? 장장추야長長秋夜에 냉정히 숙고하라! 총과 칼을 버리고 동족애로서 포옹하라! 조국광복은 오로지 군경 동지 제군의 단결로써만으로 기대할 수 있는 것을 굳게 신임하는 바이다. 자손만대에 남길 역사를 오손汚損치 말지어다.[55]

당시 여순 사건을 조사한 국회 조사단의 보고를 그대로 받아들인다면, 이것은 불과 40명의 폭도가 반정부적 단체와 국군 내의 불평 장병을 선동 포섭해 야기한 대반란이다.[56] 그리고 경찰들이 국민의 불만과 원성에 감정적으로 대하자 군 내부의 일부 좌익 분자들이 미군정 시기부터 경찰과 갈등을 빚고 있었던 군의 사정을 이용하는 한편 부일 경찰들에 대한 민족주의적인 감정을 자극함으로써 사건은 걷잡을 수 없이 확대되었다. 실제로 여수 지역 경찰 사망자와 부상자만 각각 220명과 150명이 발생했고 국군 사망자 역시 150명에 이르렀을 정도로[57] 불과 몇 시간 만에 치안이 붕괴되었다. 적자생존의 논리가 모든 것을 지배할 정도로 공권력은 철저히 무너졌다. 미군 기자가 여수 교외의 오막살이집에서 만난

한 여인에게 어느 편이냐고 묻자 그 여인은 이렇게 대답했다. "저는 당신들 편이지요. 당신들이 제일 강하니까요."[58]

실제로 전라남도 경찰국은 여순 사건 발생 이후 6개월간 무려 경찰관 509명을 파면하고 63명을 정직 처분했는데, 가장 주된 사유는 직무 포기였다.[59] 치안을 담당해야 할 경찰관들이 제대로 역할을 하지 못했을 뿐만 아니라 남아 있던 경찰들마저도 겁에 질려 도망갈 정도로 철저히 치안이 붕괴된 상황이었다. 그리고 사건 당시 여수를 탈출한 박승훈 제14연대장의 증언에 따르면, 좌익 세력들이 경찰을 보조해 사실상의 준국가기구 역할을 수행하고 있던 우익 청년단원들을 대거 체포, 총살함으로써 상황은 더욱 악화되었다.[60]

아군에게 총을 겨눈 국군과 부상당한 총사령관

상황이 좋지 않은 것은 군도 마찬가지였다. 당시 한국군의 초대 육군 총사령관이었던 송호성은 직접 현지에 내려가 진두지휘를 하다 적의 매복 작전에 걸려들어 귀와 허리를 다쳐 군의 사기를 크게 떨어뜨렸다. 그에 반해 반란군의 선봉에 서서 정확하고 신속한 사격술을 발휘해 국군을 저지한 것은 다름 아닌 대한민국 국군이 양성한 김지회 중위였다.[61] 국군 내부의 좌익 장교와 사병들로부터 체계적인 지도를 받은 반란군은 항상 집결된 부대로 행동하며 매복과 기습을 통해 국군을 각개 격파하고, 정규전에 가까운 형태로 국군과 대결했다.[62]

결국 무능력과 자질 부족으로 대한민국의 현주소를 보여준 송호성을 대신해 채병덕이 육군 참모총장으로 임명되어 사건을 수습했다.[63] 하지만 긴급 투입된 채병덕 역시 전투 경험이 없는 병기장교 출신이었다. 당시 채병덕이 전투 경험이 풍부한 선배 장교들을 제치고 육군 참모총장이 될 수 있었던 데에는 다음의 배경이 있었다. 이종찬은 자신이 참모총장 인선에 착수한 국무총리 겸 국방장관 이범석에게 "일부 민족운동가들 사이에도 인기가 있는 채병덕"을 추천했다고 증언하는데,[64] 일찍이 채병덕은 여운형이 해방 전에 조직한 건국동맹의 일원으로 유사시 여운형과 건국동맹에 무기를 공급하겠다고 약속한 바 있었다.[65] 이렇듯 반란을 진압해야 할 군의 최고 책임자가 오히려 반란군에게 제압당하는 바람에 새로 파견된 최고 책임자 역시 전투 경험이 전혀 없는 정비병과 출신이었다는 것은 여전히 민족주의적 대의명분이 대한민국의 현실을 지배하고 있었음을 보여준다.

제 역할을 못한 정부와 분열된 민족주의자들

한편 반란군 토벌을 위해 투입된 군과 경찰들이 즉결 처분을 실시해 무고한 희생자들이 발생하자 국회에서도 이를 문제 삼았고,[66] 억울하게 복역 중인 사람들에 대해 재심을 요구하는 긴급동의안도 제출되었다. 반란 당시 수동적으로 인민대회에 참가했거나 완장을 착용했다는 이유로, 범행을 저지르지 않았는데도 극형 또는 10년, 20년의 중형을 받고 복역 중인 사람들에 대한 재심이 청구된 것이다.[67]

전술했듯, 대한민국 정부의 공식 발표와 달리 여수·순천 사건 때 처형된 사람들은 1만 명 이상으로 추산된다.[68] 나아가 단순 가담자들에게까지 비공식적 차원에서 가혹한 처벌이나 처형이 집행되었다는 것 역시 국가가 제대로 수립되지 못해 국가 폭력이 단일화된 명령 체계를 가지고 있지 못했다는 것을 보여준다.

또한 현장의 경찰과 군이 국민에게 진압 비용을 전가해 심한 반발을 사고 있었지만[69] 이를 중앙정부가 전혀 통제하지 못할 정도로 행정력이 국민들에게 미치지 못했다. 국토방위의 명목으로 자행되는 인권유린을 개선하기 위해서는 무엇보다도 수사기관의 일원화가 필요하다는 것을 대통령도 알고 있었지만[70] 그것이 현실화될 수 없는 상태였다.

여순 사건의 사후 수습 과정에서도 대한민국의 형편없는 능력과 행정력은 여실히 드러났다. 당시 여순 사건의 총 피해액은 대략 100억 원, 피해 가호 수와 인원은 1,600여 호와 1만여 명인 것으로 추산되었지만[71] 1년이 지나도록 제대로 된 수습책이 마련되지 않았다. 2010년에 공개된 문서에 따르면, 이승만이 여수·순천 사건과 관련해 1948년 12월 24일에 석방을 지시한 인물과 동명이인인 사람이 공무원의 행정 실수로 석방되고 법원에서도 다른 사람의 사건을 판결한 것이 7개월 뒤에나 알려지자 대통령이 직접 담당 장관에게 오류를 범한 공무원에게 어떠한 조치를 취했는지 보고하라고 지시하는 웃지 못할 사건까지 발생했다.[72]

그나마 이러한 상황에서도 국가가 놀라울 정도로 아주 신속하게 사건 피해 사항을 파악하고 수치화함으로써 정책 계획을 수립하고 예산을 배정하긴 했지만,[73] 내각 총사퇴를 요구받는 가운데 할 수 있는 일은 매우 제한적이었다. 심지어 검사 박찬현과 함께 빨갱이로 몰려 억울하게 피해를 입었던 황두연*마저도 정부가 제 역할을 다할 수 있도록 국민들이 도와야 한다고 역설할 정도였다.

---

* 당시 여수·순천 사건의 내막을 수사했던 선우종원은 순천지검 검사 박찬현과 국회의원 황두연의 희생이 안타까웠다고 회고하면서 거룩한 희생으로까지 표현했다. 선우종원, 『사상검사』, 계명사, 1992, p. 110.

우리 국회로서 국민의 대표로서 정부에 대해서 우리가 세운 정부이니까 이 정부에 대해서 받들고 도와서 정부 노릇을 할 수 있도록 서로 돕고 일을 해나가는 것이 우리가 다 같이 할 바라고 이 사람은 생각하는 것입니다.[74]

그러나 국정 혼란의 이면에는 여전히 행정기관에서 복무하는 부일 협력 관리들에 대한 대중의 분노가 자리 잡고 있었다. 당시의 여론 역시 군과 경찰 분야의 좌익 동조자 정리를 해결책으로 요구하면서도 친일 잔재 청산을 통해 민심을 수습할 필요가 있다고 지적했다. 1948년 11월 5일자 『한성일보』의 기사이다.

그런데 우리는 이 기회에 다시 강조하거니와 국군 편성에 있어서의 신중한 검토가 있어야 함은 물론이지만 한편으로는 경찰을 비롯한 각 관공리의 재정리와 또한 그 등용에 있어서의 인사를 현명히 해 민중으로 해금 위정 당국을 신뢰하도록 해야 할 일이다. (…) 따라서 우선 행정기관에서 악질적인 친일 잔재를 완전히 소탕하고 양심적이고 애국적인 인물을 많이 등용함으로써 일반 민심을 안도시켜야 할 것이다. 이것은 당면한 반란 사건 처리에만 국한되는 바가 아니오, 앞으로 닥쳐올 모든 문제를 처리하는 데 있어서 무엇보다 먼저 해야 할 과제일 것이다. 순수한 청년이 아니고는 물불을 무릅쓰고 용감히 사지에 나아가지 않는다는 것은 해방 후에 누누이 체험한 바인즉, 정부 당국은 이 기회에 불순 관공리를 철저히 없애는 동시 앞으로 민국 정부를 떠메고 나갈 열렬한 애국 부대를 관공리 혹은 국군에 많이 등용해야 한다는 소리는 점점 늘어가고 있다.[75]

따라서 민심 수습 차원에서라도 일부 부일 관리의 제거가 필요했다. 하지만 오히려 이범석이 김구와 한국독립당 인사에게 책임을 전가하면서 내부의 갈등이 증폭되었다.* 이범석이 김구와 한국독립당 인사를 거론한 것은, 우파 청년단체 등으로부터 좌파 세력을 비호한다는 이념적 의심을 받고 있던 그가 임시정부 측과 공모해 정권을 장악할지도 모른다는 세간의 소문을 잠재우기 위해서였다. 즉 생존에 급급해진 국가가 민족주의적인 흐름과 정면으로 충돌하고 이를 적대시한 것이다.

---

* 당시 국무총리 겸 국방장관이었던 이범석은 1948년 10월 21일 기자회견에서 "이 사건은 정권욕에 눈이 어두운 몰락한 극우 정객이 공산당과 결탁해 벌인 정치적 음모이며 국군 내의 주모자는 여수 연대장이었던 오동기"라고 주장한다. 부일 세력이었던 수도경찰청장 김태선 역시 10월 1일 발생한 '혁명의용군 사건'과 이를 연관시켜 김구와 한국독립당의 사주를 받은 오동기의 주동하에 여수·순천 사건이 발생했다고 몰아간다.

국가보안법과 일민주의

살길이 없었던 불완전한 대한민국

안보 위기 때문에 국가의 존립이 불투명해지자 사회 역시 법적 차원을 초월한 극난의 조치들을 강구하기에 이른다. 이승만이 여순 사건 가담자의 철저한 색출을 지시하는 담화를 발표한[76] 지 불과 4일 후인 11월 1일, 국회 법제사법위원회가 국권 수호와 국토방위·국헌 문란을 방지할 목적으로 국가보안법 초안을 기초한 것이다.[77] 그러자 미군 철군을 주장했던 소장파 의원들을 중심으로 폐기 동의안이 발의되지만,[78] 찬성론자들조차 폐단을 우려하던 국가보안법[79]은 결국 시행된다. 대한민국의 존립에 대한 우려가 그만큼 깊었던 것이다.

이런 우려는 비합법적인 정부 파괴 행위를 모두 금지해 국가의 기초를 다진다는 국가보안법의 시행 목적을 밝힌 이인 법무장관의 1948년

12월 2일 담화에서 잘 드러난다.

> 3천만 국민의 총의와 국제연합의 결의에 의해 정통적으로 성립된 대
> 한민국 중앙정부의 존재를 부인하거나 비합법적인 정부 파괴 또는 대
> 한민국 정부 이외의 괴뢰정권을 시인 추종하기 위한 모든 결사·집단
> 을 금지해 국가 기초를 공고케 함.[80]

조한백 의원과 김인식 의원이 국회본회의에서 "현금 대한민국은 완전
된 대한민국도 아니고 건전한 대한민국도 아닙니다", "우리는 그야말로
조국 광복을 위해서 이러한 법률을 제정하지 않으면 신생 대한민국이
살길이 없습니다"[81]라고 말한 데서 알 수 있듯, 사회 지도층은 대한민국
의 불완전성과 생존이 불투명한 미래를 우려해 법적·윤리적 차원을 초
월해 모든 조치를 강구해야 한다는 절박한 인식을 가지고 있었다.

한편 여수·순천 사건의 뒷수습과 재발 방지를 위해 1948년 11월 2
일과 3일에 국회의원 20명으로 결성된 '시국대책수습위원회'에서 국내
의 모든 청년단체를 해산하고 호국군을 조직할 것을 결의하자, 정부는
1948년 12월 19일에 모든 우파 청년단체들을 통합한 대한청년단을 창
단해 준군사 조직으로 활용하려고 했다. 이들이 경찰을 도와 치안을 담
당하게 하고, 전국 조직의 민병을 양성해 국군을 후원함으로써 국권과
국토를 보호하기 위해서였다.[82]

실제로 대한청년단은 전국적으로 조직을 확대해 남녀 정규 대원 수만
200만 명에 이르렀고, 치안 확보와 질서 유지에 협력하는 조직으로 성
장했다. 1949년 8월에는 청년 간부 720명을 선발해 보병학교에 입교시
켜 단기간의 군사훈련을 이수하게 한 후 이들을 예비역 소위로 임관해

대한청년단원들의 군사훈련을 담당하게 했다.[83] 그리고 청년방위대를 창설해 예비군의 임무를 수행케 하는 한편 폐단이 지적되고 있었던 민보단을 1950년 4월 28일 해산시켜 청년방위대 특무대로 편입시켰다.[84]

급조된 일민주의와 이념 자원의 남용

대한청년단이 결성 선언문을 통해 "이승만 박사의 명령을 절대 복종하고 공산주의를 말살해 남북통일을 시급히 완수함으로써 세계 평화 수립에 공헌"할 것을 결의하자,[85] 이에 걸맞은 지도 이념을 제시할 필요가 생겼다. 이는 일민주의로 표출되었다. 이승만의 국가 건설 이념을 따르겠다는 일민주의는 임시정부의 지도 이념이었던 삼균주의의 내용과 상당 부분 유사하면서도 당시 국가의 최우선 과제로 등장한 국가안보에 관한 고려를 포함하고 있는 것이 특징이었다.

여전히 많은 국민들은 이전부터 익숙하고 민족주의적 대의명분과 정통성이 있는 삼균주의를 선호하고 있었다. 하지만 북한이 국내의 반란 세력을 후원하고 무장 공비를 파견하자 이승만은 북한 지도자들과의 대화와 타협을 통한 통일이 불가능하다고 생각해 북한과의 마지막 소통 수단이던 경제 교류마저 거부했다.[86] 1949년 10월 공보처장 이철원도 대한민국의 국시를 공산주의에 대한 결사항전으로 설명하는 등 국가안보를 표방하는 이념 자원이 국가 차원에서 필요해졌다.

그런 면에서 좌우합작을 강조한 삼균주의는 적합하지 않았다. 따라서 삼균주의의 내용을 포함하되 국가안보에 충실한 일민주의를 국민운동의 차원에서 보급해 국가 건설을 위한 이념 자원의 교두보로 활용하려고 했다. 일민주의가 파시즘적 성격을 가지고 있다고 평가했던 서중석 역시 일민주의를 반공주의가 본격적으로 등장하기에 앞서 내세워진 과도기적인 이데올로기라고 평가한다. 즉 일민주의는 정부 수립 직후 양우정, 안호상 등의 추종자들이 '하나의 국민(一民)'으로 대동단결해 민주주의의 토대를 마련하고 공산주의자에 대항하기 위해 제시한 정치 논리라고 설명한다. 하지만 논리가 빈약하고 내용이 서로 모순되어 논리와 실제가 일치하지 않는 경우가 많았고, 한국전쟁 수행 과정에서 이데올로기적으로 극우 반공주의만으로도 충분해지면서 소멸되었다고 평가한다.[87]

삼균주의를 바탕으로 한 일민주의는 국가안보를 포함해 국가 건설에 필요한 거의 모든 내용의 이념 자원을 담고 있었다. 정부가 일민주의를 국민운동 차원에서 보급하자 우익 청년단체와 학도호국단 등이 이를 국가안보 차원에서 활용했다. 1949년 4월 6일 공보처는 주간신문인『주보週報』를 창간해[88] 매주 2,000부 정도를 국내 각 기관에 배포했는데, 그중 "일민주의란 무엇?"과 "일민주의와 민족주의"라는 제목으로 발행된 3호와 4호는 1면을 할애해 일민주의를 다루었다. 1949년에는 명예회장 이범석, 고문 정인보, 안호상, 배은희, 윤치영, 윤보선, 김효석 등으로 구성된 '일민주의보급회'가 결성되어 우익 청년단을 중심으로 일민주의를 널리 알렸다.

우익 청년단체인 대한독립촉성국민회청년단의 단장으로 일민주의 보급에 앞장섰던 유화청은 "일민주의라는 것은 어느 정당 운동의 당시가 될 성질의 것이 아니며, 국민운동으로서 전개되어야 할 것"[89]이라고 지적했고, 배은희는 일민주의가 단일민족에 근간한 민족자결주의와 경제 균등, 민주주의의 결합이라고 주장했다.[90]

1949년 4월 20일 이승만은 서울 중앙방송국을 통해 일민주의 정신과 민족운동에 관한 담화를 직접 발표했다. 이승만은 공산주의를 배격하고 민주주의의 토대를 삼기 위해 일민주의에 충실한 정당을 세우려고 했지만 그 활동이 미미하고 오히려 이로 인한 당파 간 다툼이 예상되므로 먼저 그 주의를 발전시키고자 한다고 주장했는데, 일민주의의 4대 정강은 다음과 같다.

1)계급, 문벌을 초월한 만민 평등을 표방하는 민주주의의 흡수를 통해 민주주의의 기초를 잡는다. 2)빈부의 차별 없이 동등한 권리와 복리를 누리고, 이를 위해 토지의 유상매수 유상분배를 꾀한다. 또 토지의 매각 대금을 공업에 투자함으로써 개인과 국가 경제에 이바지하도록 한다. 3)남녀 동등주의를 실현한다. 4)지역적 차별을 배격하고 특정 집단의 이익을 추구하는 당파 조성을 타파함으로써 3천만 민족의 공동 이익을 도모한다.[91]

한편 당시 북한군의 병력은 도합 13만 정도로 추정되었으나 한국의 경제력으로는 6~7만의 병력도 유지하기 버거운 실정이었다. 이에 1949년 12월 문교부 장관 안호상을 단장으로 한 학도호국단이 출범했다.[92] 불과 출범 9개월 만에 약 27만 명으로 증가한 학도호국단은 교련을 정식 과목으로 채택했고,[93] 지도 이념으로 일민주의를 제시했다. 일민주의 보급회 고문이기도 했던 안호상이 삼균주의와 삼국통일을 이룬 화랑정신을 결합해 공산주의 사상의 붕괴를 목적으로 하는 민족주의적 일민주의를 역설했던 것이다.

안호상은 화랑정신을 계승한 학도호국단 조직과 삼균주의를 나름 접목해, 공산주의 사상을 붕괴시키는 데 목적을 둔 일종의 북벌주의를 제창했다.

안호상에 따르면 일민주의는 정치적으로 계급주의를 타파하고 모든 권리와 의무를 균일하게 누리도록 하는 균일 정치를 추구하는데, 이는 균등한 정치적 권리를 보장하는 삼균주의의 이념을 반영한 것이었다. 또한 개인이 저마다 한 가지씩의 기술을 배우는 기술 인간을 육성하기 위해 노력하는데, 이 역시 실업교육을 강조했던 삼균주의의 교육 정신을 나름대로 발전시킨 것이었다. 또 일민주의의 경제사상은 자유방임에 기반한 자본주의경제 혹은 계획경제를 기초로 하는 공산주의경제 사상을 배격하고 빈부귀천의 차별 없이 다 같이 잘사는 통일 공동체 경제와 개인마다 일의 양과 질에 따라 균등하게 대우받는 공정 경제를 지향했다.[94] 마지막으로 안호상은 개인의 희생을 통해 신라군의 사기를 고무하고 강대국인 당나라의 지원을 통해 삼국통일을 이루어낸 화랑 관창과 화랑도를 당시의 정세와 연계시키려고 했다. 모든 자원이 부족한 데다 소련의 지원을 받는 북한군에 비해 열세인 대한민국의 현실에서는 북벌이 불가능하다는 것을 알면서도, 청소년들의 헌신을 통해 부족함을 메우고, 이들의 희생을 통해 주한 미군 철수를 막고, 미국의 한반도 개입을 확대해 통일을 이루려고 했던 것이다.

이렇듯 국가안보라는 새로운 지향점으로 나아가기 전에 일민주의를 이념적 교두보로 활용하기 위한 다양한 노력들이 이루어졌다. 실제로 1949년 7월에는 학도호국단원 36명이 농촌과 38선, 옹진 전투 지구 등으로 파견되었다.[95] 이런 분위기는 사회 전체로 파급되어 부족한 국가의 물적·경제적 취약성을 민간 분야에서 메우기 위한 활동들이 전개되어, 한국전쟁 전까지 대한청년단과 학도호국단, 국무위원, 공무원을 비롯한 거의 모든 부문에서 애국기 헌납 운동*과 애국공채 발행을 독려했다.

당시 이승만 정부는 국가안보의 이념으로 국론을 통일하려고 했다. 물론 이전에도 거의 모든 정치집단이 임시정부의 이념이었던 삼균주의를 강조해 민족주의적 대의명분을 충족시키고 정치적 정통성을 획득하려고 했다. 하지만 이승만 정부가 국가안보를 최우선 과제로 내세우면서 과도기적인 일민주의가 등장한 것이다.

이러한 움직임들은 1949년 7월 당시 국가가 행정 능력 부족으로 24%의 세금 징수율만을 기록하고 있어 부족한 자원들을 이념 자원의 이름으로 동원해 국가 건설의 첫 단계인 국가안보 문제를 해결하기 위한 목적에서 행해진 것이다. 국가는 이 문제를 준국가기구들을 동원한 이른바 자발적 기부로 해결했다. 그러면서 전술한 것처럼 준국가기구들의 권한이 공식 국가기구들의 권한을 넘어서게 되어 국정 운영에도 심각한 부작용이 발생했다. 또 한국전쟁 이후에도 자원 부족의 문제가 심화되면서 이승만이 반공, 반일 등과 같은 이념 자원을 남용해 국가를 운영했기 때문에 국민들은 전가의 보도처럼 사용되는 이념 자원에 염증을 느껴 그 가치가 폭락했다.

따라서 일민주의라는 이념 자원을 통해 인적·물적·경제적 자원을 동원했던 청년단들이 소멸하자 일민주의 역시 그 수명을 다할 수밖에 없었다. 그러나 이후에도 이와 유사한 행위들이 권위주의 정부들로 계승되었다. 이에 일민주의에 대한 부정적 이미지와 기억들만이 재생산되고 경멸의 대상으로까지 추락함으로써 부족한 인적·물적·경제적 자원을 이념의 이름으로 동원해 국가를 건설한다는 애초의 일민주의의 취지 역시 역사 속으로 사라졌다.

---

* 당시 한국 정부의 경제정책에 반감을 가지고 있었던 주한 미국 대사관은 애국기 헌납 운동을 일종의 사기극으로 간주하고 있었다.

토지개혁

대통령 이승만은 토지개혁을 추진해 부르주아를 양성함으로써 물적·경제적 기반을 개선하고, 국민 대다수를 차지하고 있었던 농민들의 지지를 얻어 정치적 정통성을 획득하려고 했다. 이를 통해 국민의 요구를 국가 건설 과정에 반영하고, 인적 자원의 한계와 국가안보의 문제 때문에 부일 관료들을 계속 기용한 탓에 훼손되었던 민족주의적 이념 자원을 어느 정도 보완하는 데 성공할 수 있었다.

　제1공화국은 유상몰수, 유상분배를 기초로 한 토지개혁 정책을 추진했다. 이는 이승만의 입장에서는 미군정과 상해, 중경(충칭) 임시정부의 노선을 계승하고 자신의 권위에 도전하는 민주국민당에 대한 응전이었다. 동시에 중도, 진보 세력의 주장을 수용해 자신의 지지 세력으로 활용하는 한편 북한과 좌파의 공세를 차단하려는 의도 등에서 비롯된 정책이었다.[96] 무엇보다도 토지개혁은 당시 모든 문제의 저수지[97]였으므로

1949년 2월 3일 초대 부통령 이시영이 밝힌 것처럼 시기와 방법이 우리 나라 실정에 맞지 않더라도 민주주의 실현을 위해서는 추진이 불가피한 것이었다.[98]

1946년에 토지개혁을 완료했던 북한 역시 이것이 대한민국 공산화를 위해 반드시 필요한 조치 중 하나라는 것을 인식하고 있었다. 이에 홍명희를 위원장으로 한 토지개혁입법위원회를 설치하고, 1949년 5월 말까지 남쪽의 토지개혁 법안을 최고인민위원회에 상정하고 내각에 제출할 것을 의결했다.[99] 이렇듯 토지개혁은 북한의 공세를 차단하기 위해서라도 반드시 긴급하게 처리해야 할 과제였다.

1947년 미군정은 자신들에게 귀속된 과거 일본인 소유의 토지를 매각하기로 결정한 이후 1948년 5월 10일 제헌의회 선거 이전까지 48만 7,621에이커의 토지를 매각했다. 그리고 1945년 전체 인구의 약 75%를 차지하던 소작인들의 숫자는 약 33%로 줄어들었다. 이 조치로 인해 농민들에 대한 공산주의의 영향력이 약화되었으며, 제헌의회 선거에 대한 농민들의 협력 역시 강화되었다.[100] 미군정이 수행한 농지개혁은 좌익 세력에 대항할 수 있는 유일한 방법이었고, 미군이 철수하더라도 남한 체제가 전복되지 않고 버텨낼 수 있는 중요한 수단이었다. 즉 농촌사회의 불만을 어느 정도 해소시킴으로써 정치권력의 정통성을 강화했으며, 장기적으로 농민의 정치형태를 보수화시키는 요인[101]으로 작용했던 것이다.

여러 가지 제도적 장치가 미비한 상황에서 미군정은 자본가 세력과 연합할 필요가 있었기 때문에, 일제의 패망에 따라 큰 타격을 받고 약화되어 있었던 지주계층을 자본가로 전환시켜 새로운 경제 기능을 수행하게 하려는 계획을 검토한 바 있었다. 하지만 농민의 토지 요구를 수용해 북한에 수립되고 있던 사회주의 정권과 맞서야 하는 상황이 되자, 일제와는 달리 미곡 수탈을 위해 지주 세력을 옹호할 경제적 이유가 사라졌다.[102] 박찬표는 미군정의 농업과 토지 분야에서의 개혁 성과를 평가하면서, 미군정이 급진적 변혁에 대한 민중의 요구를 분쇄하는 반혁명 작업과 함께 반봉건의 자유주의적 개혁 작업 역시 수행했다고 설명한다. 그리고 미군정 아래에서의 국가 형성 과정이 구체제로의 단순한 복귀는 아니었음을 지적한 전상인의 문제 제기에 주목한다. 전상인에 따르면 미군정은 정치적·사회적 안정을 위해 토지를 분배해 기존의 지배계급을 해체하고 보통선거를 통해 시민권의 전면적 확대를 이룩함으로써 국민적 정치 공동체를 형성했다.[103]

이러한 미군정의 정책을 계승한 제1공화국의 토지개혁 정책 역시 국가의 하부구조 권력을 향상시키는 데 크게 기여했다. 토지개혁 정책을 추진함으로써 전근대적 단계에 머무르던 국민들을 근대국가의 국민으로 통합해 근대 민족국가를 형성할 수 있는 토대를 마련했으며, 국가의 경제를 책임질 수 있는 부르주아계층을 양성하고 국민들의 상향 평준화를 이끌어냄으로써 짧은 시간에 국가의 하부구조 권력을 향상시킨 것이다. 1949년 당시 경제활동 인구의 70%가 농업 종사자였고 그중 80% 이상이 소작농이었던 현실에서 농지 분배는 매우 중요한 문제였다.

1949년 2월 6일 국무회의를 통과한 농지개혁 법안[104]에 따라 농지를 분배받은 농민들의 대한민국에 대한 귀속감은 증대되었다.* 즉 대한민

---

* 실제로 이승만이 추진한 농지개혁 조치에 따라 총 소작지 면적의 40%에 해당하는 땅이 유상매입, 유상분배의 원칙에 따라 소작농들에게 분배되었다. 정부 분배 농지의 45%와 지주 처분 농지의 55%가 자작화됨으로써 해방 당시 35%에 불과했던 자작지 면적의 비율이 92.4%라는 획기적 수치를 기록한다.

국의 국민이라는 정체성은 농지개혁 실시를 계기로 단초가 마련되었고, 국가에 대한 귀속감과 국민적 정체성에 공감한 농민들에 대해 국가 차원의 교육이 이루어짐으로써 국민화가 이루어졌다. 당시 초대 국회의 산업위원회 위원장이었던 서상일은 농지개혁 법안을 합법적 사회혁명과 경제혁명의 표현이라고까지 주장했다.[105]

반면 지주들에게는 상대적으로 매우 보잘것없는 것이 주어졌는데, 이마저도 전쟁으로 인한 물가 폭등과 손실 때문에 거의 사라졌다.[106] 이는 의도하지 않게 지주계급의 몰락과 이를 배경으로 한 한민당의 기반 약화, 그리고 국민들의 사회적 신분 상승 가능 욕구의 강화로 이어졌다. 실제로 일제강점기의 지주들은 대부분 산업자본가로 전환하지 못하고 지위가 하락했으며, 상대적으로 이들과 관련이 적은 신흥 유산계층이 한국 자본가계급의 원형 집단으로 등장했다. 이렇게 제1공화국 수립 후 본격적으로 추진된 농지개혁을 통해 반봉건적인 지주의 토지 소유가 타파되고, 농민에 의한 토지 소유가 확립되는 기반이 마련되었다.

농지의 절대적 부족과 자작농의 증가

그렇다면 신흥 자본가층의 주축을 이룬 것은 어떤 이들이었는가? 일반적인 개발도상국의 경우와 달리 한국에서는 지주 출신의 비율이 크지 않았고, 소액 주주, 소상인, 소기업가에 불과했던 계층들이 자본가계급으로 전환되었다.[107]

안재홍은 물적·경제적 기반이 취약해 부르주아가 형성되지 못했던 당시의 사정을 다음과 같이 설명하고 있다.

조선에는 지주 농민 총수 53만 호[戶] 중 200정보 이상의 토지를 소유한 지주는 2,200호밖에 안 되고 그중에도 조선인 대지주는 극히 소수임에 따라 그 세력도 선진 외국 자본주의국가의 그것과는 비교도 안 될 만치 약하다. 또 민족 자본의 세력도 역시 약하다.[108]

국회 산업위원회 위원장으로 농지개혁안을 주도했던 한국민주당 총무 서상일 역시 1949년 3월 『서울신문』과의 인터뷰에서 다음과 같이 진술한다.

나는 지주도 아니요 작인[作人](소작인)도 아니지만 대체로 보아 50정보 (132에이커, 15만 평) 정도를 가진 지주가 500여 명가량밖에 안 됩니다.[109]

이승만을 보좌했던 올리버는 당시 대한민국의 문제는 소수 지주들에 의한 토지의 과점이 아니라 농가당 평균 1정보씩밖에 돌아가지 않는 농지의 부족에 있었다고 지적한다. 그에 따르면 당시 100정보의 토지를 가진 지주는 272명에 불과했고, 5~10정보를 소유한 사람이 5,448명, 1~2정보 소유자가 4만 5,692명이었으며, 21만 3,453호의 농가가 1정보 미만의 토지를 소유하고 있었다.[110]

그렇다면 서상일이 지주의 기준으로 언급하고 있는 50정보의 토지는 과연 어느 정도를 말하는 것일까? 후술하겠지만, 당시 사람들은 자식 교육을 걱정 없이 시킬 수 있는 기준으로 3정보를 제시했다. 앞에서 올리버가 지적한 바를 적용해보면 3정보 이상 소유한 사람은 최소 5,500명이었다. 커밍스는 한국 학자들이 자작농이 혼자 경작할 수 있는 토지 규모보다 많은 5정보 정도를 소유한 사람을 지주라고 부르는 경향이 있었고 50정보를 대지주의 기준으로 제시한다고 말했다. 그리고 1948년 간행된 『조선경제연보』를 인용해 1942년 당시 50정보 이상을 소유한 한국인이 1,628명이라고 밝혔다.[111]

해방 전인 1943년 6월과 해방 후인 1946년 12월 사이의 추수량과 지주의 수, 경작면적의 추이를 분석한 연구에 따르면, 1943년에 500석 이상을 추수한 지주의 수는 1,630명으로 1년 전인 1942년의 1,628명과 거의 동일하다. 따라서 1년이라는 시간적 격차가 존재하지만 일본이 전쟁을 수행하고 있는 상황임을 고려해볼 때 50정보는 500석 이상을 추수할 수 있는 대지주의 기준임을 짐작해볼 수 있다.

	지주 수(명)			추수량(석)			면적(정보)		
	1943년 6월	1946년 12월	감소 인원	1943년 6월	1946년 12월	감소량	1943년 6월	1946년 12월	감소 면적
경기	244	206	38	363,567	282,342	81,225	31,479	3,611	27,868
충북	30	13	17	28,612	15,170	13,442	2,531	1,780	751
충남	288	90	198	314,674	95,509	219,165	24,774	9,297	15.477
전북	333	270	63	476,327	303,191	173,136	35,136	21,983	13,153
전남	271	220	51	354,919	253,880	101,039	31,660	20,667	10,993
경북	178	125	53	208,309	178,365	29,944	20,409	18,603	1,806
경남	244	151	93	327,004	171,270	155,734	23,870	17,606	6,264
강원	42	9	33	33,430	6,780	26,650	2,773	1,398	1,375
계	1,630	1,084	546	2,106,842	1,306,507	800,335	172,632	94,945	77,687

● 표 V-3) 500석 이상 추수 대지주의 도별 조사표[112]

그런데 1946년 12월 당시 500석 이상을 추수할 수 있는 대지주의 수는 1943년과 비교해 546명이 감소된 1,084명으로 줄어들어 있었고, 추수량은 38%, 경작면적 역시 45% 감소했다. 당시의 인구가 약 2,000만 명이었으므로 1946년의 대지주는 인구의 약 0.00542%에 불과했고, 생산력과 수확량이 양호했던 1943년의 대지주 비율 역시 약 0.00815%에 불과했다. 한편 전술한 올리버의 진술을 적용하면 5~10정보를 소유한 사람의 비율 역시 당시 인구의 약 0.02724%, 3정보 이상을 소유한 사람들의 비율 역시 최대 약 0.225%에 그쳤다. 토지를 1정보라도 소유하고 있는 사람들의 비율 역시 전 인구의 약 0.23%에 불과했다.

이렇게 토지를 1정보라도 소유하고 있는 사람들의 비율이 약 0.23%에 불과했지만 이 면적의 500배인 500정보를 소유하고 있는 사람들의 비율 역시 전체 인구의 약 0.005%에 그쳤던 것은, 일제강점기에 일본인들이 독점하고 있었던 토지를 일반인들에게 분배하지 못하고 국가가 관리해 경작할 수 있는 농지가 부족했기 때문이다.

이는 결국 올리버가 지적했듯, 문제는 소수 지주들에 의한 토지 과점이 아니라 농가당 평균 1정보씩밖에 돌아가지 않는 농지 부족이었다는 것을 보여준다. 농지 부족 문제는 민간인들에게 적극적으로 농지를 불하하기 시작한 1947년을 기점으로 빠르게 변한다. 1945~1949년의 지주와 소작인의 수, 비율의 변화를 보여주는 표 V-4는 이러한 사실을 보여준다. 그리고 표 V-4에 따르면, 1947년 35만 8,000호에 불과했던 지주와 자작농의 수가 1949년에는 2배 이상으로 증가해 92만 5,000호를 기록했다. 그에 비해 소작인의 수와 비율은 거의 절반으로 감소했다. 또한 표 V-4는 1947~1949년에 토지 사용자 수와 비율이 증가하고 지주와 자작농이 급증했음을 보여준다.

	지주, 자작	자소작	소작	피용자	합계
1945년 말	285(13.8)	716(34.6)	1,010(48.9)	55(2.7)	2,065(100%)
1946년 말	337(15.8)	810(37.9)	924(43.2)	66(3.1)	2,137(100%)
1947년 말	358(16.5)	834(38.4)	914(42.1)	66(3)	2,172(100%)
1949년 6월	925(36)	1,022(40)	526(21)	80(3)	2,553(100%)

● 표 V-4) 1945~1949년 자작, 소작별 농가 호수의 변화[113]

이승만을 도와 토지개혁을 이룬 조봉암과 중도파 관료

한편 대지주의 수가 가장 많은 지역이 한민당의 기반이었던 전북과 전남이었으므로 한민당만 찬성한다면 토지개혁은 그만큼 용이하게 이루어질 수 있었다. 당시 제헌국회에서 한민당 소속으로 당선된 의원들 가운데 임시정부 출신의 인물들은 토지개혁에 자발적으로 협조하는 경우가 적지 않았다. 임시정부 의정원 의원 출신의 제헌국회 의원 라용균의 아들 라종일은 2019년 2월 8일 국회의원 회관에서 개최된 2·8 독립선언 관련 세미나에서 전북 부안에서 당선되었던 라용균이 농작지를 소작인들에게 무상으로 분배했다고 증언했다. 산업자원부 장관을 지낸 장재식의 셋째 삼촌으로 신흥무관학교를 졸업하고 독립군으로 활동했던 장홍렴 역시 전남 무안에서 당선된 후 토지개혁법 발의에 참여해 집안의 소작인들에게 토지를 아무런 대가 없이 나누어주었다.[114] 그리고 농지개혁안 역시 대동청년단을 조직한 독립운동가 출신의 서상일이 주도했으므로 강한 저항에도 불구하고 결국 통과될 수밖에 없었다.

이 과정에서 거의 모든 계층을 만족시키려고 애쓴 이승만의 정치적 노력 역시 큰 역할을 했다. 1949년 2월 6일 국무회의를 통과한 농지개혁 법안[115]이 1949년 4월 20일 국회에 상정되자 이승만은 수차례 연설을 통해 농지개혁의 기본 방향으로 토지 자본의 산업자본화를 강조함으로써 지주의 입장을 상당 부분 반영하는 듯한 제스처를 취했다. 하지만 동시에 조봉암을 농림부 장관으로 임명했고, 조봉암은 삼균주의를 존중하는 중도 성향의 인물들을 농림부의 요직에 기용했다.[116]

토지개혁 성공의 이면에는 이를 적극적으로 추진한 조봉암의 공로가 매우 컸다. 물론 조봉암을 발탁한 것은 이승만이었으므로 이 역시 이승만의 업적이라고 할 수도 있을 것이다. 하지만 공산당 출신의 조봉암이 국회의 소장파들과 친이승만 세력들의 후원을 바탕 삼아, 지주 출신들로 구성된 한민당을 견제하고 과감한 정책들을 추진했기 때문에 이승만 역시 좌파의 공세를 차단하고 한민당의 경제 기반도 약화시키며 농민의 지지도 확보하는 1석 3조의 효과를 거둘 수 있었다.*

다시 말해 제1공화국에서 추진한 농지개혁 법안은 농민과 지주의 반발을 피하면서 양자의 입장을 국가가 중립적인 견지에서 절충한 안이었다. 최종 결정된 농지개혁법을 보면, 이승만이 농지개혁 자체에는 적극적이었지만 그 과정에서 그가 대변한 것은 지주나 농민의 이해가 아니라 재정 절약이라는 정부의 이해였다는 점에서 농지개혁은 개혁성과 반개혁성을 동시에 지니고 있었다. 또 이승만은 농지개혁의 입법화 과정에

---

* 취임 반년 만에 장관직에서 물러나긴 했지만 초대 농림부 장관 조봉암은 농정기구를 근대적으로 개편해 농업정책 전반을 유기적으로 다룰 농정국과 농업 근대화를 이끌 농촌지도국을 신설하는 한편 미완의 토지개혁을 담당할 농지국을 설치했다. 특히 농지국은 흔히 이승만의 업적 중 하나로 간주되는 토지개혁의 핵심 역할을 담당하는 부서로 성장한다. 한편 조봉암은 독단적이거나 주관적인 농업정책을 시행하지 않기 위해 20~30명으로 구성된 '농정심의회'를 설치해 자문을 구하는 한편, 농민들의 호응을 이끌어내기 위해 전국 방방곡곡을 순회하며 농민들과 대화했다. 그리고 이러한 노력들을 바탕으로 토지개혁법과 농업협동조합법이 입안되었으며 양곡매입법이 제정 실시되었다.

서 대중을 동원한 압박 전략을 사용해 지주와 민국당의 저항을 돌파하려 했는데, 이는 이승만이 농민들을 자신과 일체화시키고 있었기 때문이다.[117]

이승만은 자본주의국가 건설에 필요한 부르주아 양성을 위해서는 토지개혁이 반드시 필요하다고 판단했고, 국가가 중립자적 입장에서 기존 지주 세력과 농민들의 입장과 이익을 중재하게 함으로써 개혁을 관철시켰다. 나아가 1950년 1월 농지개혁 실시 이후에도 토지를 분배 혹은 방매하는 것이 지연되고 있다는 보고를 받자 즉시 분배뿐만이 아니라 방매할 것을 지시하는 등 직접 농민의 이익을 옹호했다.[118]

무엇보다도 이승만은 토지개혁 과정에서 임시정부의 유산인 삼균주의와 이를 추종하려는 관료들을 앞세워 대중의 지지를 획득할 수 있었다. 제1공화국 초기 농지개혁의 이념에 관해 농림부 농림국이 발행한 자료에는 "대한민국의 헌법이 명시한 홍익인간의 성스러운 정신 밑에 유상매수 유상분배의 방법을 취했다"고 기술되어 있다.[119] 후일 『한국일보』의 사주가 되는 장기영은 "농지개혁 문제는 헌법에 표현되어 있는 균등 국가 이념의 실천"이라고 지적했으며,[120] 언론 역시 "농지개혁 사업은 경자유전의 원칙에 따라 땅 없는 농민에게 땅을 주어서 균등 사회를 이루고자 진행해오던 것"으로 표현하고 있다.[121] 서상일은 농지개혁안의 실시를 통해 비로소 민족사회주의 건설과 만민 균등 사회 건설의 초석을 이룰 수 있다고 생각했고, 농림부 농지국장 강진국 역시 1949년 3월 『서울신문』과의 인터뷰에서 비슷한 의견을 피력했다.

오늘날의 한국의 경제 사정은 민족사회주의 방향으로 발전하고 있으므로 농지개혁의 필연성을 여하한 힘으로도 부정할 수는 없을 것입니다. 만약 지가 보상으로 이전과 같이 한평생 놀고먹겠다는 생각을 가진 지주가 있다면 그것은 망발로 볼 수밖에 없을 것입니다.[122]

한편 기획처장 이순탁의 비서실장으로 미군정기 남조선과도입법의원의 농지개혁 법안과 제1공화국 농지개혁안의 핵심 기안자 중 한 명이었던 정현준은 헌법상의 국가 이념인 균등 사회 건설을 위해 계획경제를 실시해야 한다고 역설했다.

대한민국 정부의 정치 이념은… 민족적 민주개혁의 국가 건설을 지향하고 만민 평등 사회 건설에 있다. 즉 정치적으로는 민족국가 건설을 지향하고 정책적으로는 균등 사회 건설에 치중하고 방법론적으로는 점진 개량주의를 채택해 국가 건설의 초기 과업을 달성하려는 것이 건국의 기본 이념인 것이다. (…) 이러한 국가 기본 정강 아래 부합하는 경제정책은 당연히 국가의사의 간섭이 비교적 농후한 체제를 취하게 되는 것으로서 소위 말하는 자유주의 경제정책은 자연 일축되고 의식적, 계획적 경제정책의 요청됨은 경제적 조건에 상부하는 소치일 것이며… 흔히 계획경제 또는 경제정책의 계획화라 하면 선입관적으로 약탈적, 독재적 또는 혁명적 경제체제를 연상하는 것은 그 용어의 죄악이 아니오, 그 정치적 성공의 단견에 인과한 것이다.[123]

토지개혁을 통한 지주와 봉건 질서의 몰락

농지개혁 완료 시기와 이승만의 진의에 대해서는 여전히 많은 연구들의 시각이 엇갈리고 있다. 하지만 대한민국이 1949년 6월 21일 발표된 농지개혁을 통해 토지 소유의 균등성을 실현하면서 '소농의 나라'로 변신한 것은 매우 중요한 의미를 갖는다. 즉 임시정부의 이념인 삼균주의가 주장했던 균등한 토지 소유가 실현되면서 민족주의적 대의명분이 극대화되는 한편 부르주아가 형성될 수 있는 환경이 조성된 것이다. 실제로 당시 농림부 장관은 "농지개혁이 경제 균등의 원칙만을 가치화하는 것이 아니고 토지 자본을 도시 상공 자본으로 전환해 민족자본의 재생과 건전을 도모하는 것"이라고 밝히고 있다.[124]

이러한 농지개혁의 결과, 1945년 14.2%에 불과했던 자작농의 비율이 1951년 80.7%로 상승했으며, 순소작농의 비율 역시 50.2%에서 3.9%로 감소했다. 더욱 중요한 것은 3정보 이상을 소유한 지주계급의 비율이 2.3%에서 0.1%로 감소함으로써 지주계급이 사실상 해체되었다는 사실이다.[125] 아울러 일제강점기까지만 해도 매년 전체 수확량의 50% 이상을 소작으로 바쳤던 소작농들이 5년 동안 30%씩의 소작료를 내면 소작 토지를 소유할 수 있도록 법제화되었다. 이에 1951년 전체 경작지의 96%가 자작농 소유로 바뀌면서 기존의 지주계급은 몰락했다. 이렇게 수천 년 동안 농민의 자유를 구속하고 군림하던 지주가 사라지고 국가 구성원 모두가 근대국가의 일원으로 거듭날 수 있는 상향 평준화가 단시간에 이루어졌다.

당시 한국 인구의 약 75%가 농민이었기 때문에 이는 매우 중요한 조치였다. 즉 봉건적인 지주-소작인 관계의 사회가 자작농-자유인의 사회로 바뀌는 혁명적인 계기가 마련된 것이다. 이후 농촌에서 소작농은 철저히 자취를 감추고, 자신 소유의 농지를 경작할 수 있게 된 농민들은 한동안 이승만의 주요 지지자가 된다.[126] 뿐만 아니라 한국전쟁이 일어나기 전까지 농지분배가 상당히 진척됨으로써 농민들은 북한 공산군의 선

동에 현혹되지 않고 대한민국을 지지하게 되었다.[127]

새로운 자본가계층으로 전환한 이북 출신들

한편 토지개혁의 와중에 기존의 많은 지주들은 자본가로 전환하지 못하고 몰락했다. 김기원은 이러한 거대한 사회적인 재편성 과정에서 일제강점기에 경제적인 경험을 축적하고 있던 사람들이 나름의 수완을 발휘해 새로운 자본가계층으로 등장했다고 지적한다. 그에 따르면 1950년대 자본가로 등장하는 사람들 가운데 일제강점기에 해당 산업의 경영자였던 사람들의 비율은 매우 낮았다. 이들은 일제강점기부터 해당 산업에 대한 기술을 가지고 있던 사람들로,[128] 격심한 인플레 속에서 가격이 급락한 지가증권을 헐값에 대량으로 매수한 후 이를 귀속재산에 대한 불하 대금으로 납입해 경영권을 장악했다.

그렇다면 다수의 한민당 세력을 포함한 기존 지주들을 대신해 새로운 자본가계층으로 등장한 이들은 과연 누구였는가? 북한에서 공산주의자들을 피해 월남한 이북 출신 집단들이 가장 유력한 세력이었다. 일본은 중국 대륙 진출의 전초지로 북한 지역을 적극 활용하기 위해 일본 본토에서 최고로 우수한 기술자들과 경영자들을 파견해 공업을 발달시켰다. 특히 북한 지역에는 남한 지역에 비해 상대적으로 일반 기업 근무자들이 많았고, 전체 한국인 기술자들 중 일반 기업에 근무하는 비율 역시 남한 지역에 비해 높았다. 이는 북한 지역에 근대적 자본주의 경영 기술과 제조 기술을 이식하는 결과를 초래해 대부분의 고무 공장과 구두 공장이 한국인들에 의해 운영되고 있었다.[129]

따라서 중소 자작농 이상의 계급 기반을 가지고 있던 이북 출신자들은 일제강점기부터 자본주의적 역량과 관료, 기술자로서의 경험을 축적할 수 있었다. 해방 이후에는 기독교와 높은 교육 수준을 바탕으로 미군정 고급 관료직에 대거 진출했다. 이미 살펴본 것처럼 이들은 적산 불하와 원조 물자 배급 등을 통해 서북청년단 등의 동향 출신들을 지원해줄 수 있을 만큼 충분한 역량을 지니고 있었다. 그리고 월남한 사람들은 동향 출신들과의 연계를 통해 좌익 세력들 대신 미군정의 산업 복구 과정에 참여했다.[130]

미군정 시기부터 서북 출신 갑부들의 재정 후원을 받았던 이승만은 1948년 정부 수립 직후부터 이북 출신자들을 사회 지도 세력으로 육성하기 위해 적극 노력했다. 이승만에게는 공산주의에 강한 적대감을 가지고 국방과 치안을 중심으로 한 거의 모든 분야에서 국가 건설에 헌신적으로 매진했던 이들에게 보상을 제공해 계속 충성심을 이끌어낼 필요가 있었다. 그리고 이들은 남한 사회에 진입한 지 얼마 되지 않아 이승만에게 의존할 수밖에 없었으므로 장차 한민당을 대신하여 이승만의 경쟁 세력이 될 수도 없었다.

이승만은 이북 출신의 이윤영을 초대 국무총리로 지명했다. 여기에서 자신들을 견제하는 세력을 육성하려는 이승만의 숨은 의도를 읽어낸 한민당은 이윤영의 지역구에 입후보자를 내지 않아 그를 쉽게 당선시켰던 우호적인 태도를 바꾸어 국회에서 그의 국무총리 임명을 부결시켰다. 그러자 이승만은 토지개혁을 통해 한민당을 중심으로 한 기존의 지주 세력을 붕괴시키고 새로운 자본가계층을 육성하려는 노력을 적극적으로 기울였다. 이승만에게는 당시 내각제 개헌안을 제출해 강력한 정치적 경쟁 세력으로 부상한 민주국민당을 재정적으로 뒷받침하던 지주계층 대신 새로운 세력을 육성할 정치적인 필요성이 있었다. 이렇게 기존의 지주계층들이 몰락하고 이북 출신자들이 새로운 자본가계층으로 부상하면서 일종의 세력 균형이 형성되었고, 이승만은 최고 지도자로서의 위치를 공고히 할 수 있었다.

의무교육 실시와 근대인의 정체성 수립

농지개혁은 교육에도 영향을 미쳐, 교육기관의 폭발적 증가와 이와 결합한 양질의 대규모 노동력을 형성했다. 즉 일제강점기와 미군정기라는 거대한 사회변동을 체험한 많은 농민들이 교육이야말로 자식들에게 물려줄 수 있는 유일한 자산임을 인식하게 된 것이다. 농지개혁을 통해 소작료에 대한 부담에서 해방된 농민들은 발생한 이익을 교육비에 투입했다. 대학 교육을 자식에게 물려줄 수 있는 가장 확실한 유산으로 판단했기 때문이다.[131] 농지개혁으로 인한 전 국민의 사회적 평준화 현상은 새로운 출발선상에 선 일반 국민들이 계층 상승 이동을 위해 높은 교육열을 갖는 데 큰 역할을 했다.

대한민국이 출범한 뒤에도 국가의 구성원들은 아직 대한민국의 일원이라는 정체성을 갖지 못했기 때문에 1948년 수립된 정부는 단지 사법상의 국가Juridical State에 불과했다. 1945년 해방 당시 한국의 문맹률은

78%에 달했고, 대학 졸업자 역시 7,500여 명으로 전체 인구의 1%에 불과했다. 따라서 교육은 대한민국의 국민이라는 정체성을 만들어내기 위해 가장 중요하고 기초적인 부분이었다.

정부 수립 초기와 1950년대의 교육은 주어진 영토 범위 내의 주민을 대한민국 국민으로 만들어가는 과정의 일환이었다. 국가는 광범위한 학교교육, 언론과 선전 홍보를 위한 대중 집회, 새로운 의식과 생활에 대한 강조를 통해 새로운 국민으로 다시 탄생할 것을 요구하고 주입시키려고 노력했다. 당시 공보처는 정부의 시책과 방안, 법령들을 국민에게 널리 알려 국민들이 대한민국 건설에 자발적으로 협력하게 하고 준법정신과 의무 이행률을 높이려는 목적하에 『주보』를 창간해[132] 국가 시책이 말단까지 전달될 수 있도록 강조했다.[133]

특히 제1공화국은 이미 정부 수립 초기부터 임시정부가 강조하고 있었던 남녀 교육 균등 원칙과 교육 기회 균등의 광범위한 구현을 표방하고 있었고,[134] 이는 이승만의 1951년 광복절 기념사에서도 드러난다.

이 정부는 일반 국민 각 개인의 정부입니다. 이 정부는 군주나 양반이나 혹은 다른 권력 계급에 속하는 것은 아닙니다. 즉 우리 남녀 빈부유, 무식을 막론하고 우리 일반 국민에게 속한 것입니다. 모든 국민은 같이 우리 헌법 밑에서는 평등한 권리를 가진 것입니다. 모든 정부 관리는 대통령 이하 다 같이 나라의 공복입니다. 그런 까닭으로 보통교육을 가장 중요히 여기는 바입니다. 사람마다 각각 배우며 자녀를 교육해야만 나라를 다스릴 줄 알고 복리를 보유할 수 있는 것입니다.[135]

이러한 분위기 속에서 정부는 1950년 6월 1일부터 초등학교 의무교육제도를 실시해 문맹을 퇴치하고, 한글 전용 정책에 입각해 국민교육을 실시하기로 한다. 국가는 문맹을 퇴치하고 문자 해독이 가능한 인구를 증가시켜 법률 성문화의 토대를 마련하고 국가권력에 대한 집단의식을 높임으로써 행정력을 증가시킬 수 있기 때문에 문맹 퇴치와 한글 전용 정책은 매우 중요한 의미를 지닌다. 또 초등학교 의무교육제 역시 미군정 시기부터 그 필요성이 제기되었지만 1952년경에나 추진될 수 있다고 예상했던 정책이었는데, 제1공화국이 과감하게 추진한 것이다.

이러한 조치들을 통해 전 국민에게 근대인의 정체성을 형성할 수 있는 교육이 지속적으로 실시됨으로써 근대국가로 발전할 수 있는 전환점이 마련되었다. 이미 1949년부터 안보 분야 예산이 필연적으로 증가되던 상황에서도 기획처장 이순탁은 학교 및 사회 교육제도에서 의무교육을 정착시키고 교육의 기회균등을 기할 것을 강조하고 있었다.[136] 문교부는 1946년의 인구표를 기초 자료로 삼아 매년 실제 적령 아동 수를 산출해[137] 의무교육 완성 6개년 계획을 추진했다. 그리고 초등학교 의무교육을 성공적으로 실시하기 위해 재정적 어려움에도 초등학교 교원들에게는 최대한 많은 봉급을 지불해 사회적 지위를 보장하려고 했다. 이는 공보처 통계국과 조선은행 조사국이 민생 문제 해결책을 강구하기 위한 기본 통계자료 작성을 위해 실시한 공동 조사에 잘 드러나 있다. 당시 봉급생활자 중 초등학교 교원의 월급은 상위권에 속하는 3위를 차지하고 있었다.[138]

이렇게 토지개혁은 경제적·물적 자원의 증가뿐만 아니라 국민들의 교육열을 고무하고 초등학교 의무교육 실시의 기반을 마련해주었다. 그리고 국민들은 교육을 통해 국가권력을 빠르게 수용함으로써 국가의 행정력을 증가시키고 중앙집권화를 촉진하는 효과 또한 낳았다.

중도파의 국가 건설 참여

출범 초기 존립 자체가 위태로워 보였던 제1공화국이 위기를 극복하고 점차 국가의 모습을 갖추어나가자, 1948년 5월 10일 실시된 제헌의회 선거에 참여하길 거부했던 중도파 세력들 역시 제1공화국의 국가 건설에 참여한다. 이승만이 국회 개회식 때 대한민국 임시정부 법통 계승을 언급하자 현재 의원 형태에는 대한민국 임시정부의 법통을 계승하는 어떤 조건도 없다고 반응했던 김구와 달리,[139] 다수의 임시정부 출신 인사들과 중도파 인사들은 점차 대한민국의 건국을 현실로 받아들이고 국가 건설에 참여하고자 했다.

삼균주의의 주창자인 조소앙 역시 대한민국 건국과 그 과정에 참여하는 데 매우 긍정적이고 적극적인 입장이었다. 초대 국무총리 후보로도 거론되었던 그는 "대한민국의 일이라면 국무총리 아니라 소학교 교장이라도 하겠으며, 신정부가 수립되었다는 것만으로도 유쾌하다"고 밝힌 바 있었다.[140] 나아가 그는 대한민국의 지위 및 건국 강령 등에 대한 성명서를 발표하고, 제1공화국에 참여하기를 거부하는 한국독립당을 탈당해 신당을 추진함으로써 자신의 입장을 구체화했다.

서울에 있는 대한민국은 그 전신이 피 두루마기를 입은 3·1 운동의 골격이며 5천 년 독립 민족의 적자이며, 민족 진영의 최고 조직임을 이에 천명한다. 자신이 참가하지 않았다고 자당의 정책이 집행되지 못했으며 주권과 영토가 완성되지 못했다는 이유로 대한민국을 거부할 이유가 발견되지 않는 것이다. 따라서 입각된 인물론, 정책론을 초월해 대한민국을 최고도로 발전케 할 의무가 규정되는 것이다.[141]

또 안재홍은 남과 북이 하나로 통일된 단일민족국가 수립을 계속 추진하면서도 대한민국을 수용하고 앞으로의 미래를 제시했다.

남한에 국한되어 있는 대한민국은 국제연합 다수국의 결이 지지에 의해 차선적인 방책으로 수립되었고, 금후로 다수국의 승인 지지를 기해 달성될 것이다. 그러나 그것보다도 남한에서나마 어떻게 대다수 민중의 신뢰와 지지를 받는 민주적인 정치가 점차적 실천됨에 토지와 산업 경제의 제 기구가 어떠한 균등 사회 공영 국가에로 지향 건설하는가의 문제가 남아 있다.[142]

이미 5·10 제헌의회 선거 당시에도 비공식적으로는 전국 각지의 민족자주연맹 소속 당원들에게 출마를 권유한 바 있었던 김규식[143] 역시 1949년 3·1절 기념사에서 남북협상에 의한 평화적인 남북 통일 정부 수립의 꿈을 주장하면서도 대한민국의 수립을 긍정적으로 평가했다.

우리가 이제 기미운동 꼭 30주년 기념을 맞이하는 데 있어서 아직까지도 남북이 통일되지는 못한 남한만이라도 한국이 유엔 승인을 받은 것을 계기해 금년 3·1절 기념은 과거 30년간 기념식과는 완전히 다른 것이다. 즉 기념에 의식 절차만을 경과하고 감상담과 희망의 조건만 말하며 만세 삼창이나 시위 행렬로만 그치는 것이 아니라 명실상부한 실질 있는 기념일이 되어야 할 것이며 좋거나 언짢거나 각 개인의 마음에 맞거나 안 맞거나 우리나라의 기쁨을 날리는 우리의 이 기념을 처음으로 맞이하는 것은 역사적으로나 현실적으로나 보아서 그 의의가 깊다 아니할 수 없다.[144]

김규식이 연설한 지 일주일 후 김규식과 민족자주연맹을 함께해왔던 백상규 등 20여 명이 민주국민당에 합류했다.[145] 이승만 대신 김규식을 대통령 후보로 옹립하려고 했던 민주국민당은 서상일을 통해 김규식에게 자신들의 당에 입당해 현실 정치에 참여할 것을 적극 권유하고 있었다.[146]

제헌의회 선거를 거부했던 다수의 중도파들도 1950년 5월 30일 실시된 제2대 국회의원 선거에서 대부분 무소속으로 입후보해 당선되었다.[147] 특히 삼균주의의 아버지인 조소앙은 전국 최다 득표로 당선되었다. 당시 조소앙의 경쟁자였던 조병옥은 임시정부 요인들이 집권하지 못하고 있는 가운데 해외에서 온갖 고초를 겪어가며 망명 생활을 한 조소앙에게 유권자들의 동정이 쏠린 것을 그의 승인으로 꼽았다.[148] 이렇게 제2대 국회는 안재홍, 조소앙, 원세훈, 윤기섭, 오하영 등의 중도파 당선자들이 중도 무소속 세력을 이끌고 새로운 정치를 펼칠 것을 다짐하는 분위기였다.

국민들이 국가안보 문제를 해결하려는 이승만 정부의 노력에 적극 호응하고 있었고, 전쟁 발발설이 사회 전반에 유포되고 있던 가운데 이런 선거 결과가 나왔다는 데 주목해보자. 즉 이는 대중들이 현실적인 생존을 위해 국가안보의 과제에 집중하는 대한민국을 지지하면서도 민족주의의 이상인 남북통일의 꿈을 포기하지 않았다는 것을 보여준다. 국민들은 남한에 근대국가를 건설해야 한다는 사실을 현실적으로 인정하면서도 민족주의적 대의명분에 기초한 통일 민족국가 건설의 꿈 역시 단념하지 않고 있었던 것이다.

더욱 흥미로운 것은 당시의 많은 신문들이 제헌국회 의원 중 재선된 이가 전체 의원 수의 15%에도 미치지 못하는 31명에 불과했고,* 무소속 의원이 60%를 점하는 126명으로 늘어난 제2대 국회의원 선거 결과를 이승만이 아닌 한민당 세력에 대한 심판으로 간주했다는 점이다. 국민들의 생각은 한민당 세력을 중심으로 민국당이 추진했던 내각제 개헌 추진안에 대해 국민의 72%가 반대한 여론조사를 통해 이미 드러난 바 있었다.149 당시 이승만의 인기는 나쁘지 않았다. 드럼라이트 주한 미국 특별대표부 특사 대리는 1949년 3월 28일 국무장관에게 보낸 전문에서 다음과 같이 보고했다.

불안정한 출범 이후 한국 정부는 현재 안정되고 있다. 내각은 상당히

---

* 이들 중에서도 서울에서 재선된 의원들은 광복군 총사령관 출신의 지청천과 임시정부 출신의 신익희뿐이었다.

강화되었으며, 비록 서구 기준으로 볼 때는 낮은 수준이지만 정부의 효율성은 점차 개선되고 있다. 이승만은 정부 내에서 여전히 지배력을 장악하고 있으며 취임 당시 받았던 대단한 인기를 얻고 있다. 상당히 행정부로부터 독립적인 위치에 놓여 있음에도 불구하고 국회는 여하한 위험이 닥칠 경우 이승만을 지원할 것으로 보인다.[150]

대한청년단 출범과 토지개혁 과정 등에서 이미 중재자로 기능하고 있었던 이승만은 제2대 국회의원 선거를 전후해 중도 세력 중심으로 재편되던 정국에서 다시금 그 역할을 발휘했다.[151] 이에 다수의 언론이 중도파와 이승만 세력의 연대를 통해 새로운 정치가 펼쳐지기를 열망하고 있었다. 조소앙, 원세훈 등 중도파의 중진들 역시 이승만과 회동하며, 사실상의 여당으로 기능하고 있던 대한국민당과의 합당 혹은 입당 절차를 추진했다.

조소앙이 이끌던 사회당은 대한국민당과의 구체적인 합당 절차를 놓고 상당한 진전을 보이고 있었다.[152] 대한국민당은 중도파의 안재홍, 윤기섭 등과도 입당 교섭을 벌였는데, 그 일을 맡았던 사람은 이승만의 비서로 초대 내무장관을 지낸 윤치영이었다. 이승만 역시 자신이 지방 유세 중 중도파를 뽑지 말라고 호소했던 것은 그들의 선출을 반대한 것이 아니라 대통령으로서의 의사를 표시한 것이라고 밝히며 전향적인 태도를 보였다. 나아가 이들의 출마 자체가 대한민국 정부를 지지한다는 것이며, 이들이 민의에 의해 당선된 이상 앞으로 서로 잘 협력해나갈 수 있을 것이라고 밝혔다.

제헌국회 말기부터 민주국민당이 발의한 내각제 개헌안에 시달리고 있었던 이승만은 이를 저지하기 위해서는 최대 정파로 급부상한 중도파 세력과 제휴를 추진할 수밖에 없었다. 민국당 소속 서상일 외 78명 의원의 제안으로 국회에 내각책임제 개헌안이 제출되자 이승만은 이를 적극적으로 반대했다.[153] 그리고 개헌안이 부결된 이후에도 내각책임제에 대한 반대 의견을 재차 밝혔기[154] 때문에 민국당에 대항할 세력이 필요했던 것이다.

한편 상해 임시정부 시절 탄핵에 직면한 이승만에게 쿠데타를 일으켜 집정관의 위치에 오를 것을 적극 권유했던 조소앙과 이승만 간의 친밀한 관계*는 차치하고, 대한국민당의 정강 역시 "정치, 경제, 교육 등 각 방면에 있어 국민 균등의 복리 증진을 기한다"[155]고 밝히는 등 삼균주의의 강령을 접목하고 있어 조소앙과의 연대에 큰 문제가 없었다. 이른바 일민주의에 기초한 대한국민당의 선거 전술 역시 "일민주의의 기치하에 정치적, 사회적 균등 사회를 건설한다는 슬로건으로써 정부 시책에 협력하고 있는 국민 대중의 심리를 자극하는 것"이었다.[156]

이미 대한국민당은 제2대 국회의원 선거 전부터 배은희, 신흥우 등을 통해 중도 우파와 진보 계열인 사회당의 조소앙, 신생회의 안재홍, 대한노농당의 이훈구, 명제세 등과 평민당이라는 이름으로 정당을 결성하기로 합의한 상황이었다.[157] 제2대 국회의원 선거 이후에는 조봉암, 윤석구, 김웅진, 황두연, 이인 등의 중도, 진보 계열 성향 의원들이 전면에 나서, 이승만을 중심으로 임시정부의 이념이었던 삼균주의를 흡수해 이를 이념 자원으로 삼음으로써 국민들의 국가 건설에의 참여를 촉진시키려

---

* 조소앙은 상해 임시정부가 대통령 이승만을 탄핵·면직하고 두 달 정도 지난 1925년 5월 16일 이승만에게 보낸 편지에서 대한 무력 쿠데타를 권유했다. 그는 또 다른 방안으로 하와이에서 임시 의정원을 소집해 새 정부를 조직하자는 급진적인 '권력 만회 구상'을 제안하기도 했다. 유영익, 『이승만 동문 서한집 하』(서울: 연세대학교출판부, 2009), pp. 312-313.

고 했던 것이다.

한편 한민당계 의원들이 대거 낙선한 후 신익희, 지청천 등이 지도부를 이끌고 있던 민주국민당* 역시 김규식의 영입을 모색하면서도 여당 격인 대한국민당과는 차기 국회에서 반공 블록을 형성할 것을 논의하고 있었다.[158] 이로써 정국의 주역으로 부상한 중도파와 여당인 대한국민당, 야당인 민주국민당 간의 세력 균등을 이승만이 중재하는 모양새가 연출되었다. 실제로 대한국민당은 선거 이전부터 모든 정당 단체가 간판을 떼고 일거에 연립 대정권을 실현하자고 제의했는데,[159] 이승만이 중재한 정치 세력들 간의 권력 균등은 삼균주의와 교묘히 연결되어 정당화되었다. 임시정부가 귀국한 직후인 1945년 12월에 『자유신문』이 게재한 다음의 기사는 임시정부의 정치를 일종의 세력 균등으로 인식하고 있었던 일반인들의 생각을 반영하고 있다.

> 임시정부는 현재에 있어 사상적으로만 아니라 사실상으로 혁명적 사상의 3세력의 합동이다. 그러므로 우리는 이것을 지지하는 동시에 세력의 균등을 요구한다.[160]

물론 당시에도 일민주의라는 용어 자체가 모든 정파를 자기 중심으로 결집시키려는 이승만의 비책에 불과할 뿐이며,[161] 대한국민당 역시 일민주의 외에는 당 정책에 대해 아무런 발표도 없는 이승만 대통령의 어용

---

* 한국민주당과 통합했지만 지도부의 상당수를 임시정부 출신 인사로 내세웠던 민주국민당 역시 그 정강에서 1)경제적 기회 균등을 원칙으로 민족 자주경제의 수립을 기하고, 2)교육 및 보건의 기회 균등, 3)8시간 노동제, 최저임금제의 원칙 확립, 4)철도, 기타 교통기관, 통신기관의 국영 또는 국가 관리, 5)농민 본위의 토지 분배의 조속 실시, 6)실업보험 및 기타 사회보험 제도의 실시 등의 항목을 통해 삼균주의의 계승과 임시정부로부터의 영향을 분명히 하고 있다.

기관이라는 비판이 제기되고 있었다.[162] 그러나 지금의 시각에서는 너무나 어색하고 선뜻 이해가 가지 않는 이른바 '순치된 여야 관계'가 전개되었는데, 그것은 다음과 같은 배경들로 인해 가능했다.

먼저 해방 이전부터 홍업구락부를 통해 우파 및 민족주의 좌파 모두와 광범위한 연계를 맺고 있던 이승만은 태평양전쟁 때 단파방송 사건을 통해 민족 전체를 아우를 수 있는 최고 지도자로서의 명성과 지명도를 공고히 했고,[163] 이는 대한민국 건국으로 확고해졌다. 당시 한국민주당에서 민주국민당으로 이어지는 보수 야당 세력**이나 중도 세력의 지도자들*** 역시 모두 한때라도 이승만과 밀월 관계를 가졌고, 그들이 야당으로 변신한 것 역시 이승만에게 소외된 데에서 비롯된 것이었던 만큼 이승만의 권위 자체를 의심하는 야당 세력은 거의 없었다.

다음으로 농지개혁이 이루어지면서 기존의 지배 엘리트 구조는 근본적으로 변화했다. 지주계급이 몰락하기 시작하면서 가장 조직적인 반이승만 세력이었던 한민당과 민국당의 정치 능력도 한동안 제한적일 수밖에 없었다. 이는 반공 이데올로기의 성장과 결합해 한동안 이승만의 독주를 가능케 하는 정치 공백 상황을 야기했다.[164]

** 민주국민당의 신익희는 일민주의가 루소의 천부인권설에 공명한 이승만이 제창한 것으로, 민족은 하나뿐이며 모든 정치는 백성을 위한 전부임을 표방한다고 적극 옹호했다. 『서울신문』, 1949년 1월 11일, 「신익희 국회의장, 대한국민당 개성시당부 결성식에서 정계 통합 등에 대해 기자와 문답」.
*** 안재홍은 일민주의 정강을 내세운 평민당이 아직 말로만 행해지는 논의의 단계를 벗어나지 못했지만 결합 구국운동으로서 민족 진영 협동 단결의 첫걸음이 될 수 있다고 진술했다. 『한성일보』, 1950년 1월 1일, 「안재홍, 1950년 신년 연두 담화를 발표」. 또 임시정부 정통론을 끝까지 고수했던 사회당의 조직부장 백홍균은 민족 진영 대단결과 민족주의 강화를 목표로 사회당을 탈당하고 대한국민당에 입당했다. 『서울신문』, 1950년 1월 18일, 「백홍균 사회당 조직부장, 사회당을 탈당하고 대한국민당에 입당」.

국가성의 획득과 기획처의 활약

점차 제1공화국이 안정화되어감에 따라 국가 내부의 자생적인 발전의 측면 역시 나타나기 시작했다. 특히 아직 근대국가의 초기 단계에 머무르고 있던 대한민국이 기획처장 이순탁과 기획처의 중도파 관료들에 의해 재난 구호와 토지개혁, 자립 재정의 기틀을 마련하고 있었다는 사실은 매우 흥미롭다.

경제기획원의 전신에 해당하는 기획처는 과도정부 중앙경제위원회, 중앙물자행정처, 중앙물가행정처, 재무부, 사계국(국가의 재정에 관한 사무 담당)과 중앙관재처를 인수했다. 기획처는 이를 토대로 비서실, 예산국, 경제기획국, 물동계획국, 물가계획국과 임시관재국을 두고 정부의 예산과 결산, 국가 경제에 관한 종합적 계획의 수립, 물자 수급과 물가정책의 종합적 계획 수립에 관한 사무를 담당했다.[165]

그동안 기존 연구에서는 1948년 이후 기획 업무를 담당해왔던 기획처장이 장관급에 미치지 못하고 권한도 적었다고 기술해왔다.[166] 하지만 기획처장을 역임한 인물이 상공부 장관으로 영전하거나 상공부 장관을 하던 인물이 기획처장을 역임하는 경우가 많았던 데에서 알 수 있듯, 기획처는 제1공화국 초기에 많은 역할을 담당하던 매우 중요한 기관이었다. 당시 제헌헌법에 내포된 계획경제와 경제통제 실현의 정신을 현실화하기 위해서는 합리적이고 치밀한 계획하에 강력한 행정력을 발휘할 수 있는 행정기구가 필요했는데, 1948년 7월 17일 제정된 정부조직법에 의해 설치된 기획처가 바로 그 기구였다. 초대 기획처장으로 임명된 이순탁은 당시 그 누구보다 제헌헌법을 잘 이해하는 인물이었다. 또한 그는 자유주의 경제정책으로는 당면 과제를 해결할 수 없으므로 종합적인 국가 계획 수립이 필요하다는 입장을 견지하고 있었으므로 당시 기획처는 생산과 분배를 계획경제체제로 운영하려는 중간파의 의사를 대변했다.[167]

이순탁은 미군정 시절부터 좌우합작의 중도 노선을 견지했고 관선 과도입법의원으로서 토지개혁을 주도했다. 그는 제1공화국 출범 직후 도시의 점진 불하를 주장하며 연평균 수확량의 200%를 매년 20%씩 10년에 걸쳐 상환하는 유상몰수 유상분배의 농지개혁 법안을 마련한 장본인이었다. 또 그는 미군정 시기의 방만한 자유경제 추진이 우리 실정에 맞지 않아 계획경제가 필요하며, 대한민국의 헌법에는 경제 면에서 계획경제의 취지가 충분히 나타나 있다고 생각했다.[168]

제1공화국 초기 정부기구의 하급 관료직에는 미군정 소속 직원들이 대부분 등용되었지만 국·과장급의 경우 장관 의중에 따라 구성되었는데, 이는 1949년 8월 제정된 '국가공무원법'이 장관 등의 인사권자에게 2~5급 공무원의 임용에 관해 거의 무제한적인 재량권을 부여하고 있었기 때문이다.[169] 따라서 기획처 같은 신설 기구의 경우 대부분 처장의 의중에 따라 구성원이 결정되었다.

기획처와 이순탁의 공헌은 다음과 같이 요약할 수 있다. 먼저 기획처가 기초한 연 20% 10년 상환을 주장한 농지개혁 법안은, 강력한 농지개혁을 주장한 서상일, 조헌영 의원 등이 중심이 되어 기초한 산업분과위원회안의 중심이 되었다.[170] 다음으로 기획처는 제1공화국이 불과 1년 만에 흑자재정을 기록할 수 있도록 예산을 편성했고,* 미국은 이를 높이 평가해 대규모의 대한 원조를 계속 제공했다. 한편 기획처는 여수·순천 사건 당시 단시간에 복구가 이루어질 수 있도록 정확한 피해 규모를 파악하여 예산을 편성했다.[171] 무엇보다 기획처장 이순탁이 위원장을 맡고 있던 경제기획위원회가 장기적인 경제 부흥을 추진하기 위해 한국 최초의 경제개발계획을 입안했다.[172] 한국 경제의 특징인 정부에 의한 통제와 경제계획 수립 구상이 이미 이순탁의 시기에서부터 나타나고 있었던 것이다.

1950년 6월 25일 한국전쟁이 발생하기 직전, 예산이 균형을 이루고 세입이 증가했으며 외환이 안정되는 가운데 한국의 경제 전망은 바람직한 전환점을 맞이하고 있었다.[173] 1950년 4월 1일~6월 25일 전까지의 예산 집행 실적 결과, 유례없는 1,600만 원의 흑자를 보였으며 통화량도 점차 축소되고 물가 역시 보합 상태를 유지하고 있었다.[174] 미군이 완전

---

* 이순탁에 따르면 1949년의 예산 편성 방침은 국방과 치안, 동력 확충, 식량 증산, 조림 사업, 의무교육 및 전재민 구호 사업에 치중되어 있었다. 따라서 최대한의 경비 절약을 통해 국민의 부담을 경감시키기 위해 노력했음에도 불구하고 신흥국가로서의 복구 건축 사업이 너무 많아 적자재정이 불가피했다. 하지만 1950년도 예산은 국가 관업 사업의 주요 부문인 교통, 전매, 체신 사업 등을 일반회계로부터 분리 독립시켜 특별회계로 편성함으로써 각 사업의 특수성을 살리면서 사업 자체의 수지 균형이 맞도록 꾀했다. 『서울신문』, 1949년 7월 12일, 「이순탁 기획처장, 4283년도 예산편성 방침을 발표」.

철수하면 쉽게 무너질 것 같았던 제1공화국은 미국의 지원이 기대에 훨씬 미치지 못했는데도 경제의 부분적 회복과 균형재정 덕분에 한계 속에서도 점차 국가성을 획득해나가고 있었다.[175] 미국의 도움 외에 한국 자체의 논의와 개선책들을 제시함으로써, 60여 년 후 한국보다 수백 배의 재정 지원을 받았던 다른 국가들에 비해 매우 신속하게 균형재정을 달성했던 것은 매우 놀랍고 고무적인 사실이었다. 실제로 랜드 연구소에서는 신생국가들의 장기적인 개발을 위한 최우선 사항으로 균형예산 달성을 통한 인플레이션 통제를 꼽는다.[176] 이는 제1공화국이 불과 3년여 만에 균형예산을 달성하고 인플레이션을 억제한 것이 얼마나 대단한 성취였는지를 보여준다.

1950년 6월 19일자 미국 중앙정보부 보고서 역시 한국이 중국과 달리 1950년 4월까지 재빨리 경제 상황을 개선시켰고 안정된 정부, 충성스러운 군대를 가지게 됨으로써 소련의 팽창주의에 대한 트루먼독트린의 저항이 희망이 없는 것이 아님을 증명했다고 보고 있었다.[177]

6장

근대국가의 기틀을
마련하다

과대 성장 국가론의 신화

취약국가 형성 과정에서 발견되는 한국 특유의 특징

랜드 연구소의 연구 역시 치안을 국가 건설의 최우선 과제로 제시한다. 최소한의 치안과 안보가 달성된 이후 시민사회가 출현할 수 있는 경제성장의 기반이 제공되고, 최종적으로 외부 지원 없이도 생존할 수 있는 시민사회가 법체계를 바탕으로 나타나기 시작하는 것이다. 무엇보다 치안과 안보는 시민사회가 출현할 수 있는 경제성장의 기반을 제공하는 개발의 필수적인 전제 조건이다.

그나마 이승만과 조선민족청년단 같은 우익 청년단 등이 국가 건설의 주역으로 간주될 수 있었으나, 이들도 무리하게 이념 자원을 통해 자원을 동원하는 과정에서 국가의 취약성을 깊이 인식한 나머지 조급해하며 국민들에게 전제 권력을 행사하는 경향이 있었다. 이러한 국가 운영, 유지 방식 때문에 이들은 국민들에게 분노와 원망의 대상이 되었다. 따라서 취약국가 대한민국의 국가 건설은 주인공이 없는 국가 건설이라는 유형으로 진행되었다.

과대 성장 국가론의 신화

결코 많지 않았던 경찰 병력과 부족했던 군대 병력

지금까지 살펴본 미군정과 대한민국 초기의 국가 건설 과정은 과대 성장 국가론에서 주장해왔던 담론들에 대한 재검토가 필요하다는 것을 보여준다. 특히 그 역할이 강조되었던 경찰과 군대 병력의 경우가 그렇다.

표 VI-1은 실제 국가 건설 과정에 투입되는 비용과 인력을 수치화한 랜드 연구소의 표준 국가 모델과 미군정 시기와 제1공화국 초기의 한국을 비교한 것이다. 1945~1950년의 한국은 사실상 내전 상태에 있었다고 간주할 수 있으므로 나는 평화 유지 활동과 평화 집행 활동 두 가지를 제시한 랜드 연구소 표준 국가 모델 중 평화 집행 활동 시의 비용과 인력을 선택해 두 사례를 비교했다.

나는 다음의 두 가지 사항을 고려했다. 먼저 미군정과 제1공화국 초

	미군정~제1공화국 한국/북한		랜드 연구소 표준 국가 모델 (평화 집행 활동)
인구	2,100만 명(1949년)[1]		500만 명
1인당 국민소득	40달러[2]		500달러
총 국가 건설 비용	약 24억 달러(미군정 시기)		약 624억 달러
한국 경찰/북한 통역/ 북한 위관급 장교 봉급	3달러[3] / 40달러[4] / 260달러[5]		1,500달러
경찰 병력	1945년	15,000명	60,000명(15,000명×4)
	1946년	22,620명	
	1947년	28,552명	
	1948년	35,000명[6]	
	1949년		
	1950년	48,010명[7]	
군대 병력	1945년	77,643명	20~40만 명(5~10만 명×4)
	1946년	44,382명	
	1947년	58,985명	
	1948년	75,492명*/77,000명	
	1949년	85,000명/97,000명	
	1950년	105,752명/198,360명**	
경찰 예산	1945년	202.5백만 원	7,200만 달러 (1,800만 달러×4)
	1946년	147백만 원	
	1947년	2,016.5백만 원	
	1948년	2.4십억 원[8]	
	1949년	10.6십억 원	
	1950년	13.4십억 원[9]	
국방비 예산	1945년	0.1백만 원	2억 달러(5,000만 달러×4)
	1946년	826.5백만 원	
	1947년	1,991백만 원	
	1948년	8.1십억 원[10]	
	1949년	24십억 원	
	1950년	25.1십억 원[11]	
전체 예산	1945년		624억 달러(156억 달러×4)
	1946년	202,300천 달러	
	1947년	277,628천 달러	
	1948년	244,500천 달러***	
	1949년	77.6십억 원	
	1950년	105.6십억 원[12]	

● 표 VI-1) 미군정~제1공화국 초기와 랜드 연구소 표준 국가 모델****

기의 한국과 비교해서 랜드 연구소의 표준 국가 모델은 총인구수가 4배 정도 적기 때문에 경찰과 군 병력을 계산할 때 표준 국가 모델이 필요로 하는 인력에 4배를 곱했다. 이에 랜드 연구소 표준 국가 모델의 경찰 예산, 국방비 예산, 전체 예산에도 4배를 곱해주었다. 또한 1945~1950년 한국의 전체 예산을 산정할 때는 13배를 곱했는데, 이는 현재 아이티나 시에라리온에 해당하는 랜드 연구소의 표준 국가 모델과 당시 한국의 경제적·물적 상황이 거의 대등하다고 상정했기 때문이다.

군대와 경찰 병력을 비교해보면, 미군정 때는 랜드 연구소 표준 국가 모델과 비교해 25~58%의 경찰과 11~19%에 불과한 군대를, 그리고 제1공화국 때는 80%의 경찰과 26%에 불과한 군대를 보유하고 있었다. 경찰의 경우 군대에 비해 랜드 연구소 표준 국가 모델에 근접해 있었지만, 랜드 연구소의 연구에서 국가 건설 시에 군대는 축소하고 경찰은 강화할 것을 권유하고 있음[13]을 고려하면, 경찰의 수는 결코 많은 것이 아니고 군대의 경우에는 굉장히 부족했다는 것을 알 수 있다.

전체 예산을 살펴보면, 랜드 연구소의 표준 국가 모델은 연간 624억

---

* 남조선국방경비대의 수를 파악하기 위한 *G-2 Summary*는 HQ, USAFIK *G-2 weekly summary* 1-5권, 1990과 *G-2 Summary*를 참조해 작성한 서주석, 2008, p. 167의 〈도표 IV-4〉, 주한 미군의 수는 박찬표, 2007, p. 214의 〈표 4〉 미 전술군 및 군정 요원 규모 추이와 p. 216의 〈표 6〉 조선경비대, 해안경비대 증강 추이를 각각 인용해 작성했다.

** 먼저 한국군 자료는 다음의 자료를 참조했다. *FRUS 1949*, Vol. VII. 1949년 6월 27일, "Memorandum by the Department of the Army to the Department of State," pp. 1046-1057. 대한민국 국방부 전사편찬위원회 편, 1967, p. 109. 북한군의 증강 사항에 대해서는 다음의 자료들을 참고했다. 박종효, 2010, pp. 331-333. 장준익, 1991, p. 134.

*** 이는 박찬표, 2007, p. 314를 재인용한 것이나 나는 여기에 1947년 미국 해외청산위원회 (OFLC)가 차관 형식으로 제공한 총 2,442만 8,000달러 규모의 유상원조를 합산했다. 미국이 제공한 유상원조에 관해서는 서주석, 2008, p. 259를 참조하라.

**** 1949년의 '경찰 병력' 인원은 이를 확정한 선행 연구가 없고, 여러 자료들을 대조해보아도 확정하기 어려워 공란으로 두었다. 1945년의 '전체 예산'액도 마찬가지 경우다.

달러의 전체 예산을 필요로 하는데 미군정기에는 약 24억 달러로 1/26에 불과하다. 특히 미군정기의 경우에는 적당한 기준을 적용할 수 없어 당시 경제 사정에 따른 환율 보정을 하지 않은 수치이므로 이 차이는 더욱 벌어질 수 있다. 제1공화국의 경우 자료가 미비해 직접 비교할 수 없지만 1947년 7월 제2차 미소공동위원회가 결렬된 이후 미국이 본격적으로 국가 건설을 지원해 미군정기보다 사정이 훨씬 나아졌다.

경찰 봉급의 경우 해방 직후 미군정이 지급한 평균 봉급은 3달러로 표준 국가 모델의 경찰에게 지급된 평균 봉급 1,500달러의 1/500에도 미치지 못한다. 뿐만 아니라 북한 위관급 장교에게 지급된 260달러는 물론이고 같은 시기 소련이 북한의 한국인 통역에게 지급한 40달러에도 훨씬 못 미쳐 미국이 소련에 비해 훨씬 적은 비용을 투입했다는 것을 짐작해볼 수 있다.

결론적으로 미군정기와 제1공화국 초기의 국가 건설 과정에는 상대적으로 굉장히 적은 자금과 인력이 투입되어 취약국가가 형성될 수밖에 없는 환경이었다. 그나마 제1공화국의 출범 초기에는 미국이 경제적·물적 자원을 이전보다 훨씬 많이 원조했기 때문에 상황이 조금씩 개선되기 시작했다. 그럼에도 불구하고 제1공화국 역시 여전히 이념 자원을 중심으로 국가 건설을 추진할 수밖에 없었다. 즉 국가 건설에 필요한 자원의 부족을 민족주의적 대의명분에 기초한 이념 자원의 극대화로 메우려고 시도했고, 이는 항일 투쟁 경력과 임시정부의 정통성 등이 중시되었던 초대 내각과 제헌헌법 제정 과정 등에서 잘 드러난다.

하지만 국가안보의 문제가 신생국가의 생존을 위한 최우선 과제로 등장하자 정치적 정당성이 손상되는데도 국가를 살리기 위해 법과 윤리를 초월하는 행동들이 벌어졌다. 즉 국가보안법을 제정하고 반민특위를 해체해 전문적인 행정과 치안의 경험과 기술이 있는 부일 관료들의 정부 잔류를 용인하는 한편, 우익 청년단체들을 통합해 대한청년단을 창설한 후 이들에게 준군사 조직의 지위를 부여하고 치안과 국방의 업무에 참여시켰던 것이다.

한편 이렇게 국가안보가 최우선 과제로 전환되던 와중에 삼균주의와 국가안보를 결합한 일민주의가 과도기적인 이념 자원으로 등장해 대한청년단과 학도호국단 등을 중심으로 국가의 부족한 경제적·물적·인적 자원을 민간 부문에서 동원했다.

랜드 연구소의 연구 역시 치안을 국가 건설의 최우선 과제로 제시한다.* 최소한의 치안과 안보가 달성된 이후 시민사회가 출현할 수 있는 경제성장의 기반이 제공되고, 최종적으로 외부 지원 없이도 생존할 수 있는 시민사회가 법체계를 바탕으로 나타나기 시작하는 것이다.[14] 무엇보다 치안과 안보는 시민사회가 출현할 수 있는 경제성장의 기반을 제공하는 개발의 필수적인 전제 조건[15]이라는 점에서 반드시 중시되어야 했다. 하지만 부작용 역시 발생해, 국가안보라는 목적을 달성하기 위해 동원된 비공식적인 조직이 공식 국가조직들의 권한을 뛰어넘음으로써 국가권력이 이중의 작동 시스템을 지니게 된 것이다. 이로써 한국전쟁 이후에는 정치 깡패가 자유당과 결탁해 한국 사회를 지배하는 현상까지도 나타났다.

---

* 이에 따르면 국가 건설은 1)치안(평화 유지, 법 집행, 법치 안전 부문 개혁) → 2)인도적 구호(난민 귀환 및 잠재적인 전염병, 기아, 피난처 부족에 대한 대응) → 3)경제 안정화(화폐가치 안정화, 지역 및 국제무역이 재개될 수 있는 법 제도적 틀 제공) → 4)민주화(정당, 자유언론, 시민사회, 선거에 필요한 법적, 헌법적 틀 구축) → 5)개발(경제성장, 빈곤 감소, 인프라 향상 추진) 등의 순서로 진행된다. 제임스 도빈스 외, 임을출·손희경 옮김. 『미국 랜드 연구소의 국가건설 어떻게 할 것인가』, 한울, 2010, pp. 31-32.

붕괴를 면하고 근대국가로 전환되어가다

한편 이 시기의 국가가 강한 국가였다는 과대 성장 국가론의 주장에 대해서도 재고할 필요가 있다. 오히려 이 시기의 국가는 약한 국가였으며, 사회 역시 강하지 않았다. 이렇게 약한 국가와 약한 사회가 국가 붕괴의 단계에서 벗어나 근대국가로 전환되어가던 것이 이 시기의 특징이었다. 그렇다면 그것이 가능했던 이유는 과연 무엇인가?

제1공화국은 대중의 목소리를 국가 건설 과정 동원에 대한 교환 대가로 수용해 토지개혁과 초등학교 의무교육 등의 사회 개혁을 추진했다. 이를 통해 국민들의 동의와 귀속감을 증대시킬 수 있었다. 그리고 이를 지켜본 중도파 인사들이 제2대 국회의원 선거를 통해 대한민국을 인정하고 국가 건설에 참여함으로써 정치적 정통성의 이념 자원이 증가했다. 한국전쟁이 발생하기 직전에는 중도파 관료들에 의해 재정균형이 달성되는 등 국가 붕괴의 단계에서 벗어나 국가성을 획득하고 있었다. 이러한 제1공화국 초기의 국가 형성 과정을 마이클 만의 국가 건설 과정 모델에 도입해 도식화하면 다음과 같다.

| | | 하부구조적 권력(Infrastructural power) | |
		낮음	높음
전제적 권력 (Despotic Power)	높음	약한 국가(Weak State)	권위주의 국가(Authoritarian State)
	낮음	↑ 취약국가(Vulnerable State) ↓ 파탄국가, 붕괴된 국가=최취약 국가(Failed State & Collapsed State)	관료제 국가(Bureaucratic State)

● 표 VI-2) 근대 이후 비서구 국가들의 국가 건설

표 Ⅵ-2는 마이클 만의 국가별 분류[16]를 비서구 국가들의 국가 건설 과정에 적용해 유형화해본 것이다. 이에 따르면 전제적 권력은 높지만 하부구조적 권력은 낮은 국가는 약한 국가^{Weak State}이며, 두 권력이 모두 낮은 국가는 취약국가로 분류할 수 있다. 취약국가들 중에서도 가장 취약한 국가는 파탄국가나 붕괴된 국가가 된다.

미군정기와 제1공화국 초기의 국가는 국가 건설을 위한 거의 모든 자원이 부족했고, 정치적 정통성과 부르주아라는 정치적·사회적 메커니즘 역시 갖추지 못해 전제적 권력과 하부구조적 권력 모두가 낮았던 취약국가였다. 하지만 이념 자원을 극대화한 국가 건설 과정에서 민족주의적 대의명분을 지닐 수 있는 제헌헌법 등의 이념 자원을 앞세워 토지개혁과 의무교육을 실시했다. 이를 통해 국민들의 국가에 대한 귀속감을 증가시켜 국가의 자율성을 확대시킴으로써 파탄국가나 붕괴된 국가 단계에서 벗어날 수 있었다.

취약국가 형성 과정에서 발견되는
한국 특유의 특징

지금까지 살펴본 한국에서 취약국가가 형성되는 과정에서 가장 두드러진 특징은 다음과 같이 정리할 수 있을 것이다.

국가가 탄생할 때부터 민족주의를 제대로 흡수하지 못했고, 그로 인한 위기가 한국전쟁 이후 본격화되었다. 스스로 민족주의를 흡수하지 못했다고 판단한 국가는 자신의 취약성에 대해 항상 위기의식을 가지고 있었다. 그리고 이를 의도적으로 감추기 위해 과도하게 국가권력을 행사하는 경향이 있었다. 결국 국가권력의 피해자가 된 국민들에게 국가는 전제적이고 억압적인 존재로 비치게 되었다. 국가 폭력에 대해 공포와 피해 의식을 갖게 된 국민들은 민족주의를 주장했다. 국가 역시 국가 밖에서의 민족주의 요구를 경계하지 않을 수 없었다.

이에 극단적인 국가주의를 부르짖는 제도권과 국가 밖에서 민족주의를 부르짖으며 민주화를 요구하는 운동권 사이의 대결이 심화되었다. 결국 한 국가 안에 민족주의적 성격과 반민족적 성격이 혼재하면서 국가의 민족과 국민에 대한 태도, 그리고 국민들의 정부에 대한 태도 역시 통합되지 못하고 분열되어 혼란이 지속되었다. 국가가 국민의 불신 속에 민족주의를 충분히 흡수하지 못하는 상황이 계속되었다. 하지만 동시에 인적·경제적·물적 자원의 부족 때문에 이념 자원을 국가 건설 과정의 전면에 내세워야 하는 아이러니한 상황 역시 벌어졌다.

이념 자원이 국가 건설 전면에 부상한 이유

보통 민족주의적 대의명분과 정치적 정통성에 의존하는 이념 자원이 국가 건설 과정에서 핵심 역할을 수행한 것은 다음의 이유들 때문이다. 첫째, 국가가 민족주의를 충분히 흡수하지 못한 상황에서 국가 건설에 필요한 거의 모든 자원들이 부족해 근대국가 형성에 필요한 사회적 메커니즘인 부르주아의 형성 역시 늦어져 이념 자원에 대한 의존도가 커졌기 때문이다. 국가는 정치적 정당성이라는 정치적 메커니즘이라도 갖추기 위해 노력할 수밖에 없었다. 따라서 제1공화국은 국민들의 요구를 수용한 사회 개혁을 추진하는 일종의 협상 과정을 통해 자원을 동원하려고 했다. 이에 토지개혁과 초등학교 의무교육을 추진해 국가가 부족한 경제적·물적 자원을 보충하기 시작하면서 사회적 메커니즘인 부르주아가 형성되기 시작했다. 그러면서 인적 자원의 부족 때문에 부일 관료들을 등용해 훼손되었던 민족주의적 대의명분과 국민들의 지지가 다시금 복원되었고, 국가에 대한 귀속감도 강화될 수 있었다.

둘째, 국가 건설에 충분한 자금이 투입되지 못하는 현실이 이후에도 이어졌기 때문이다. 공직자들에게 적은 봉급을 지불할 수밖에 없었던 국가는 애국심이나 민족주의와 같은 이념 자원을 내세워 적은 보상을 합리화했다. 실제로 충북도지사와 임시관재처 총국장[17] 등 고위 공직자들의 비리가 발생하자 이승만은 여전히 처리되지 않고 있던 적산의 관리를 담당해 비리가 잦았던 임시관재처[18] 등의 부서에 일부러 행정 경험은 없지만 자신과 미국에서부터 가까워서 신임할 수 있는 인물들을 대거 등용하는 한편, 공무원들에게 애국심을 호소해 적은 봉급에도 만족하고 국가를 위해 봉사할 것을 지시했다. 이승만은 이른바 '장공속죄'의 논리로 부일 관료들에게 속죄할 것을 권유했다. 제대로 된 보상을 할 수 없었던 국가가 민족에 대한 속죄를 대의명분으로 내세워 적은 보상을 제공하면서도 국가 건설에 참여시키는 것을 정당화했던 것이다.

취약국가 형성의 그림자

이념 자원을 중시한 국가 건설이 낳은 부작용

그럼에도 불구하고 이념 자원이 국가 건설 과정 전면에 부상하면서 다음과 같은 부정적인 영향들 역시 나타났다. 먼저 민족주의적 대의명분과 정치적 정통성은 높으나 국가 관료로서의 능력은 떨어지던 인물들이 국가 건설 과정 초기에 기용되면서 국정 운영에 차질과 비능률이 발생했고, 전문가들이 이들을 대체하기까지 많은 시간이 소모됐다. 또 이들로 인해 민족주의적 대의명분과 정치적 정통성이 낮은 부일 관료들의 기용이 정당화됨으로써 국민들의 국가에 대한 신뢰가 저하되었으며, 이는 국민들의 국가에 대한 귀속감과 이념적 권력 자원이 줄어드는 결과로 이어졌다. 따라서 국가행정이 국민들을 제대로 통제하지 못하는 현실이 계속되었다. 아울러 국가기구에서도 관료의 개인적 능력이나 업무 적합도

보다는 정치적 정통성이 높은 최고위층과의 인간관계가 우선시되고 하나의 관행으로 자리 잡게 되었다.*

둘째, 무엇보다 모든 자원이 부족한 상황이 한국전쟁 이후에도 재연되어 반공, 반일 등과 같은 이념 자원들이 전가의 보도처럼 사용됨으로써 국민들이 지치기 시작하고 이념 자원의 가치가 하락했다. 특히 일민주의의 경우 국민들에게 경멸의 대상이 되어 사라졌고, 절대적인 권위를 지니고 있었던 이승만 역시 점차 추락했다. 결과적으로 모든 자원이 부족한 악순환이 반복되는 가운데 국가 건설의 주체가 모호해졌다. 그나마 이승만과 조선민족청년단 같은 우익 청년단 등이 국가 건설의 주역으로 간주될 수 있었으나, 이들도 무리하게 이념 자원을 통해 자원을 동원하는 과정에서 국가의 취약성을 깊이 인식한 나머지 조급해하며 국민들에게 전제 권력을 행사하는 경향이 있었다. 이러한 국가 운영, 유지 방식 때문에 이들은 국민들에게 분노와 원망의 대상이 되었다. 따라서 취약국가 대한민국의 국가 건설은 주인공이 없는 국가 건설이라는 유형으로 진행되었다.

미국에 의존한 국가 건설이 낳은 특징

이와 함께 경제적·군사적으로 미국에 의존해 진행된 국가 건설은 또 다른 특징들을 낳았다. 첫째, 기반과 능력이 부족하던 국가가 미국의 지원으로 빠른 시간 내에 국가를 형성함으로써 미국이 주도한 국가 건설의 성공 사례로 자리매김했다. 한국의 경우 모든 자원이 부족한 가운데 자

---

* 사사끼는 승진이나 보직 임명이 재능이나 본인의 능력에 따르지 않고 상사의 마음에 드느냐 여부에 따라 결정되는 풍조가 임시정부 출신들이 상층부를 형성했던 군 창설 초기부터 나타났다고 지적하면서, 이를 중국에서의 습관과 연관시킨다. 사사끼 하루다까, 강창구 편역, 『한국전비사』, 병학사, 1977, p. 127.

유민주주의 국가 건설의 기준이 조선민족청년단을 통해 전 사회로 보급되어 신속한 국가 건설이 가능했다. 즉 조선민족청년단의 구성원들은 한국의 국가 건설 진행 단계에 맞추어 국가안보와 경제발전, 민주화의 과제를 수행했다. 특히 이범석을 중심으로 한 보수 세력은 1948년 8월 대한민국 수립을 전면에서 지원하며 군과 경찰을 중심으로 관계로 진출했고, 1953년 이승만에 의해 공식 해체되기 전까지 국가안보의 과제를 책임졌다.

1953년 공식 해산령 이후에도 조선민족청년단을 통해 자유민주주의 국가 건설의 기준을 학습하고 관계로 진출한 인적 자원들은 한국전쟁으로 폐허가 된 국가를 복구하고 경제발전을 추진해 물적·경제적 자원의 조건을 향상시켰다. 부흥부가 신설되고 1년 후인 1956년경, 백두진을 비롯해 20%가량의 공무원들이 조선민족청년단의 지침을 추종하고 있었다. 이들은 미국 유학과 연수를 통해 미국식 근대국가의 기준을 터득했고, 1955년 당시 70%가 조선민족청년단과 연계되어 있었던 군부 세력과 함께 본격적으로 근대국가 건설과 경제발전을 추진했다.

한편 자유민주주의 국가 건설에 필요한 기준들을 신속하게 습득하기 위해 학습과 적응이 빠른 20~30대의 젊은 관료들이 부상했다. 이들보다 경험은 풍부하지만 나이가 많았던 인력들은 국가안보의 위기가 발생하자 이념 자원이 감소하는데도 불구하고 긴급하게 투입되었다. 하지만 일본식 국가 기준에 익숙했던 이들은 미국식 자유민주주의 국가 건설에 필요한 기준을 충족하지 못하고 점차 사라졌다.

조선민족청년단 중 보수 세력이 여당인 자유당과 민주공화당에 포진한 데 비해, 1950년대 중반부터 진보 정당 설립을 추진했던 진보 세력은 사상계와 야당을 중심으로 민주화 추진의 주역이 되었다. 대표적인 인물들로는 장준하와 부완혁, 이희호를 들 수 있다.[19] 결과적으로 국가안보와 경제발전의 문제를 국가가 해결한 이후에는 이들을 중심으로 미국식 기준을 충족시키는 민주화가 진행됨으로써 한국은 미국이 지원한 근대국가 건설의 대표적인 성공 사례로 자리매김할 수 있었다.[20]

둘째, 수립 직후부터 생존 여부가 불투명했던 제1공화국이 미국에 의존하면서 독자적으로 결정을 내릴 수 있는 범위가 매우 좁아졌고, 초강대국에 대한 의존이 체질화되었다. 1950년 한국전쟁 발발 직후에는 전시작전통제권 등 독립적인 전쟁 수행에 필요한 많은 권한을 미국에 넘김으로써 자주적인 전쟁 주체로서의 지위와 성격 획득에 실패해 민족주의적인 이념 자원의 취약성을 극복할 수 없었다.

셋째, 미국의 원조가 있어야만 국가 경영이 가능했기 때문에 외교 역시 이를 중요시하는 미국 유학파 출신의 인물들에 의해 주도되었다. 다른 분야 역시 미군정 시기와 제1공화국 초기와 마찬가지로 미국 유학 경험이 있는 인물들을 중심으로 운영되었기 때문에 미국 유학이 출세와 성공을 위해 반드시 필요한 통과의례로 정착되어 사회 지도층의 미국화가 촉진되었다.[21] 따라서 한국 사회 전체가 미국 중심적 기준과 가치에 의해 좌우되는 경향이 심화되었다. 이에 학계 역시 서구 중심적 이론들을 계속 도입해 사회현상들을 설명하는 데에만 급급해 한국의 현실에 맞는 사회과학적 이론들을 개발하지 못했고, 결국 취약국가가 초래한 독특한 현실에 대한 해결 방안 역시 모색될 수 없었다.[22]

취약국가의 현재적 함의와 미래의 과제

마지막으로 취약국가는 이후 한국의 국가 형성 과정에도 많은 영향을 미쳤다. 먼저 제1공화국 이후 출현한 권위주의 정부들은 부족한 물적·경제적 기반을 강화하고 정치적 정당성을 확보하기 위해 국가안보와 함께 경제발전[23]을 최우선의 국가 과제로 지향하는 경제성장 정책을 추진했다. 물론 이는 제1공화국 시기에 이미 일제 관료제도의 부스러기들을 주워 모아 엉성한 채로라도 국가기구의 틀을 갖춘 후 인적 자원을 충원하고 장기적인 경제개발계획을 수립했기 때문에 가능했다. 이를 통해 시민사회가 형성될 수 있는 물적·경제적 기반이 확보될 수 있었다.

물론 그 과정은 험난했다. 한국전쟁으로 자원 부족 문제가 전쟁 이전보다 심화되어 이를 극복하기 위한 노력 역시 1956년경부터나 가능했기 때문이다. 간신히 국가 붕괴의 단계를 면한 상황에서 당장에 급한 자원 부족의 문제를 해결하면 또 다른 자원 부족 문제가 출현하는 악순환이 반복되었다. 국가는 이를 해결하기 위해 상대적으로 자원이 많은 분야를 동원해 가장 긴급한 문제를 돌려 막는 방식을 취했다. 예를 들어 옹진 지역의 분쟁과 지리산, 태백산 지구 토벌 문제를 동시에 해결해야 했던 한국 정부는 하나의 분쟁이 끝나면 이내 다른 연대와 교대하는 방식을 취해 부대들이 2개월마다 교대로 투입되는 결과가 초래되었다.[24]

이렇게 새로운 문제가 발생할 때마다 다른 곳의 자원을 투입해 가장 시급한 문제를 해결하는 임기응변 방식은 군사령관들이 직접 국가를 통치한 군부 통치 시기에 본격화되었다. 그러나 이는 미봉책에 불과했고 악순환이 반복되었기 때문에 국가는 근본적인 해결을 위해 부르주아를 육성하고 경제를 발전시킬 수 있는 과제에 매진한 결과 경제적·물적 자원의 취약성을 상당 부분 개선할 수 있었다.

하지만 한국의 경우 부르주아지가 자체적으로 형성되지 못하고 국가에 의해 육성되었기 때문에 헤게모니를 지닐 수 없었고, 시민사회의 등장 역시 지체되었다. 한국의 지도자가 된 부르주아지는 미군정과 제1공화국 시기에 일본이 남기고 간 적산 불하 등을 통해 자본을 축적하기 시작했고, 이후 출현한 권위주의 정부들이 추진한 노동 탄압 정책, 특혜 금융 및 세금제도 등의 친자본적 정책의 최대 수혜자들이라는 비판에 시달렸다. 이렇게 한국의 부르주아지는 물적·경제적 자원은 확보했지만 이념적 권력 자원을 보유하지 못했기 때문에 사회적 지도력을 확보하지 못했다. 그리고 권위주의적 군부 통치가 장기화되면서 정치적 정당성의 문제가 제기되기 시작하자 이념 자원은 저하되었다.

따라서 경제성장을 통해 형성되기 시작한 중산층이 이들을 대신해 시민사회를 주도할 것으로 기대되었다. 실제로 중산층이 중심이 된 민주화 혁명을 통해 권위주의 통치가 종식됨으로써 정치적 정당성이 제고되고 이념적 권력 자원 또한 향상되었다. 그러나 이들 역시 신속한 국가 수립 일정과 짧은 자본주의 도입의 역사로 인해 스스로의 뚜렷한 문화와 윤리, 정체성 등을 가질 수 없었다. 설상가상으로 국가가 자원 동원의 대가로 국민들에게 제공하던 분배의 규칙이 1997년 IMF 경제 위기로 무너져, 협상을 통한 시민사회로부터의 정치적 정당성 확보라는 측면이 줄어들었고 국가의 이념 자원 역시 감소했다. 이와 함께 중산층의 경제적·물적 기반이 침식되어 한국의 시민사회는 여전히 서구에 비해 확고한 지향점을 지니지 못하고 답보 상태에 머무르고 있다.[25]

물론 국가는 이전 시기와 마찬가지로 신속하게 짧은 시간 안에 경제적·물적 자원 부족의 문제를 만회했지만, 분배의 규칙이 붕괴되는 바람에 부익부 빈익빈 현상이 심화되었다. 예를 들어 국민들의 헌신으로 이룩했던 놀라운 경제발전의 기억을 간직하고 있는 국가는 제2의 건국 운동의 일환으로 금 모으기 운동을 전개해 위기를 극복했고 세계의 찬사를 받았다. 취약국가가 보여준 또 한 번의 저력이었다. 그러나 이렇게 위기를 극복한 한국 국민들은 거의 모든 산업 분야에 걸친 대기업들의 독식 심화와 수출 가격보다 훨씬 비싼 내수 시장이라는 현실을 마주해야 했다. 이제는 골목 상권까지 진출한 편의점과 외국보다 훨씬 비싼 휴대폰 가격 등을 보면서 국민은 자신들이 만들어놓은 괴물에 대한 배신감을 느꼈다. 비정규직과 정규직의 양극화라는 현실 속에서 하루하루를 곡예하듯 살아가야 하는 국민들에게 희생에 대한 보답은커녕 상대적으로 더 큰 박탈감을 안겨주는 대한민국은 가끔 치러지는 스포츠 경기에서 외치는 구호에서나 자부심을 안겨주는 대상일 뿐이었다. 산업화와 국가 안보를 중시하는 이들이 외쳤던 G20 진입과 같은 수치들은 실제 생활에서 크게 와 닿는 것이 아니었다. 특히 국가 건설 과정에서 피해를 입었던 이들의 마음은 분노와 복수심으로 더욱 가득 차기만 했다.

이렇듯 정치적 정당성이 감소한 상황에서, 국가는 국가안보와 경제발전 이후에 이른바 민주화 이후의 민주주의가 나아갈 지향점을 제시하지 못함으로써 이념 자원의 취약성을 극복하는 데 실패했다. 따라서 대한민국 수립 초기에 직면했던 각종 자원들의 취약성을 상당 부분 극복했는데도 불구하고 여전히 근대국가 건설이 진행 중인 미완의 국민국가에 머무르고 있다.

한편 국제정치적 자원 부족의 문제 역시 미국과의 관계가 악화되거나 미군 철수 문제가 거론될 때마다 그 모습을 달리해 재연되어 취약국가의 현실을 제약했다. 민주화 이후에는 이념 자원의 취약성이 군부 통치 시기보다 상당히 개선되었지만, 여전히 국가가 흡수하지 못한 민족주의가 중시했던 남북 분단의 문제는 해결되지 못하고 남아 있다.

오히려 경제발전과 함께 진행된 민주화로 인해 운동권을 중심으로 국가 밖에서 머무르고 있었던 민족주의적 목소리가 국가 내부의 제도권으로 진입해 국가 중심주의와 충돌했다. 따라서 민주화 이후 한국 내부에서 통일된 단일민족국가를 건설해야 한다는 민족주의적 대의명분을 부르짖는 집단과 여전히 국가 중심적 가치를 중심으로 한 국가안보의 문제가 중요하다고 생각하는 집단 사이의 갈등이 심화됨으로써 이념 자원이 저하되었다.

한편 국가안보와 경제발전의 과제를 중시하는 이들에게 기대를 걸었지만 만족할 만한 성과를 거두지 못했다고 생각한 국민들은 통일의 과제와 정치적 정당성을 중시하는 집단들에게 기대를 품었다. 이 과정에서 세계 어느 나라와 비교해도 뒤처지지 않는 건강보험이나 노인에 대한 사회복지, 직접민주주의의 확대 그리고 여권 신장이 선물로 주어졌다. 그러나 여전히 국민의 기대는 흡족할 정도로 충족되지 못했고, 오히려 민주주의와 민족주의의 과제를 중시하는 이들의 정치적 정당성이 심각하게 훼손되기까지 했다.

이렇게 정부가 바뀔 때마다 이념 자원과 국제정치 자원 훼손의 문제가 모습을 달리해 나타나 취약국가의 현실이 여전히 반복되고 지속되는 가운데, 비슷한 국력을 보유한 다른 국가들과 달리 우리는 남북 분단의 현실로 인해 민족주의를 충분히 흡수하지 못함으로써 이념 자원과 군비 확장 취약성의 문제를 계속 안고갈 수밖에 없는 현실이다.

요약건대, 한국은 일본으로부터 해방되던 그날부터 국가 운영과 근대국가 건설에 필요한 거의 모든 자원이 부족해 취약국가로 출발했다. 그리고 한국전쟁 발발 직전까지 계속 그 상태를 유지했다. 전체적으로 국가가 민족주의를 충분히 흡수하지 못하고 국가 건설을 진행하는 가운데 가장 긴요한 자원을 보충하고 나면 또 다른 자원이 부족해져서 다른 국가 자원 혹은 민간 자원을 빌려와서 보완하는 악순환이 반복되었다. 그것이 조금씩 모습을 달리해 계속 유지되었던 것이 취약국가의 역동적인 속성이었다. 이는 한국전쟁 이후 모든 것이 파괴되어 해방 직후보다 오히려 더 심각한 자원의 부족 속에서 경제발전과 국가안보의 두 가지 과제를 모두 성취해야 했던 이후 시기에도 마찬가지로 반복되었다.

이러한 와중에도 취약국가는 나름의 내재적인 노력들을 기울여 자원의 취약성을 극복해나갔다. 물론 약소국의 속성상 국제정치적 제약이 컸고 미국의 지원으로 근대 민족국가를 건설해나갔다는 한계가 분명했지만, 구성원들의 법과 윤리를 초월한 헌신적인 노력과 희생으로 극복해나갔다. 그리고 마침내 성공적으로 근대국가를 건설한 성공 사례로까지 꼽히게 되었다.

하지만 세계사에서 그 예를 찾기 어려운 분단이라는 상황 속에서 한 민족이 통일된 근대 민족국가 건설을 성취해야 한다는 국제정치 자원과 민족주의적인 이념 자원의 취약성은 여전히 벗어날 수 없는 한계로 남아 있다. 따라서 지금까지의 성취를 기반으로 이러한 취약국가의 속성을 어떻게 극복할 수 있느냐 하는 것이 우리의 과제로 남아 있다.

과연 우리는 어떠한 선택을 해야 할까? 이 책에서 보여준 초기의 취약국가 건설 세대들은 역경 속에서 기적의 역사를 이룩했다. 그렇다고 무조건적인 찬사를 보내고 과거로 회귀하자는 입장으로 가서는 곤란할 것이다. 근대국가 건설 과정 초기에 범했던 시행착오를 반복해서는 곤란하다. 결국 또다시 민족주의를 흡수하지 못하는 현상이 반복될 것이기 때문이다. 국제정치의 과제를 해결하되, 민족주의의 염원 역시 품을 수 있는 솔로몬의 지혜를 어떻게 발휘할 수 있을까? 그것이 우리가 처음에 만든 취약국가의 현실에서 벗어날 수 있는 방안이 될 것이다.

특히 우리의 노력만으로는 한계가 있는 국제정치의 문제보다는 상대적으로 우리가 내재적 노력을 기울여 개선할 수 있는 민족주의의 문제를 어떻게 풀어나갈 수 있느냐가 매우 중요할 것이다. 따라서 문제를 해결할 수 있는 결정적인 열쇠는 항상 모습을 달리해 살아남아왔고 지금도 그 생명력을 유지하고 있는 가장 강력한 이념인 민족주의가 쥐고 있는 셈이다. 우리는 모든 것이 부족했던 시대에 어쩔 수 없이 가장 중시되었던 이념 자원인 민족주의가 또다시 중요해지는 취약국가에서 여전히 살고 있다.

1장 취약국가론의 배경

1 Karl Marx, *Capital Volume III: A Critique of Political Economy* (London : Penguin Books, 1981).

2 이완범, "해방 전후사 연구 10년의 현황과 자료", 한승조 외, 『해방 전후사의 쟁점과 평가 1』, 형성출판사, 1990, p. 57.

3 전상인, "고개 숙인 수정주의", 유영익 편, 『수정주의와 한국현대사』, 연세대학교출판부, 1998, pp. 263-264.

4 전상인, "고개 숙인 수정주의 : 한국현대사 연구의 새로운 출발", 『고개 숙인 수정주의 : 한국현대사의 역사사회학』, 전통과현대, 2001, pp. 415-416.

5 William Appleman Williams, *The Tragedy of American Diplomacy* (Cleveland : World Pub. Co, 1959).

6 이병천, "전환시대의 한국 자본주의론 : '61년 체제'와 '87년 체제'의 시험대", 『역사비평』 통권 71호(여름), 한국역사연구회, 2005, pp. 67-90.

7 Bruce Cumings, *Korea's Place in the Sun: A Modern History* (New York : Norton 1997).

8 박현채·조희연, 『한국사회구성체논쟁 I : 80년대 한국사회변동과 사회구성체 논쟁의 전개』, 죽산, 1989.

9   Immanuel Wallerstein, *The Capitalist World-Economy* (Cambridge: Cambridge University Press, 1979). Immanuel Wallerstein, *The Politics of the World Economy: The State, the Movements, the Civilizations* (Cambridge: Cambridge University Press, 1984).

10 Bruce Cumings, *The Origins of the Korean War volume I: Liberation and the Emergence of Separate Regimes, 1945-1947* (Princeton, N.J.: Princeton University Press, 1981), 브루스 커밍스, 김자동 옮김,『한국전쟁의 기원』, 일월서각, 2001, p. 35.

11 Barrington Moore, *Social Origins of Dictatorship and Democracy* (Boston: Beacon Press, 1966).

12 커밍스, 2001, pp. 47-48.

13 James B. Palais, *Politics and Policy in Traditional Korea* (Cambridge, Mass.: Harvard University Press, 1975).

14 커밍스, 2001, pp. 38-40.

15 커밍스, 2001, p. 365.

16 Karl Marx, "The eighteenth Brumaire of Louis Bonaparte and Capital," in Karl Marx and Friedrich Engels, *The Communist Manifesto* (New York: Appleton-Century-Crofts, 1955).

17 Nicos Poulantzas, *Fascism and Dictatorship: the Third International and the Problem of Fascism* (London: Verso, 1979).

18 Hamza Alavi, "The State on Post-Colonial Societies: Parkistan and Bangladesh," *New Left Review*, Vol. 74 (Jul.-Aug. 1972).

19 커밍스, 2001, p. 41.

20 커밍스, 2001, p. 350.

21 최장집, "과대성장국가의 형성과 정치균열의 전개", 최장집,『한국현대정치의 구조와 변화』, 까치, 1990, pp. 81-113.

22 커밍스, 2001, p. 364.

23 손호철,『한국정치학의 새 구상』, 풀빛, 1991.

24 정해구,『10월 인민항쟁연구』, 열음사, 1988.

25 Shin Gi Wook, *Peasant Protest and Social Change in Colonial Korea* (Seattle: University of Washington Press, 1996).

26 전상인,『고개 숙인 수정주의: 한국현대사의 역사사회학』, 전통과현대, 2001.

27 유팔무, "시민사회의 성장과 시민운동", 유팔무·김호기, 『시민사회와 시민운동』, 한울, 1995.

28 최장집, "한국정치균열의 구조와 전개", 『한국민주주의의 이론』, 한길사, 1993.

29 최장집, 1993, "한국 국가론의 비평적 개관".

30 Peter Evans and Theda Skocpol (eds.), *Bringing the State Back In* (Cambridge: Cambridge University Press, 1985).

31 대표적인 연구들은 다음과 같다. James Irving Matray, *The Reluctant Crusade: American Foreign Policy in Korea, 1941-1950* (Honolulu: University of Hawaii Press, 1985). Wiliam Stueck, *The Korean War: An International History* (Princeton, NJ.: Princeton University Press, 1995). William Whitney Stueck. *Rethinking the Korean War: A New Diplomatic and Strategic History* (Princeton, NJ.: Oxford: Princeton University Press, 2002). Andrei Lankov, "Soviet Politburo Decisions and the Emergence of the North Korean State, 1946-1948," *Korea Observer* Vol. 36 No. 3 (Institute of Korean Studies, 2005), pp. 385-404. 캐스린 웨더스비Kathryn Weathersby·강규형, "북-중-소 삼각관계가 6·25전쟁 과정과 전후 북한 외교 행태에 미친 영향", 『정신문화연구』 Vol. 33 No. 3., 한국학중앙연구원, 2010. Allan R. Millett, *The War for Korea, 1950-1951: They Came From the North* (Kansas: University Press of Kansas, 2005). Gregg Brazinsky, *Nation Building in South Korea: Koreans, Americans, and The Making of a Democracy* (Chapel Hill, N.C.: University of North Carolina Press, 2007). 유영익 편, 『수정주의와 한국현대사』, 연세대학교출판부, 1998. 박지향 등, 『해방 전후사의 재인식 1-2』, 책세상, 2006. 이인호·김영호·강규형 등, 『대한민국 건국의 재인식』, 기파랑, 2009. 이철순 편, 『남북한 정부 수립 과정 비교 1945-1948』, 인간사랑, 2010.

32 Charles Armstrong, *The North Korean Revolution, 1945-1950* (Ithaca: Cornell University Press, 2003).

33 Shin Gi Wook, *Ethnic Nationalism in Korea: Genealogy, Politics and Legacy* (Stanford: Stanford University Press, 2006).

34 그 대표적인 목록은 다음과 같다. 고영자, 『일본의 파시즘과 대한민국임시정부기』, 탱자, 2008. 권명아, 『역사적 파시즘: 제국의 판타지와 젠더 정치』, 책세상, 2005. 김명인, 『조연현, 비극적 세계관과 파시즘 사이』, 소명, 2004. 김

사량 외, 이상경 편,『일제 말기 파시즘에 맞선 혼의 기록』, 역락, 2009. 김상봉,『도덕교육의 파시즘: 노예도덕을 넘어서』, 길, 2005. 방기중 편,『일제 파시즘기 한국 사회 자료집』, 선인, 2005. 방기중 편,『일제 파시즘 지배정책과 민중생활』, 혜안, 2005. 방기중,『일제하 지식인의 파시즘체제 인식과 대응』, 혜안, 2005. 이현식,『일제 파시즘체제하의 한국 근대문학비평: 1930년대 후반 한국 근대문학 비평 이론 연구』, 소명출판, 2006. 임지현 외,『우리 안의 파시즘』, 삼인, 2000.

35 Robert I. Rotberg, *State Failure and State Weakness in a Time of Terror* (Washington D.C.: Brookings Institution Press, 2003).

36 Robert I. Rotberg, *When States Fail: Causes and Consequences* (Princeton, N.J.: Princeton University Press, 2004).

37 Frances Stewart and Graham Brown, "Fragile States," Center for Research on Inequality, Human Security, University of Oxford, *Crises Working Paper*, No. 51 (January) (London: Oxford: 2009).

38 이조원, "취약국가 모델과 북한에 대한 개발협력 연구",『북한연구학회보』 12권 2호, 북한연구학회, 2008, pp. 289-321. 최진근·이은진, "취약국가와 새마을운동 개발협력 증진방안",『새마을운동과 지역사회개발 연구』 제6권, 경문대학교 새마을연구소, 2010, pp. 123-142. 권혁주, "취약국가의 이해: INCAF와 국제협력 기구의 논의를 중심으로",『국제개발협력』(2010년 제3호), 한국국제협력단, 2010, pp. 46-65. 권혁주·배재현·노우영·동그라미·이유주, "분쟁과 갈등으로 인한 취약국가의 개발협력: 취약국가 모형과 정책대안 모색을 중심으로",『행정논총』제48권 제4호(2010년 12월), 서울대학교 한국행정연구소, 2010, pp. 171-199.

39 James Dobbins, *The Beginner's Guide to Nation-Building* (Washington D. C.: RAND Corporation, 2007). 제임스 도빈스 외, 임을출·손희경 옮김.『미국 랜드 연구소의 국가건설 어떻게 할 것인가』, 한울, 2010.

40 커밍스, 2001, p. 30, 각주 2.

41 Karl Marx and Frederick Engels, *Selected Correspondence, 1846-1895* (New York: International Publishers, 1942), p. 417.

42 Louis Althusser, "Contradiction and Overdetermination," in Louis Althusser, *For Marx* (New York: Penguin Press, 1969), pp. 111-112.

43 Perry Anderson, *Lineages of the Absolutist State* (London: Verso 1974), pp. 236-237.

44 Moore, 1966, p. 13.

45 박상섭, 『자본주의 국가론: 현대 마르크스주의 정치이론의 전개』, 한울, 1985.

46 Antonio Gramsci, *Selections from the Prison Notebooks* (New York: International Publishers, 1971).

47 커밍스는 이를 언급하면서도 판단을 유보하고 지주계층의 권력이 경찰의 보호를 통해 하나의 억압적 구조를 형성할 수 있다는 점만을 강조한다. 커밍스, 2001, p. 364.

48 Samuel Huntington, *Political Order in Changing Societies* (New Heaven: Yale University Press, 1968), p. 52.

49 Ralph Miliband, *The State in Capitalist Society* (New York: Basic Books, 1969).

50 이는 다음을 참조해 본 연구의 논지에 맞추어 새로운 단어와 문장을 사용해 정리한 것이다. 박광주, "제1장 종속이론", pp. 31-58, "제2장 과대성장국가론", pp. 63-73, "제8장 한국 국가의 성격과 민주주의의 전망", p. 346, 박광주, 『한국권위주의 국가론: 지도자본주의체제하의 집정관적 신중상주의 국가』, 인간사랑, 1992.

51 이성형, "신식민지파시즘론의 이론구조", 『현실과 과학』 2집, 새길출판사(서울사회과학연구소), 1988, p. 210.

52 Albert Wedemeyer, "Report to the President Submitted by Lt. Gen, A. C. Wedemeyer: Korea, September 1947," 레너드 호그, 신복룡·심원덕 옮김, 『한국분단보고서 하』, 풀빛, 1992, pp. 286-296.

53 호그, 『한국분단보고서 하』, 1992, p. 322.

54 Kevin Passmore, *Fascism: a Very Short Introduction* (Oxford; New York: Oxford University Press, 2002). Robert O. Paxton, *The Anatomy of Fascism* (New York: Knopf, 2004) 로버트 O. 팩스턴, 손명희·최희영 옮김, 『파시즘: 열정과 광기의 정치혁명』, 교양인, 2005. Mark Neocleous, *Fascism* (Minneapolis: Univ. Of Minnesota Press, 1997), 마크 네오클레우스, 정준영 옮김, 『파시즘』, 이후, 2002.

55 팩스턴, 2005, 조효제, "머리글", pp. 14-15.

56 Max Weber, Guenther Roth and Claus Wittich (eds), *Economy and Society: an Outline of Interpretive Sociology* (Berkeley: University of California Press, 1978).

57 다음의 책 역시 나의 박사논문을 심사한 김용직 교수가 기획한 저술로 네오
베버리안 국가론의 관점에서 대한민국의 국가 형성 과정을 살펴본다. 김용직
등, 『대한민국 정부 수립과 국가체제 구축』, 대한민국역사박물관, 2014.

2장 취약국가 탄생의 서막

1 *FRUS* 1948, Vol. VI, 1948년 8월 18일 "The Political Adviser in
   Korea(Jacobs) to the Secretary of State," pp. 1282–1283. *FRUS* 1948, VI,
   1948년 8월 24일 "The Political Adviser in Korea(Jacobs) to the Secretary
   of State," p. 1287.

2 호그, 『한국분단보고서 하』, 1992, pp. 286–296.

3 *FRUS* 1945, Vol. VI, 1945년 9월 15일 "The Political Adviser in
   Korea(Benninghoff) to the Secretary of State," p. 1052.

4 레너드 호그, 신복룡·김원덕 옮김, 『한국분단보고서 상』, 풀빛, 1992, p.
   387.

5 호그, 『한국분단보고서 상』, 1992, pp. 159–160.

6 리차드 D. 로빈슨, 정미옥 옮김, 『미국의 배반: 미군정과 남조선』, 과학과 사
   상, 1988, p. 37.

7 호그, 『한국분단보고서 하』, 1992, p. 290.

8 김정렬, 『항공의 경종: 김정렬 회고록』, 대희, 2010, p. 60.

9 로빈슨, 1988, pp. 20–28, p. 87.

10 그레고리 헨더슨, 박행웅·이종삼 옮김, 『소용돌이의 한국정치』, 한울아카데
   미, 2000, p. 521, pp. 248–250.

11 박상섭, "한국정치와 자유민주주의", 한국정치학회 편, 『현대 한국정치와 국
   가』, 법문사, 1987, p. 421.

12 호그, 『한국분단보고서 하』, 1992, p. 286, p. 296.

13 호그, 『한국분단보고서 하』, 1992, pp. 314–315.

14 호그, 『한국분단보고서 하』, 1992, p. 299.

15 재무부, 『재정금융의 회고: 건국 십 주년 업적』, 재무부, 1958. pp. 120–121.

16 호그, 『한국분단보고서 하』, 1992, p. 284.

17 김기원, 『미군정기의 경제구조: 귀속기업체의 처리와 노동자 자주관리운동
   을 중심으로』, 푸른산, 1990.

18 *FRUS* 1945, Vol. VI, 1945년 10월 9일 "The Political Adviser in Korea
   (Benninghoff) to the Acting Political Adviser in Japan(Atcheson)," p.

1069.

19 *FRUS* 1945, Vol. VI, 1945년 10월 12일 "Lieutenant General John R. Hodge to General of the Army Douglas MacArthur at Tokyo," pp. 1074-1075.

20 *FRUS* 1945, Vol. VI, 11월 18일 "The Acting Political Adviser in Korea (Langdon) to the Secretary of State," pp. 1129-1133. *FRUS* 1945, Vol. VI, 11월 25일 "Lieutenant General John R. Hodge to General of the Army Douglas MacArthur at Tokyo," pp. 1133-1134. *FRUS* 1945, Vol. VI, 11월 26일 "The Acting Political Adviser in Korea(Langdon) to the Secretary of State," pp. 1134-1136.

21 박종효 편역,『러시아 연방 외무성 대한정책 자료 I』, 선인, 2010, p. 447.

22 박종효, 2010, p. 495.

23 *FRUS* 1945, Vol. VI, 1945년 8월 14일 "The Ambassador in China(Hurley) to the Secretary of State," pp. 657-660. *FRUS* 1945, Vol VI, 1945년 8월 14일 "The Ambassador in China(Hurley) to the Secretary of State," p. 1039.

24 국사편찬위원회 편,『주한미군사』제3권, 돌베개, 1988, p. 155.

25 헨더슨, 2000, pp. 220-222.

26 헨더슨, 2000, p. 334.

27 도널드 스턴 맥도널드, 한국역사연구회 1950년대반 옮김,『한미관계 20년사 (1945-1965년): 해방에서 자립까지』, 한울아카데미, 2001, p. 69. 맥도닐드는 1946년 3월 서울에서 개최된 미소 공동위원회 개최 당시 소련 측 수석대표의 발언을 인용한다.

28 박종효, 2010, pp. 447-453.

29 로빈슨, 1988, p. 232.

30 국사편찬위원회, 전현수 역, "1946년 1월 3일-1월 4일",『쉬띄꼬프 일기』, 국사편찬위원회, 2004, pp. 69-70.

31 이혜숙,『미군정기 지배구조와 한국 사회: 해방 이후 국가-시민사회 관계의 역사적 구조화』, 선인, 2008, p. 605.

32 호그,『한국분단보고서 하』, 1992, pp. 158-160.

33 *FRUS* 1946, Vol. VIII, 1946년 1월 13일 "The Political Adviser in Korea(Benninghoff) to the Secretary of State," p. 611.

34 맥도널드, 2001, p. 112.

35 George M. McCune, *Korea Today* (Cambrige: Harvard University Press, 1950), p. 74와 박찬표, 『한국의 국가 형성과 민주주의』, 후마니타스, 2007, p. 214 참조.

36 이길상 편, 『미군정 활동 보고서』(전6권) 2권, 원주문화사, 1990. 이길상 편, 『미군정 활동 보고서』 3권, 원주문화사, 1990. 이길상 편, 1990, 『미군정 활동 보고서』 4권, 원주문화사, 1990. 박찬표, 2007, pp. 214-216.

37 조기안, 『미군정기의 정치행정체제: 구조분석: 조직·법령·자원을 중심으로』, 아람, 2003, pp. 76-79, pp. 177-179. 원구환, "미군정기 한국 관료제의 소극적 대표성", 『행정논총』 제41권 제4호(2003년 12월호), 서울대학교 한국행정연구소, 2003, pp. 51-74.

38 전현수, 2004, "1946년 9월 28일", p. 20.

39 헨더슨, 2000, p. 232.

40 박종효, 2010, pp. 233-234.

41 박종효, 2010, p. 175.

42 박종효, 2010, pp. 233-234.

43 박종효, 2010, p. 153.

44 박종효, 2010, p. 157.

45 이길상, 『미군정 활동 보고서』 3권, 1990, p. 40. 조기안, 2003, p. 201.

46 조기안, 2003, p. 194의 〈표 6-4〉 귀속재산의 추정 가치를 참조했다.

47 *FRUS* 1948, Vol. VI, 1948년 9월 7일 "Memorandum by the Assistant Secretary of State for Occupied Areas(Saltzman)," pp. 1292-1298.

48 USAMGIK, SKIG Activities, No. 27, p. 135. 조기안, 2003, p. 205.

49 *FRUS* 1947, Vol. VI, 1947년 12월 13일 "The Acting Political Adviser in Korea(Langdon) to the Secretary of State," pp. 877-878.

50 박종효, 2010, p. 385.

51 박종효, 2010, p. 237.

52 박종효, 2010, p. 267.

53 『동아일보』, 1945년 12월 20일, 「교육심의본회의, 교육 이념 심의」.

54 『동아일보』, 1946년 2월 24일, 「국정청 학무국, 학교 칭호변경」.

55 『서울신문』, 1946년 3월 5일, 「교육심의회 총회, 신교육을 위한 최종 결정안 학무국에 이관」.

56 『동아일보』, 1946년 4월 17일, 「문교부, 학교교육의 민주화를 위해 교육심의회에 자문구함」.

57 『동아일보』, 1946년 6월 8일, 「경기도 학무과, 초등교육 상황 보고회 개최」.

58 *FRUS* 1945, Vol. VI, 1945년 12월 30일 "Lieutenant General John. R. Hodge to General of the Army Douglas MacArthur at Tokyo," p. 1154.

59 제임스 I. 매트레이, 구대열 옮김, 『한반도의 분단과 미국: 미국의 대한 정책, 1941-1950』, 을유문화사, 1989, pp. 90-93.

60 로빈슨, 1988, p. 115.

61 정병준, 『우남 이승만 연구』, 역사비평사, 2005, p. 511.

62 『전단』, 1945년 9월 3일, "김구, 임정의 당면정책과 국내외 동포에게 고하는 성명 발표".

63 『조선일보』, 1946년 3월 19일, 「민주의원, 임시정책 대강 발표」.

64 조기안, 2003, pp. 76-79, "부록 1: 미군정기 조직 개편 세부내역", pp. 255-261.

65 *FRUS* 1946, Vol. VIII, 1946년 7월 16일 "Memorandum of Conversation Held in the Division of Japanese Affairs," pp. 715-716.

66 전현수, 2004, "여운형-로마넨꼬 회담록(1946년 9월 27일)", p. 181.

67 정일형, "해방 이후의 인사행정 실체", 『법정』 제1권 제1호(1946년 9월), p. 13.

68 George M. McCune, 1947, "Postwar and Politics of Korea," *The Journal of Politics*, Vol. 9, Number 4, Nov. 1947 (Chicago: The University of Chicago Press Journals).

69 USAMGIK, SKIG Activities, No. 27, 1947, pp. 167.

70 조기안, 2003, pp. 76-79, "부록 1: 미군정기 조직 개편 세부내역", pp. 255-261.

71 최하영, "정무총감, 한인과장 호출하다", 『월간중앙』(1968년 8월호). 이영근, "여운형 '건준'의 좌절: 통일일보 회장 고 이영근 회고록(상)", 『월간조선』(1990년 8월호).

72 대한민국 공훈사 발간위원회, "미군정관보 임명사령 제118호(1947년 3월 29일)"(국가기록원), 『대한민국 삼부요인 초람』, 국사편찬위원회, 1987. 송남헌, 『해방 3년사 2: 1945-48』, 까치, 1985, pp. 334-456.

73 원구환, "미군정기 한국 관료제의 소극적 대표성", 『행정논총』 제41권 제4호(2003년 12월호), 서울대학교 한국행정연구소, 2003, pp. 51-74. 조기안, 2003, p. 166.

74 박종효, 2010, p. 180.

75 원구환, 2003. 조기안, 2003, p. 164.

76 그란트 미드, 안종철 옮김,『주한미군정 연구』, 공동체, 1993, pp. 80-81.

77 조기안, 2003, p. 149.

78 조기안, 2003, p. 193의 〈표 6-3〉.

79 맥도널드, 2001, p. 28, p. 233.

80 *FRUS* 1945, Vol. VI, 1945년 11월 29일 "The Secretary of State to the Acting Political Adviser in Korea(Langdon)," pp. 1137-1138.

81 전현수, 2004, "1947년 7월 31일", p. 123.

82 전현수, 2004, "1947년 7월 9일", p. 82.

83 *FRUS* 1945, Vol. VI, 1945년 12월 11일 "The Acting Political Adviser in Korea(Langdon) to the Secretary of State," pp. 1142-1144. *FRUS* 1945, Vol. VI, 1945년 12월 14일 "The Acting Political Adviser in Korea(Langdon) to the Secretary of State," pp. 1148-1149.

84 박종효, 2010, p. 233.

85 *FRUS* 1946, Vol. VIII, 1946년 1월 7일 "The Political Adviser in Korea(Benninghoff) to the Secretary of State," p. 608.

86 *FRUS* 1946, Vol. VIII, 1946년 2월 23일 "The Chief of Staff, United States Army(Eisenhower) to General of the Army Douglas MacArthur at Tokyo," pp. 638-639.

87 *FRUS* 1946, Vol. VIII, 1946년 2월 2일 "General of the Army Douglas MacArthur to the Joint Chiefs of Staff," pp. 628-630.

88 *FRUS* 1946, Vol. VIII, 1946년 1월 22일 "Hodge to War," p. 613.

89 *FRUS* 1946, Vol. VIII, 1946년 11월 1일 "Patterson to Bynes," p. 1111.

90 *FRUS* 1946, Vol. VIII, 1946년 2월 12일 "MacArthur to JCS," pp. 632-633.

91 *FRUS* 1946, Vol. VIII, 1946년 4월 1일 "The Secretary of State to the Secretary of War(Patterson)," pp. 655-656.

92 로빈슨, 1988, p. 85.

93 *FRUS* 1946, Vol. VIII, 1946년 7월 16일 "Memorandum of Conversation Held in the Division of Japanese Affairs," pp. 715-716.

94 전현수, 2004, "1946년 9월 26일", p. 17.

95 국사편찬위원회, Ⅵ. 러시아 연방 국방성 중앙문서보관소 문서군 172, 목록 614632, 문서철 33.5. "로마넨꼬가 쉬띄꼬브 동지에게 보낸 남조선 정세에 대한 정보자료", 1947년 1월 28일,『러시아 연방 국방성 중앙문서보관소 소

련군정문서: 남조선 정세 보고서 1946-1947』, 국사편찬위원회, 2004.

96 *FRUS* 1946, Vol. VIII, 1946년 4월 30일 "The Political Adviser in Korea(Langdon) to the Secretary of State," p. 663.

97 *FRUS* 1946, Vol. VIII, 1946년 6월 22일 "Ambassador Edwin W. Pauley to President Truman," pp. 706-708.

98 *FRUS* 1946, Vol. VIII, 1946년 6월 6일, Memorandum by the Assistant Secretary of State for Occupied Areas(Hilldring) to the Operations Division, War Department," pp. 692-698.

99 전현수, 2004, "1946년 9월 28일", p. 20.

100 *FRUS* 1946, Vol. VIII, 1946년 10월 28일 "General of the Army Douglas MacArthur to the Chief of Staff(Eisenhower)," pp. 750-751.

101 *FRUS* 1946, Vol. VIII, 1946년 8월 26일 "The Economic Adviser in Korea(Bunce) to the Secretary of State," pp. 731-733.

102 *FRUS* 1947, Vol. VI, 1947년 1월 27일 "Memorandum by the Director of the Office of Far Eastern Affairs(Vincent) to the Secretary of State," pp. 601-603.

103 매트레이, 1989, p. 133.

104 *FRUS* 1947, Vol. VI, 1947년 2월 25일 "Memorandum by the Special Inter-Departmental Committee on Korea," pp. 609-618.

105 로버트 올리버, 황정일 옮김, 『이승만: 신화에 가린 인물』, 건국대학교출판부, 2002, p. 252.

106 전현수, 2004, "1947년 8월 2일", p. 128.

107 올리버, 2002, p. 254.

108 *FRUS* 1947, Vol. VI, 1947년 7월 14일 "The Secretary of State to the Political Adviser in Korea(Jacobs)," pp. 701-703.

109 *FRUS* 1947, Vol. VI, 1947년 10월 29일 "The United States Representative at the United Nations(Austin) to the Secretary of State," p. 849.

110 매트레이, 1989, p. 166.

111 *FRUS* 1947, Vol. VI, 1947년 11월 3일 "Lieutenant General John R. Hodge to the Department of the Army for the Joint Chiefs of Staff," pp. 852-853.

112 *FRUS* 1947, Vol. VI, 1947년 11월 17일 "The Secretary of State to the Political Adviser in Korea(Jacobs)," pp. 860-861.

113 최광, "미군정하의 재정제도와 재정정책", 『재정학연구 3』, 한국재정학회, 1989, pp. 119-160. 서주석, 2008, p. 293.

114 브루스 커밍스, 김동노 외 옮김, 『브루스 커밍스의 한국현대사』, 2005, 창작과비평사, pp. 284-289, pp. 284-289.

115 서중석, 『지배자의 국가, 민중의 나라: 한국 근현대사 100년의 재조명』, 돌베개, 2011.

116 『서울신문』, 1947년 5월 11일, 「입법의원, 민족반역자 처단범위 보선법처리 격론」.

117 『매일신보』, 1945년 10월 14일, 「인공 중앙인민위원회, 아널드의 발표에 대한 성명 발표」, 『자유신문』, 1945년 10월 31일, 「박헌영, 민족통전결성에 관한 조공의 견해 피력」.

118 『서울신문』, 1945년 12월 8일, 「신익희, 국기 친일파 국내분열 등에 관해 기자회견」, 『자유신문』, 1945년 12월 8일, 「임정 신익희, 38선 문제 소신 피력」.

119 『매일신보』, 1945년 11월 6일, 「이승만, 독촉 결의서에 대한 조공과의 차이점 등에 관해 기자회견」.

120 『전단』, 1945년 11월 1일, 「한민당, '조선지식계급에게 訴함'이란 담화 발표」.

121 국방부 전사편찬위원회, 『국방사 1: 1945.8.15-1950.6.25』, 국방부, 1981, p. 264.

122 『경향신문』, 1977년 3월 18일, 「비화 한 세대(91) 군정경찰〔22〕 조개옥 천하」, 『경향신문』, 1977년 3월 21일, 「비화 한 세대(92) 군정경찰〔23〕 조개옥의 퇴진」, 『경향신문』, 1977년 3월 22일, 「비화 한 세대(93) 군정경찰〔24〕 조개옥의 이력」, 『경향신문』, 1977년 3월 23일, 「비화 한 세대(94) 군정경찰〔25〕 이승만과 조개옥」.

123 한국정신문화연구원 한민족문화연구소 편, 『구술자료 총서 1: 내가 겪은 해방과 분단』, 선인, 2001, p. 181.

124 국사편찬위원회, 『주한미군사』 제3권, 1988, p. 280.

125 서울신문사, 『주한미군 30년: 1945-1978년』, 행림출판사, 1979, pp. 50-70.

126 『동아일보』, 1945년 12월 23일, 「조선경찰학교 제2기생 졸업식 거행 예정」.

127 서주석, 2008, p. 219 각주 21.

128 『자유신문』, 1945년 10월 27일, 「경무과장 조병옥, 경찰행정 일신해 불량경관 숙청언명」.

129 『동아일보』, 1946년 2월 13일, 「경기도 경찰부, 악질 친일경찰 구속」.

130 『매일신보』, 1945년 11월 8일, 「경찰관 패검 대신 곤봉 휴대」.

131 『동아일보』, 1946년 1월 10일, 「경찰의 복장과 직명 바꿈」.

132 『서울신문』, 1946년 11월 7일, 「수도경찰청, 경찰관 직권남용 적발 목적의 불심검문제도 창설」.

133 국사편찬위원회, 『주한미군사』 제3권, 1988, pp. 289-291.

134 국사편찬위원회, II. 러시아 연방 국방성 중앙문서보관소 문서군 172, 목록 614631, 문서철 17.1. "구두 정보 보고", 『러시아 연방 국방성 중앙문서보관소 소련군정문서: 남조선 정세 보고서 1946-1947』, 국사편찬위원회, 2004.

135 *FRUS*, 1947, Vol. VI, "Report to the President on China—Korea, September 1947, Submitted by Lieutenant General A. C. Wedemeyer," p. 802.

136 헨더슨, 2000, p. 223.

137 『서울신문』, 1947년 6월 14일, 「경무부, 1946년 4월-1947년 3월까지의 남조선 범죄 검거 수 발표」.

138 『조선일보』, 1946년 1월 15일, 「군정당국, 미곡 및 치안대책 밝힘」.

139 『중앙신문』, 1945년 11월 17일, 「군정장관실 미군정의 현재와 장래에 대한 제반문제에 관해 발표」.

140 이혜숙, 2008, p. 605.

141 Mark Mazower, Dark continent: Europe's twentieth century (London: Penguin, 1999). 마크 마조워, 김준형 옮김, 『암흑의 대륙: 20세기 유럽 현대사』, 후미니타스, 2009, pp. 354-356.

142 장택상, 『대한민국 건국과 나: 창랑 장택상 자서전』, 창랑 장택상 기념사업회, 1992, pp. 69-72.

143 『조선일보』, 1946년 2월 26일, 「군정장관 러취, 조선경찰을 절대 신임한다는 성명을 발표」.

144 『서울신문』, 1946년 2월 6일, 「군정장관 러취, 경찰의 정당색 배격 등에 관해 언명」.

145 장택상, 1992, p. 73.

146 국사편찬위원회, I. 1946년 3월 29일. 러시아 연방 국방성 중앙문서보관소 문서군 172, 목록 614631, 문서철 12.6. "구두 정보 보고 No. C-7", 『러시아 연방 국방성 중앙문서보관소 소련군정문서: 남조선 정세 보고서 1946-1947』, 2004.

147 국사편찬위원회, IV. 러시아 연방 국방성 중앙문서보관소 문서군 172, 목록 614631, 문서철 10.1. "로마넨꼬가 쉬띄꼬브 동지에게 보낸 남조선 정세에

대한 정보자료(바) 경찰의 행동에 대해”,『러시아 연방 국방성 중앙문서보관소 소련군정문서: 남조선 정세 보고서 1946-1947』, 2004.

148 전현수, 2004, p. 20 “1946년 9월 28일”, p. 27 “1946년 10월 21일”.

149 정해구,『10월 인민항쟁연구』, 열음사, 1988, pp. 152-154.

150 김두한,『김두한 자서전(2)』, 메트로서울홀딩스, 2002, pp. 34-36.

151 헨더슨, 2000, p. 227.

152 전현수, 2004, “1947년 8월 1일”, p. 125.

153 국사편찬위원회,『주한미군사』제3권, 1988, p. 439와 각각의 *Summation*은 이길상, 1990을, *G-2 Report*는 HQ, HUSAFIK *G-2 P/R*(전7권) 1988-1989를 참조하라. *Summation* 및 *G-2 Report*를 참조해 작성된 서주석, 2008, p. 215의 〈도표 V-3〉도 참조하라.

154 헨더슨, 2000, p. 229.

155 최광, 1989, pp. 119-160. 서주석, 2008, p. 293.

156 남조선국방경비대의 수를 파악하기 위한 *G-2 Summary*는 HQ, USAFIK *G-2 Weekly Summary*(전5권), 1990과 *G-2 Summary*를 참조해 작성된 서주석, 2008, p. 167의 〈도표 IV-4〉를 참조하라. 주한 미군의 수는 박찬표, 2007, p. 214의 〈표 4〉 미 전술군 및 군정 요원 규모 추이와 p. 216의 〈표 6〉 조선경비대, 해안경비대 증강 추이를 각각 인용해 작성했다.

157 사사끼 하루다까, 강창구 편역,『한국전비사』, 병학사, 1977, pp. 113-114, p. 144.

158 공국진,『한 노병의 애가』, 원민, 2001, p. 42.

159 커밍스, 2001, p. 299, p. 347.

160 강만길,『20세기 우리역사: 강만길의 현대사 강의』, 창비, 2011, pp. 255-256.

161 『조선일보』, 1946년 6월 12일,「군정청 통위부 설치하고 초대 조선인 부장에 유동렬 임명」.

162 국방부 전사편찬위원회, 1981, p. 264.

163 『동아일보』, 1945년 12월 4일,「정규 국방군 편성예정」.

164 『동아일보』, 1945년 12월 7일,「한민당, 임정지지 국민운동 전개 결의」.

165 국방부 전사편찬위원회, 1981, pp. 306-307.

166 『조선일보』, 1946년 6월 5일,「광복군참모장 이범석 귀국」.

167 『조선일보』, 1946년 5월 18일,「지청천 이하 오천여 명의 광복군이 개인자격으로 귀국 예정」.

168 한용원, "남북한 군대창설 과정 비교", 이철순 편, 『남북한 정부 수립 과정 비교: 1945-1948』, 인간사랑, 2010, p. 302.

169 이는 한용원, 『창군』, 박영사, 1984, p. 74를 참조한 서주석의 연구에 따른 것이다. 서주석, 2008, p. 155.

170 안드레이 란코프, 김광린 역, 『소련의 자료로 본 북한 현대정치사』, 오름, 1995, p. 90.

171 한용원, 2010, pp. 174-179.

172 *National Security Council Report 8*, April, 2, 1949. DNSA(Declassified National Security Archive), p. 2.

173 HQ, USAFIK *G-2 Weekly Summary*(전5권), 1990과 *G-2 Summary*를 참조해 작성된 서주석, 2008, p. 167의 〈도표 IV-4〉를 참조하라.

174 김동춘, 『전쟁과 사회』, 돌베개, 2000, p. 165.

175 『국방일보 전자신문』, 2007년 2월 7일, 「채명신 회고록」.

176 유재흥, 『격동의 세월: 유재흥 회고록』, 을유문화사, 1994, pp. 86-93.

177 이치업, 『번개장군』, 원민, 2001, pp. 90-92.

178 짐 하우스만, 정일화 옮김, 『한국 대통령을 움직인 미군대위』, 한국문원, 1995, pp. 140-141.

179 대한민국 국방부 전사편찬위원회 편, 『한국전쟁사 1권: 해방과 건군, 1945-1950』, 국방부 작전편찬위원회, 1967, p. 270.

180 커밍스, 2001, p. 233.

181 국방부 전사편찬위원회, 1981, p. 308.

182 한용원, 2010, pp. 186-189.

183 이경남, 『경향신문』, 1987년 1월 28일, 「청년운동반세기(12) 서북청년회」.

184 산업은행 조사부, 『한국산업 경제 10년사』, 산업은행, 1955, pp. 359-360. 서주석, 2008, p. 257.

185 서주석, 2008, p. 260.

186 재정금융삼십년사 편찬위원회 편, 『재정금융삼십년사』, 재정금융삼십년사 편찬위원회, 1978, p. 40. 조기안, 2008, p. 220.

187 한국은행 조사부, 『경제통계연보』, 한국은행, 1962. 홍성유, 『한국 경제와 미국원조』, 박영사, 1962, p. 92.

188 산업은행, 『한국산업경제 10년사』, 산업은행, 1955, pp. 545-547.

189 홍성유, 1962, p. 19, p. 48.

190 김명윤, 『한국재정의 구조』, 고려대학교출판부, 1971, pp. 29-33.

191 서주석, 2008, p. 255 각주 15.

192 *FRUS* 1947, Vol. VI. 1947년 7월 24일 "Interim Directive to General of the Army Douglas MacArthur at Tokyo for Lieutenant General John R. Hodge, at Seoul," pp. 714-731.

193 국회도서관 입법조사국, 『선진제국의 대아시아 경제협력』, 국회도서관, 1964, pp. 433-471.

194 *National Security Council Report 8* 3b, 2, April, 1948, DNSA(Declassified National Security Archive). *FRUS* 1948, VI, 1948년 4월 2일, pp. 1163-1169.

195 국사편찬위원회, "제1회 총인구조사 결과(1949년 5월 1일 기준: 1949년 6월 16일 발표), 『실록 대한민국사 자료집: 한국 경제 정책자료 1(1948.8-1949.12)』, 선인, 2010, p. 333.

196 국사편찬위원회, 『실록 대한민국사 자료집: 한국 경제 정책자료 2(1950.1-1950.6)』, 선인, 2010, p. 3.

197 국사편찬위원회, 『주한미군사』 제3권, 1988, p. 439와 각각의 *Summation*은 이길상, 1990을, *G-2 Report*는 HQ, HUSAFIK *G-2 P/R*(전7권), 1988-1989를 참조하라. *Summation* 및 *G-2 Report*를 참조해 작성된 서주석, 2008, p. 215의 〈도표 V-3〉도 보라.

198 최광, 1989와 서주석, 2008, p. 293. 산업은행 조사부, 1955, pp. 359-360을 참조하라.

199 남조선국방경비대의 수를 파악하기 위한 *G-2 Summary*는 HQ, USAFIK *G-2 weekly summary*(전5권), 1990과 *G-2 Summary*를 참조해 작성된 서주석, 2008, p. 167의 〈도표 IV-4〉도 보라. 주한 미군의 수는 박찬표, 2007, p. 214의 〈표 4〉 미 전술군 및 군정 요원 규모 추이와 p. 216의 〈표 6〉 조선경비대, 해안경비대 증강 추이를 각각 인용해 작성했다.

200 내무부 치안국, 『한국 경찰사 2』, 내무부 치안국, 1973, p. 295와 국사편찬위원회, 『실록 대한민국사 자료집: 한국 경제 정책자료 1: 1948.8-1949.12』, 2010, p. 691. 서주석, 2008, p. 293, p. 295를 참조하라.

201 최광, 1989와 서주석, 2008, p. 293. 산업은행 조사부, 1955, pp. 359-360을 참조하라.

202 James Dobbins, Seth G. Jones, Keith Crane, Beth Cole DeGrasse, *The Beginner's Guide to Nation-Building* (RAND NATIONAL SECURITY RESEARCH DIVISION: RAND Corporation, 2007).

203 헨더슨, 2000, p. 236.

3장 내란의 시작

1 선우종원, 『사상검사』, 계명사, 1992, p. 49

2 전현수, 2004, "1947년 7월 19일", pp. 102-105.

3 박종효, 2010, p. 64.

4 박종효, 2010, p. 238.

5 농수산부 편, 『한국 농정사』, 농수산부, 1978, p. 289. 이혜숙, 2008, p. 328.

6 로빈슨, 1988, pp. 242-244.

7 조선은행 조사부, 『조선경제연보』, I-242, I-243, I-248, 조선은행, 1948. 이 혜숙, 2008, p. 332.

8 『조선일보』, 1944년 3월 30일. 『동아일보』, 1946년 4월 7일.

9 박종효, 2010, p. 191.

10 박종효, 2010, p. 311.

11 박종효, 2010, p. 466.

12 로빈슨, 1988, pp. 140-141.

13 헨더슨, 2000, p. 223.

14 헨더슨, 2000, p. 229.

15 조선경제사, 『조선경제요람』, 조선경제사, 1947, p. 174. 이혜숙, 2008, p. 469, p. 486.

16 이경남, 『경향신문』, 1987년 4월 15일, 「청년운동반세기(23) 대한민정, 칭충」.

17 헨더슨, 2000, pp. 229-230.

18 전현수, 2004, "1946년 9월 9일", p. 6.

19 전현수, 2004, "1946년 9월 28일", p. 20.

20 전현수, 2004, "해제", pp. 22-23.

21 조선은행 조사부, 1948 중 I-203와 USAMGIK, 「한국 인구조사」, p. 2. 커밍 스, 2001, p. 468에서 재인용.

22 조선은행 조사부, 『조선경제통계요람』, 조선은행, 1949, p. 35.

23 정해구, 1988, pp. 86-99.

24 이경남, 『경향신문』, 1987년 4월 15일, 「청년운동반세기(23) 대한민청, 청총」.

25 이경남, 『경향신문』, 1987년 7월 8일, 「청년운동반세기(35) 대한독립청년단」.

26 조선은행 조사부, 1948, III-156. 이혜숙, 2008, p. 491.

27 전현수, 2004, "1946년 10월 21일", p. 27.

28 전현수, 2004, "1947년 1월 4일", p. 71.

29 전현수, "해제: 한국현대사와 소련의 역할(1945-1948)—쉬띄꼬프 일기를 중심으로", 2004, p. 23.

30 이선아, "한국전쟁 전후 빨찌산의 형성과 활동", 『역사연구』 제13호, 역사학 연구소, 2003, pp. 187-188.

31 이경남, 『경향신문』, 1987년 6월 24일, 「청년운동반세기(33) 광복청년회」.

32 국사편찬위원회, I. 러시아 연방 국방성 중앙문서보관소 문서군 172, 목록 614631, 문서철 12.5. "구두 정보 보고 No. C-6", 1946년 3월 28일, 『러시아 연방 국방성 중앙문서보관소 소련군정문서: 남조선 정세 보고서 1946-1947』, 2004.

33 이영근, 1990.

34 김두한, 『피로 물들인 건국 전야: 김두한 회고기』, 연우출판사, 1963, pp. 97-99.

35 『매일신보』, 1945년 8월 17일, 「조선건국준비위원회 보안대 조직」.

36 한국정신문화연구원 한민족문화연구소, 2001, p. 177.

37 김행선, 『해방정국 청년운동사』, 선인, 2004, pp. 58-59.

38 박종효, 2010, pp. 218-219.

39 이경남, 『경향신문』, 1986년 12월 3일, 「청년운동반세기(6) 서북청년회」.

40 이경남, 『경향신문』, 1986년 12월 17일, 「청년운동반세기(7) 서북청년회」.

41 이경남, 『경향신문』, 1986년 12월 24일, 「청년운동반세기(8) 서북청년회」.

42 김행선, 2004, pp. 93-95.

43 내무부 치안국, 『한국 경찰사』, 광명인쇄공사, 1972, p. 983.

44 이경남, 『경향신문』, 1987년 1월 7일, 「청년운동반세기(9) 서북청년회」.

45 박종효, 2010, pp. 234-235.

46 Joyce Kolko and Gabriel Kolko, The Limits of Power (New York: Harper& Row, 1972).

47 『조선일보』, 1946년 6월 5일, 「광복군참모장 이범석 귀국」.

48 이경남, 『경향신문』, 1987년 8월 26일, 「청년운동반세기(42) 조선민족청년단」.

49 이경남, 『경향신문』, 1987년 7월 1일, 「청년운동반세기(34) 대한독립청년단」.

50 이길상 편, 『미군정 활동 보고서』 5권, 원주문화사, 1990, pp. 218-220. 이길상 편, 『미군정 활동 보고서』 6권, 원주문화사, 1990, p. 204.

51 조선민족청년단, 『민족과 청년: 이범석 논설집』, 백영회, 1948.

52 "Annual Progress Report For 1947," pp. 88-89.

53 임종명, "조선민족청년단(1946.10-1949.1)과 미군정의 '장래 한국의 지도세력' 양성정책", 『한국사연구』 제95호, 한국사연구회, 1996, pp. 179-211.

54 중앙일보 현대사연구소 편, 『미군 CIC 정보 보고서』(전4권), 중앙일보 현대사연구소, 1996, p. 652.

55 이경남, 『경향신문』, 1987년 9월 9일, 「청년운동반세기(44) 조선민족청년단」.

56 제헌선거의 진행과 관련해서는 나의 이전 원고들을 많이 참조했다. "5·10 총선 논의 재검토", 『한국정치외교사논총』 제40권 제2호, 한국정치외교사학회, 2019. "5·10 총선거의 과정과 논의에 관한 재검토", 『5·10 총선거와 주권자의 탄생: 제헌의원선거 71주년 기념토론회 논문집』, 대한민국국회, 2019.

57 김남식, 『남로당연구』, 돌베개, 1984, p. 306.

58 로버트 올리버, 박일영 옮김, 『이승만 없었다면 대한민국 없다: 나라세우기 X파일』, 동서문화사, 2014, pp. 174-175.

59 FRUS, 1948, Vol. VI. 2월 20일 "The Acting Political Advisor in Korea (Langdon) to the Secretary of State," pp. 1119-1122.

60 이형, 『한국의정사』, 청아출판사, 2016, p. 48.

61 부산대학교 산학협력단, 『대한민국 법원 재건 시기의 미군정 법률 고문 '에른스트 프랭켈' 등 대한민국 법원의 재건 및 성립에 관한 인물들에 대한 연구: 제1권 연구보고서』, 2016, p. 175.

62 부산대학교 산학협력단, 2016, p. 28.

63 한림대학교 아시아문화연구소 편, 『법무국·사법부의 법해석 보고서: 1946. 3-1948. 8』, 한림대학교 아시아문화연구소, 1997, pp. 5-6.

64 『중앙일보』, 2013년 5월 20일, 「198명 제헌의원 뽑은 역사상 첫 민주 선거(https://news.joins.com/article/11559160)」. 고지훈, "3장 점령과 분단의 설득기구: 미군정 공보기구의 변천(1945.8-1948.5)", 정용욱 등, 『해방의 공간, 점령의 시간』, 푸른역사, 2018.

65 김진배, 2013, p. 358.

66 부산대학교 산학협력단, 2016, pp. 177-178.

67 『중앙일보』, 2013년 5월 20일, 「198명 제헌의원 뽑은 역사상 첫 민주 선거(https://news.joins.com/article/11559160)」. 고지훈, "3장 점령과 분단의 설득기구: 미군정 공보기구의 변천(1945.8-1948.5)", 정용욱 등, 2018.

68 김진배, 2013, p. 355.

69 『중앙일보』, 2013년 5월 20일, 「198명 제헌의원 뽑은 역사상 첫 민주 선거 (https://news.joins.com/article/11559160)」. 고지훈, "3장 점령과 분단의 설득기구 : 미군정 공보기구의 변천(1945.8-1948.5)", 정용욱 등, 2018.

70 『중앙일보』, 2013년 5월 20일, 「198명 제헌의원 뽑은 역사상 첫 민주 선거 (https://news.joins.com/article/11559160)」. 고지훈, "3장 점령과 분단의 설득기구 : 미군정 공보기구의 변천(1945.8-1948.5)", 정용욱 등, 2018.

71 중앙선거관리위원회, "1948년 대한민국 최초의 선거 '5·10 총선거'".

72 『조선일보』, 1948년 4월 17일, 「조병옥, 향보단 조직에 대해 언명」.

73 『경향신문』, 1948년 5월 18일, 「대검찰청장 이인, 향보단의 탈선과 그 임무에 대해 담화 발표」.

74 『서울신문』, 1948년 9월 12일, 「각종 기부금 징수의 폐해」.

75 『서울신문』, 1949년 2월 8일, 「대검찰청과 경찰수뇌부, 민보단의 월권행위와 관련해 대책 강구」.

76 『연합신문』, 1949년 6월 28일, 「옹진지구 38선 충돌사건에 대한 옹진주민의 지원증대」.

77 『영남신문』, 1949년 8월 30일, 「민보단 경상북도단부, 단원들에게 군사훈련을 실시」.

78 『국도신문』, 1949년 8월 10일, 「서울시경찰국 주최로 경찰·민보단 합동 모의 전투훈련을 실시」.

79 『자유신문』, 1949년 12월 3일, 「이승만 대통령, 청년방위대 20만 명 조직 등에 대해 기자와 문답」.

80 헨더슨, 2000, p. 226.

81 제주 4·3 사건 진상규명 및 희생자 명예회복위원회, 『제주 4·3 사건 진상보고서』, 선인, 2003, p. 533.

82 호그, 『한국분단보고서 하』, 1992, p. 160.

83 헨더슨, 2000, p. 225. 이경남, 『경향신문』, 1987년 1월 21일, 「청년운동반세기(11) 서북청년회」.

84 사사끼, 1977, pp. 265-266.

85 제주 4·3 사건 진상규명 및 희생자 명예회복위원회, 2003, pp. 534-536.

86 박종효, 2010, p. 287.

87 박종효, 2010, p. 398.

88 박종효, 2010, p. 336.

89 『서울신문』, 1948년 9월 7일.『독립신보』, 1948년 9월 8일,「제주도사건 진상조사단 및 근로 인민당 등, 토벌 즉시중지를 요구하는 성명을 발표」.

90 유재홍, 1994, pp. 96-98.

91 사사끼, 1977, pp. 288-289.

92 건국청년운동협의회,『대한민국건국청년운동사』, 건국청년운동협의회총본부, 2007, pp. 1350-1352.

93 제주 4·3 사건 진상규명 및 희생자 명예회복위원회, 2003, pp. 535-538.

94 박종효, 2010, p. 336.

95 이경남,『경향신문』, 1987년 1월 28일,「청년운동반세기(12) 서북청년회 "제주는 준해방구" 조병옥 SOS」.

4장 대한민국의 국가 건설 1

1 한국정신문화연구원 한민족문화연구소, 2001, p. 107, p. 112.

2 FRUS 1949, Vol. VII, 1949년 1월 27일 "The Special Representative in Korea(Muccio) to the Secretary of State," pp. 947-952.

3 『조선일보』, 1948년 8월 10일,「김구·조소앙·안재홍, 정부 수립 등에 대해 기자회견」.

4 김동춘, 2000, p. 186.

5 한국정신문화연구원 한민족문화연구소 편,『구술자료 총서 3: 내가 겪은 건국과 갈등』, 선인, 2004, p. 178.

6 강만길, 2011, pp. 273-275, p. 283.

7 『서울신문』, 1948년 10월 26일,「정인보 감찰위원장, 공무원 최저생활 보장 필요성을 대통령에 건의」.

8 함재학, "대한민국 헌법사를 어떻게 읽을 것인가?: 1948년 헌법의 위상과 헌법이론의 빈곤", 한국미래학회 편,『제헌과 건국』, 나남, 2010, pp. 16-55, p. 339.

9 『제1회 국회속기록 제83호』, 1948년 10월 6일,「임영신 상공부 장관, 제1회 83차 국회본회의에서 시정방침 보고」, pp. 512-515.

10 『시정월보 창간호』, 1949년 1월 6일,「전진한 사회부 장관, 제1회 83차 국회본회의에서 시정방침을 보고」, pp. 29-42, 대한민국정부 기획처.

11 『서울신문』, 1948년 8월 21일,「국회 임시특별위원회, 국무원에 정부 내 친일파 청산을 건의할 예정」.

12 『경향신문』, 1948년 8월 25일,「임문환 상공부 차관, 부일 협력 관계로 사표

제출」.

13 맥도널드, 2001, pp. 238-240.

14 『자유신문』, 1950년 5월 13일, 「이승만 대통령, 현재는 냉전이 아닌 전쟁상 태라고 기자와 문답」.

15 『서울신문』, 1947년 5월 11일, 「이승만, 과도정부 수립과 임정봉대 문제에 관해 성명서 발표」.

16 『서울신문』, 1947년 5월 7일, 「독촉국민회 임정 봉대파, 임정 추지회 구성」. 『동아일보』, 1947년 6월 25일, 「한독당 선전부장 백홍균, 반탁데모에 대한 담화 발표」.

17 『경향신문』, 1946년 12월 8일, 「입법의원 관선의원 선임서와 성명서 발표」. 『독립신문』, 1949년 2월 22일, 「감찰위원회의 조봉암 농림부 장관 파면 결정 서」.

18 『동아일보』, 1946년 4월 23일, 「한독당 중앙부서 결정됨」. 『한성일보』, 1948 년 8월 29일, 「국무회의, 감찰위원회 구성」.

19 임종국, "제1공화국 친일세력", 강만길 등, 『해방전후사의 인식 2』, 한길사, 1985, p. 189.

20 『자유신문』, 1949년 2월 11일, 「명제세 심계원 위원장, 심계원 업무에 대해 담화를 발표」.

21 *FRUS* 1948, Vol. VI, 1948년 8월 18일, "The Political Adviser in Korea (Jacobs) to the Secretary of State," pp. 1282-1283.

22 *FRUS* 1948, Vol. VI, 1948년 8월 24일, "The Political Adviser in Korea (Jacobs) to the Secretary of State," p. 1287.

23 『동광신문』, 1948년 11월 1일, 「전진한 사회부 장관, 여순사건과 수해복구 등에 대해 담화를 발표」.

24 올리버, 2002, p. 292.

25 한국정신문화연구원 한민족문화연구소, 2004, p. 178.

26 신숙, 『나의 일생』, 일신사, 1962, p. 61.

27 정용덕, "이승만 정부와 관료제", 문정인·김세중 등, 『1950년대 한국사의 재 조명』, 선인, 2004, p. 162.

28 사오위린, 이용빈 외 옮김, 『사오위린 대사의 한국 외교 회고록: 중화민국과 한국의 근대 관계사』, 한울, 2017, p. 125.

29 강준식, 『대한민국의 대통령들』, 김영사, 2017, p. 47.

30 맥도널드, 2001, p. 228.

31 『서울신문』, 1946년 11월 12일, 「친일파 재선거, 이박사 담화발표」.

32 한국정신문화연구원 한민족문화연구소, 2004, p. 189.

33 『서울신문』, 1948년 9월 15일, 「이승만 대통령·이범석 국무총리, 행정권 이양 후 정부 관리들에 행한 최초훈시 내용」.

34 『민주일보』, 1948년 8월 20일, 「이승만 대통령, 행정 이양에 따른 행정공백에 관리들은 태만하지 말라고 유고」.

35 『서울신문』, 1948년 9월 15일, 「이승만 대통령·이범석 국무총리, 행정권 이양 후 정부 관리들에 행한 최초훈시 내용」.

36 주섭일, 『프랑스의 대숙청』, 중심, 1999.

37 마조워, 2009, pp. 316-319.

38 올리버, 2002, p. 285.

39 『서울신문』, 1948년 7월 23일, 「이승만, 총리인선 문제 등에 대해 기자회견」.

40 *FRUS* 1948, Vol. VI, 1948년 11월 12일 "The Special Representative in Korea(Muccio) to the Secretary of State," pp. 1325-1327.

41 *FRUS* 1948, Vol. VI, 1948년 11월 9일 "The Special Representative in Korea(Muccio) to the Secretary of State," p. 1323.

42 *FRUS* 1948, Vol. VI, 1948년 11월 19일 "The Special Representative in Korea(Muccio) to the Secretary of State," pp. 1331-1332.

43 *FRUS* 1949, Vol. VII, 1949년 1월 25일 "The Secretary of the Army(Royall) to the Secretary of State," pp. 945-946.

44 박종효, 2010, p. 361.

45 *National Security Council Report 8/2*, March, 22. 1949, DNSA(Declassified National Security Archive). *FRUS* 1949, 1949년 3월 22일 "Report by the National Security Council to the President," pp. 969-978.

46 박종효, 2010, p. 360.

47 *FRUS* 1948, VI, 1948년 11월 9일 "The Special Representative in Korea (Muccio) to the Secretary of State," pp. 1046-1057.

48 『자유신문』, 1950년 4월 28일, 「미국 정부, 한국이 정치, 경제의 위기를 모면했다고 평가」.

49 *FRUS* 1950, Vol. VII, 1950년 5월 11일 "The Chargé in Korea(Drumright) to the Secretary of State," pp. 84-85.

50 맥도널드, 2001, p. 108.

51 *FRUS* 1950, Vol. VII, 1950년 6월 19일 "Memorandum of Conversation,

by the Director of the Office of Northeast Asian Affairs(Allison)," pp 107-109.

52 *National Security Council Report 61*, January, 27, 1950, DNSA(Declassified National Security Archive), pp. 1-6.

53 *National Security Council Report 73*, July, 1, 1950, DNSA(Declassified National Security Archive), pp. 1-3.

54 내무부 치안국 편, 『경찰 십년사』, 내무부 치안국, 1958, p. 397.

55 서주석, 2008, p. 295.

56 『서울신문』, 1948년 8월 2일, 「제37차 국회본회의, 조각문제로 격론」.

57 『제1회 국회속기록 제59호』, 1948년 9월 7일, 「제1회 59차 국회본회의, 반민족행위자 규정에 대한 노일환 의원의 발언」, p. 1117.

58 『부산신문』, 1948년 9월 14일, 「대전 제3관구 경찰청 신임 경찰 대표들, 기존 경관 퇴직을 요구」.

59 『세계일보』, 1948년 9월 10일, 「정치적 도구로서의 친일파 지위: 김우송」.

60 『자유신문』, 1948년 8월 16일, 「수도 경찰청 간부, 민족정기 양양을 위해 퇴진한다고 성명」.

61 『서울신문』, 1948년 8월 29일, 「윤치영 내무부 장관, 경찰 업무에 진력할 것을 요하는 담화」.

62 『자유신문』, 1948년 10월 2일, 「이승만 대통령, 반민족행위처벌법, 민족경제 원조 문제 등을 기자와 문답」.

63 『경향신문』, 1948년 12월 29일, 「제헌국회의 회고 (1)-(2)」.

64 『서울신문』, 1949년 1월 20일, 「신성모 내무부 장관, 치안문제와 지방시찰 소감 등에 대해 기자 담화」.

65 정석균, 『대비정규전사』, 국방부 전사편찬위원회, 1988, pp. 26-75.

66 박종효, 2010, "1949년 9월 15일 대사 쉬띄꼬프가 스딸린에게 보낸 극비 보고서: 남조선 정치 사정", p. 336.

67 박종효, 2010, "1950년 4월 25일 민주조선: 남조선 실정", p. 472.

68 내무부 치안국, 1958, p. 397.

69 『관보 제26호』, 1948년 12월 31일, 「국무위원 사령」.

70 『민국일보』, 1948년 12월 26일, 「신성모, 대한청년단 단장에 취임」.

71 『동아일보』, 1948년 12월 29일, 「신성모 대한청년단장, 대한청년단의 임무는 방공防共이라고 밝힘」.

72 선우종원, 1992, pp. 121-169.

73 『부산일보』, 1949년 4월 7일, 「김효석 내무부 장관, 주요 경찰행정을 잠정적으로 경찰국장에 일임하도록 각 도지사에 공문을 발송」.

74 *National Security Council Report 8*, April, 2, 1949, DNSA(Declassified National Security Archive).

75 서주석, 2008, p. 295.

76 사사끼, 1977, p. 147.

77 박종효, 2010, p. 467.

78 올리버, 2002, p. 314.

79 *FRUS* 1949, Vol. VII. 1949년 5월 9일 "The Ambassador in Korea(Muccio) to the Secretary of State," p. 1014.

80 *FRUS* 1949, Vol. VII. 1949년 8월 20일 "The President of the Republic of Korea(Rhee) to President Truman," pp. 1075-1076.

81 *National Security Council Report 61*, January, 27, 1950, DNSA(Declassified National Security Archive), pp. 1-6.

82 *FRUS* 1949, Vol. VII. 1949년 3월 15일 "The Chargé of the American Mission in Korea(Drumright) to the Secretary of State," p. 966.

83 『서울신문』, 1950년 1월 14일, 「김정렬 공군 총참모장, 공군의 발전상황을 피력」.

84 *FRUS* 1949, Vol. VII. 1949년 7월 13일 "The Ambassador in Korea(Muccio) to the Assistant Chief of the Division of Northeast Asian Affairs(Bond)," pp. 1060-1061.

85 김정렬, 2010, pp. 118-119.

86 먼저 한국군 자료는 다음의 자료를 참조했다. *FRUS* 1949, Vol. VII. 1949년 6월 27일 "Memorandum by the Department of the Army to the Department of State," pp. 1046-1057. 대한민국 국방부 전사편찬위원회 편, "주한미군의 남한철수 후 북한 총공격 가능성에 대해 미육군부가 국무부에 보내는 비망록", 『한국전쟁사 1권: 해방과 건군, 1945-1950』, 국방부 작전편찬위원회, 1967, p. 109. 다음으로 북한군의 증강 사항에 대해서는 다음의 자료들을 참고했다. 박종효, 2010, pp. 331-333. 장준익, 『북한인민군대사』, 서문당, 1991, p. 134.

87 『서울신문』, 1950년 6월 1일, 「무쵸 주한 미국 대사, 미국은 한국에 전투기 제공을 고려하고 있다고 언급」.

88 *FRUS* 1950, Vol VII. 1950년 4월 20일 "The Chargé in Korea(Drumright)

to the Secretary of State," pp. 46-47.

89 맥도널드, 2001, p. 152.

90 *FRUS* 1950, Vol VII. 1950년 6월 19일 "Memorandum of Conversation, by the Director of the Office of Northeast Asian Affairs(Allison)," pp. 107-109.

91 한국전쟁 발발의 보다 상세한 과정과 원인에 대한 설명은 다음의 연구를 참조할 것. 이택선, "미국과 소련의 한반도정책과 한국전쟁의 발발: 공격적 현실주의의 관점을 중심으로", 차태서 등, 『북한과 국제정치』, 늘품플러스, 2018, pp. 59-98.

92 사사끼, 1977, p. 534.

93 한용원, 「남북한 군대 창설 과정 비교」, 이철순 편, 2010, pp. 170-172.

94 『평화일보』, 1948년 12월 23일, 「국방부, 이준식, 김석원 등 군사경력 9명을 고급장교로 기용」.

95 『자유신문』, 1948년 9월 12일, 「이승만 대통령, 일본군 장교 78명을 초빙했다는 평양방송 보도를 부인」.

96 강만길, 2011, pp. 282-283.

97 박종효, 2010, "1949년 9월 15일 대사 쉬띄꼬프가 스딸린에게 보낸 극비 보고서: 남조선군 실정", p. 339.

98 국군보안사령부, 『대공 30년사』, 국방부, 1978, p. 172.

99 유재흥, 1994, p. 88.

100 사사끼, 1977, pp. 312-316.

101 헨더슨, 2000, p. 485.

102 사사끼, 1977, pp. 23-24.

103 한용원, "남북한의 창군: 미, 소의 역할을 중심으로", 한배호 편, 『한국현대 정치론 I: 제1공화국의 국가 형성, 정치과정, 정책』, 오름, 2008, pp. 194-195.

104 박종효, 2010, p. 338.

105 김정렬, 2010, pp. 97-98.

106 이응준, 『회고 90년: 이응준 자서전』, 산운기념사업회, 1982, pp. 297-298.

107 국사편찬위원회, 『실록 대한민국사 자료집: 한국 경제 정책자료 1(1948.8-1949.12)』, 2010, p. 691.

108 『시정월보 창간호』, 1949년 1월 5일. 국사편찬위원회, 『실록 대한민국사 자료집: 한국 경제 정책자료 1(1948.8-1949.12)』, 2010, p. 36.

109 『자유신문』, 1949년 3월 26일, 「이승만 대통령, 귀속재산 처리법안의 국회통
과 이전에도 국유화 대상 이외에는 귀속재산을 매각토록 지시」. 국사편찬위
원회, 『실록 대한민국사 자료집: 한국 경제 정책자료 1(1948.8-1949.12)』,
2010, p. 220.

110 홍진기, "귀속재산에 대한 법적 과제: 귀속성의 불식의 시급성", 『신천지』
제5권 제3호(1950년 3월), pp. 22-29. 국사편찬위원회, 『실록 대한민국사 자
료집 2: 한국 경제 정책자료 2(1950.1-1950.6)』, 2010, pp. 380-387.

111 정용덕, 2004, p. 163.

112 서주석, 2008, p. 264.

113 김태명·조성제, "우리나라 관세정책, 제도의 변천 및 향후 과제", 『경영사학』
Vol. 47, 한국경영사학회, 2008, pp. 157-161.

114 『관보 제3호』, 1948년 9월 13일, 「행정 이양 대통령령 제3호, 남조선과도정
부 인수에 관한 건」.

115 『서울신문』, 1950년 4월 2일, 「정부, 적자재정 시정을 위해 공무원 3할 감
원」. 국사편찬위원회, 『실록 대한민국사 자료집 2: 한국 경제 정책자료 2
(1950.1-1950.6)』, 2010, pp. 380-387.

116 *FRUS* 1948, Vol. VI. 1948년 8월 25일 "Memorandum by President
Truman to the Secretary of State," pp. 1288-1289.

117 홍성유, 1962, p. 94.

118 *FRUS* 1948, Vol VI. 1948년 9월 7일 "Memorandum by the Assistant
Secretary of State for Occupied Areas(Saltzman)," pp. 1292-1298.

119 *FRUS* 1948, Vol VI. 1948년 10월 1일 "The Administrator of the Economic
Cooperation Administration(Hoffman) to the Secretary of State," pp.
1312-1313.

120 국회도서관 입법조사국, 1964, p. 150, p. 156.

121 이대근, 『한국전쟁과 1950년대 자본축적』, 까치, 1987, p. 140. 서주석,
2008, p. 295.

122 RG 59, SD Decimal File, 895, 50 RECOVERY/12-1148, Enclosure No.4
dated Despatch no. 110. dated December 11, 1948, from American
Mission in Korea, Seoul, National Archives(NARA) II, "Transmittal of
Agreement on Aid Between the United States and the Republic of Korea
1948. 12. 11.," 국사편찬위원회, 『대한민국사 자료집 18: 주한미군 정치고
문 문서 I(1945.8-1946.2), 국사편찬위원회, 1994.

123 RG 59, SD Decimal File, 895, 50 RECOVERY/11-148, National Archives(NARA)II, "Transmittal of radio address on Aid Agreement, delivered by Foreign Minister, 1948. 10. 30.," 국사편찬위원회, 『대한민국사 자료집 18: 주한미군 정치고문 문서 I(1945.8-1946.2), 1994.

124 『제1대 국회 제1회 제127차 국회본회의 속기록』, 국사편찬위원회, 『실록 대한민국사 자료집: 한국 경제 정책자료 1(1948.8-1949.12)』, 2010, pp. 95-106.

125 RG 59, SD Decimal File, 895, 50 RECOVERY/12-1148, Enclosure No.3 to Despatch no. 110. dated December 11, 1948, from American Mission in Korea, Seoul, National Archives(NARA) II, "Transmittal of Agreement on Aid Between the United States and the Republic of Korea, 1948. 12. 11.," 국사편찬위원회, 『대한민국사 자료집 18: 주한미군 정치고문 문서 I(1945.8-1946.2), 1994.

126 한국은행 조사부, 『한국은행조사월보』, 한국은행, 1951, p. 233. 이현진, 『제1공화국기 미국의 대한경제원조정책 연구』(이화여자대학교 박사 학위논문, 2004), p. 48에서 재인용.

127 올리버, 2002, p. 300.

128 『대동신문』, 1949년 2월 11일, 「공보처 통계국, 15개 시도 작업 실태 조사결과 발표」.

129 『경향신문』, 1949년 12월 21일, 「공보처와 조선은행, 생계비 조사를 위한 조사 요강을 마련」.

130 『상공일보』, 1950년 5월 14일, 「통화 긴축정책하의 봉급생활자와 근로생활자의 생활실태」.

5장 대한민국의 국가 건설 2

1 사사끼, 1977, p. 399.

2 국방부 전사편찬위원회, 1981, p. 518.

3 정병준, 『한국전쟁: 38선 충돌과 전쟁의 형성』, 돌베개, 2007, pp. 248-257.

4 박종효, 2010, p. 394.

5 언급되지 않은 제헌헌법에 대한 신익희와 미군정의 영향에 대해서는 다음의 연구들을 참조할 것. 이택선, "미군정 법률고문 퍼글러의 생애: 퍼글러 페이퍼를 중심으로", 『숭실사학』 제37권, 2016. "1950년대 중반 한국 정치인들의 리더십 연구: 제3대 대통령 후보자 이승만, 신익희, 조봉암을 중심으로", 『한

국동양정치사상사연구』 제17권 제1호, 2018. "미군정 법률고문 퍼글러의 한국에서의 활동에 관한 연구", 『세계헌법연구』 제24권 제1호, 2018. 이택선, "5·10 총선 논의 재검토", 『한국정치외교사논총』 제40권 제2호, 2019. 황승흠, "제헌헌법제정과정에서 신익희의 역할에 관한 연구", 『법학논총』 제56호, 국민대학교 법학연구소, 2017.

6 대한민국국회 편, 『남조선과도입법의원 속기록』, 선인문화사, 1999, pp. 67-68.

7 김성호·최선, "제1장 1948년 건국헌법에 나타난 혼합적 권력구조의 기원: 미군정기와 제헌국회의 헌법안 및 헌법논의를 중심으로", 한국미래학회 편, 『제헌과 건국』, 나남, 2010, pp. 13-61.

8 전현수, 2004, "1948년 8월 2일", p. 161.

9 『조선일보』, 1948년 5월 14일.

10 선우기성, 『어느 운동자의 일생』, 배영사, 1987, pp. 299-300.

11 『경향신문』, 1948년 8월 25일, 「대한독립촉성국민회, 신당 조직을 둘러싸고 3파로 분열」.

12 『경향신문』, 1948년 11월 12일, 「여순사건 후 각 정당의 동향」.

13 『경향신문』, 1948년 6월 5일, 「국회의원들 3·1과 6·1 구락부 발기」.

14 『서울신문』, 1948년 7월 20일, 「각 정당의 대통령과 부통령 후보에 대한 견해」.

15 한국정신문화연구원 한민족문화연구소, 2004, p. 183.

16 이경남, 『분단시대의 청년운동 하』, 1989, p. 185.

17 선우기성, 『한국청년운동사』, 1973, p. 736.

18 이경남, 1989, pp. 236-239.

19 중앙선거관리위원회, 『대한민국 선거사 제1집』, 1973. 김성희, 『정치사』, 박영사, 1976, p. 236.

20 신우철, "대한민국헌법(1948)의 '민주주의 제諸 제도 수립'", 한국미래학회 편, 2010, p. 111 각주 30. "헌법이 정치, 경제, 사회의 삼균주의를 확실히 계승하고 있는가?"라는 최운교의 질문에 서상일이 "헌법 전문을 보면 모든 영역에 있어서 전부가 만민균등주의를 확인할 수 있다"고 대답하고 있다.

21 『국민신문』, 1948년 10월 14일, 「사설: 민족사회주의란?」.

22 박찬표, 2007, pp. 403-404.

23 박명림, "헌법, 국가의제, 그리고 대통령 리더십: '건국헌법'과 '전후 헌법'의 경제조항 비교를 중심으로", 『국제정치논총』 제48집 1호, 한국국제정치학회,

2008, p. 450.

24 전광석, "제5장 건국헌법의 사회경제질서 구상", 한국미래학회 편, 2010, p. 245.

25 박태균, "이승만 대통령 시기 공개문서를 통해 본 1950년대 대한민국 정부의 정책과 그 특징: 자료 해제: 1954년 1월 23일의 정부 제안 개헌안 (AA0003857)", 대통령기록관(2010년 12월 2일), 2010, pp. 11-12.

26 김일영, "농지개혁을 둘러싼 신화의 해체", 한국정치학회 엮음, 『한국정치연구의 쟁점과 과제』, 한울, 2011, p. 33.

27 유진오, 『헌법의 기초이론』, 일조각, 1956, pp. 141-142.

28 『서울신문』, 1948년 12월 2일.

29 『연합신문』, 1949년 1월 26일.

30 박종효, 2010, p. 357.

31 『한성일보』, 1949년 2월 3일, 「이승만 대통령, 반민족행위특별조사위원회의 친일파 검거활동을 제한할 것을 주장하는 담화를 발표」.

32 『조선일보』, 1949년 2월 17일, 「제2회 32차 국회본회의, 반민족행위특별조사위원회에 대한 이승만 대통령 담화로 격론」.

33 『대동신문』, 1949년 2월 18일, 「김상덕 반민족행위특별조사위원회 위원장, 이승만 대통령의 담화를 반박하는 성명서를 발표」.

34 『서울신문』, 1949년 2월 22일, 「이승만 대통령, 반민족특별조사위원회의 활동을 강력하게 비판하는 담화를 발표」. 『서울신문』, 1949년 4월 15일, 「이승만 대통령, 반민족특별조사위원회는 조사활동에만 국한하고 특경대를 해산할 것을 요구하는 담화를 발표」.

35 『평화일보』, 1949년 4월 24일, 「김상돈 반민족특별조사위원회 부위원장, 위원회 활동을 조사에만 국한하라는 이승만 대통령의 담화를 반박」.

36 *FRUS* 1949, Vol. VII, Part 2. 1949년 1월 27일 "The Special Representative in Korea (Muccio) to the Secretary of State," pp. 947-952.

37 『민주일보』, 1948년 8월 27일.

38 조병옥, 1959. 장택상, 1992.

39 『동아일보』, 1949년 6월 8일, 「대통령, 경찰의 반민특위 특경대 해산이 자신의 명령이라고 발표」.

40 『연합신문』, 1949년 6월 10일, 「서울시경찰국 과·서·대·교장, 이승만 대통령의 선처 약속에 따라 업무복귀를 선언」.

41 『조선중앙일보』, 1949년 7월 7일.

42 『경향신문』, 1949년 8월 12일.

43 『한성일보』, 1949년 9월 17일.

44 『서울신문』, 1949년 9월 20일.

45 국회사무처, 「제헌국회속기록」, 제1회 94호, 1948-1950, pp. 797-802.

46 이기택, 2017, p. 122.

47 김동춘, 2015, p. 86.

48 김계유, "손가락질 하나로 빨갱이 된 무고한 죽음", 『월간 말』 1994년도 5월 호(통권 95호), pp. 214-216.

49 백선엽, 『조국이 없으면 나도 없다』, 월간아미, 2010, pp. 55-56.

50 사사끼, 1977, p. 295.

51 백선엽, 2010, p. 57.

52 김득중, 2009.

53 박종효, 2010, p. 338.

54 백선엽, 2010, p. 73.

55 『동아일보』, 1948년 10월 28일, 「이승만 대통령, '군경동지에게 보내는 권고 문'을 발표」.

56 『한성일보』, 1948년 11월 6일, 「콜터 주한미군사령관, 여순사건에 대해 발 표」.

57 『서울신문』, 1948년 11월 3일, 「국회 여순사건조사단 최윤동 의원 귀환 보 고」.

58 『민주일보』, 1948년 11월 14일, 「미국 타임지 기자가 본 여순사건」.

59 『동아일보』, 1949년 5월 8일, 「전라남도 경찰국, 여순사건 이후 6개월간 경 찰관 509명을 파면」.

60 『서울신문』, 1948년 10월 29일, 「박승훈 제14연대장, 여수에서 탈출해 사건 경위를 설명」.

61 『국제신문』, 1948년 11월 2일, 「여순사건, 지리산 전투 종군기: 방경린」.

62 사사끼, 1977, p. 386.

63 『서울신문』, 1948년 10월 29일, 「채병덕 육군 참모총장, 여순사건 경위에 대 해 담화를 발표」.

64 강성재, 『참군인 이종찬 장군』, 동아일보사, 1987, p. 30.

65 정병준, 『몽양 여운형 평전: 머리가 희일수록 혁명 더욱 붉어졌다』, 한울, 1985, pp. 103-104.

66 『경향신문』, 1949년 10월 7일, 「제5회 14차 국회본회의, 여수·순천 사건 당

시 즉결처분 문제 등에 대해 질의응답」.

67 『국도신문』, 1950년 5월 25일, 「서민호 외 19의원, 여순사건 복역자 재심을 요구하는 긴급동의안을 제출」.

68 박종효, 2010, p. 338.

69 『서울신문』, 1949년 1월 29일, 「곡성군 시국대책위원회 대표, 여순사건에 따른 주민부담 경감을 호소」.

70 『국도신문』, 1949년 10월 8일, 「이승만 대통령, 수사기관 일원화를 찬성하는 등 국정현안에 대해 기자문답」.

71 『독립신문』, 1948년 11월 9일, 「여순사건, 여수의 근황: 잿터에서 방황하는 실신한 읍민들」.

72 박태균, "이승만 대통령 시기 공개문서를 통해 본 1950년대 대한민국 정부의 정책과 그 특징: 자료 해제: 실책 공무원 처벌 보고 요청에 관한 건 (AA0000059)", 2010, p. 34.

73 『제2회 국회속기록 제13호』, 1949년 1월 25일, 「이윤영 사회부 장관, 여순사건·제주사건 피해·구호 상황에 대해 제2회 13차 국회본회의에서 보고」, pp. 243-245.

74 『제1회 국회속기록 제93호』, 1948년 11월 1일, 「제1회 93차 국회본회의, 여순사건에 가담했다고 보도된 황두연 의원이 출석해 경위를 보고」, pp. 723-733.

75 『한성일보』, 1948년 11월 5일, 「여순사건 처리에 중요한 것은 친일잔재 처단과 민심 수습」.

76 『수산경제신문』, 1948년 11월 5일, 「대통령, 여순사건 가담자의 철저한 색출을 지시하는 담화를 발표」.

77 『자유신문』, 1948년 11월 3일, 「국회 법제사법위원회, 국가보안법 초안을 기초」.

78 『서울신문』, 1948년 11월 17일, 「제1회 105차 국회본회의, 국가보안법 폐기 동의안을 놓고 논전」.

79 『동아일보』, 1948년 12월 3일, 「사설: 국가보안법 운용에 신중을 기하라」.

80 『서울신문』, 1948년 12월 2일, 「이인 법무부 장관, 국가보안법 시행에 대해 담화를 발표」.

81 『제1회 국회속기록 제105호』, 1948년 11월 16일, 「제1회 105차 국회본회의, 신익희 국회의장의 국가보안법 상정과정 설명과 찬반 토론」, pp. 945-953.

82 『조선일보』, 1949년 1월 16일.

83 육군본부 군사연구실,『한국전쟁 시 학도의용군』, 육군본부, 1994, p. 49.

84 『자유신문』, 1950년 6월 14일.

85 『경향신문』, 1948년 12월 21일.

86 『동아일보』, 1949년 10월 8일.

87 서중석,『이승만의 정치이데올로기』, 역사비평사, 2005.

88 공보처,「창간을 맞이하며」,『주보 52호』, 공보처 출판국 편집과, 1950, pp. 2-4.

89 『동아일보』, 1948년 10월 23일,「대한독립촉성국민회 간부회, 일민주의 당시화 논란」.

90 『주간서울』, 1945년 12월 5일,「나를 왜 일민주의자라 하나: 배은희」.

91 『경향신문』, 1949년 4월 22일,「이승만 대통령, 일민주의 정신과 민족운동에 관해 담화를 발표」.

92 『서울신문』, 1949년 3월 9일,「서울시 학도호국단 결성」.

93 『서울신문』, 1949년 12월 6일,「안호상 문교부 장관, 학도호국단원 수는 27만 명이며 교련을 정과목으로 할 것이라고 기자회견」.

94 안호상,『일민주의의 본바탕』, 일민주의 연구원, 1950, pp. 24-85.

95 『국도신문』, 1949년 7월 15일.

96 백영철,『제1공화국과 한국 민주주의: 의회정치를 중심으로』, 나남출판, 1995.

97 박명림,『한국 1950: 전쟁과 평화』, 나남출판, 2002, p. 7.

98 박종효, 2010, p. 367.

99 박종효, 2010, p. 354.

100 헨더슨, 2000, p. 244.

101 이혜숙, 2008, pp. 579-580.

102 이혜숙, 2008, pp. 596-597.

103 박찬표, 2007, p. 21.

104 『조선일보』, 1949년 2월 6일,「농지개혁법안, 국무회의를 통과」.

105 『서울신문』, 1949년 3월 9일,「서울신문사, 농지개혁법 초안에 대한 좌담회를 개최」.

106 헨더슨, 2000, p. 314.

107 이혜숙, 2008, p. 522-527.

108 『서울신문』, 1945년 12월 10일,「안재홍, 민족통일전선 동태에 관한 문답」.

109 『서울신문』, 1949년 3월 9일,「서울신문사, 농지개혁법 초안에 대한 좌담회

를 개최」.

110 올리버, 2002, p. 303.

111 커밍스, 2001, p. 81.

112 조선은행조사부, 『조선경제통계요람』, 조선은행, 1949. 이혜숙, 2008, p. 303. 다만 이 책에서는 원자료들을 대조하여 경기, 충북, 충남, 경북의 감소 면적과 감소 면적 총계의 오기, 그리고 1943년 6월 면적 총계 부분의 오기를 바로잡았다. 귀한 자료를 찾아내 구체적인 출처까지 명기해주신 이혜숙 교수님의 노고에 깊이 감사드린다.

113 1945~1946년은 조선은행조사부, 『조선경제연보』, I-28, 조선은행, 1948. 1947년은 조선은행조사부, 『경제연감』, I-29, 조선은행, 1948. 1949년은 한국은행조사부, 『한은조사월보』 No. 54, p. 87, 한국은행, 1953년 2월. 치안상의 관계로 조사 불가능한 5개 군과 여러 개의 면을 추산해 계산한 1949년의 통계는 이혜숙, 2008, p. 522에서 재인용. 다만 이 책에서는 원자료들을 대조하여 1949년 6월 지주, 자작 부분의 비율과 피용자 부분의 비율을 각각 36.2%→36%와 3.1%→3%로 고쳤다. 귀한 자료를 찾아내 구체적인 출처까지 명기해주신 이혜숙 교수님께 깊이 감사드린다.

114 『신동아』, 2001년 7월호, 「정, 관, 학계의 명문 장재식 패밀리」.

115 『조선일보』, 1949년 2월 6일, 「농지개혁법안, 국무회의를 통과」.

116 박성진, 2010, pp. 244-245.

117 박성진, 2010, p. 255.

118 박태균, "이승만 대통령 시기 공개문서를 통해 본 1950년대 대한민국 정부의 정책과 그 특징: 자료 해제―2)경제정책 관련 자료들: 농지개혁법 실시 연시 延施에 관한 건(AA0000103)", 2010, pp. 14-15.

119 『주보 제6호』, 1949년 4월 27일, "농지개혁의 근본이념: 농림부 농림국", pp. 3-8.

120 『자유신문』, 1950년 1월 1일, 1950년 1월 4일, 「전환기 경제의 회고와 전망: 장기영 (1)-(2)」.

121 『부산일보』, 1950년 1월 6일, 「농림부, 지주자본을 규합해 거대 주식회사를 세우는 방안을 강구」.

122 『서울신문』, 1949년 3월 9일.

123 박성진, 2010, pp. 386-387에서 재인용.

124 『서울신문』, 1950년 10월 20일, 「농림부 장관, 농지개혁을 계속 실시할 것이라는 담화를 발표」.

125 김성호 외,『농지 개혁사 연구』, 한국농촌경제연구원, 1989, p. 1034.

126 김일영, 2011, pp. 106-116.

127 이 부분은 나의 다음 연구들에 상세히 소개된 바 있다. 이택선, "이승만의 공화주의와 리더십",『한국동양정치사상사학회학술대회발표논문집』, 2015. 이택선, "1950년대 중반 한국 정치인들의 리더십 연구: 제3대 대통령 후보자 이승만, 신익희, 조봉암을 중심으로",『한국동양정치사상사연구』제17권 제1호, 2018. 이택선, "5·10 총선 논의 재검토",『한국정치외교사논총』제40권 제2호.

128 김기원, 1990.

129 기무라 미쓰히코·아베 게이지, 차문석·박정진 옮김,『전쟁이 만든 나라, 북한의 군사 공업화』, 미지북스, 2009.

130 전현수, 2004, "1947년 7월 17일", p. 98.

131 박성진, 2010, pp. 283-289.

132 공보처,「창간을 맞이하며」,『주보 52호』, 공보처 출판국 편집과, 1950, pp. 2-4.

133 공보처,「시국과 선전의 중요성」,『주보 39호』, 공보처 출판국 편집과, 1949, pp. 27-31.

134 『서울신문』, 1948년 9월 9일,「학제개혁에 대한 논의 (1)-(3)」.

135 『한국전란 2년지』, 1951년 8월 15일,「이승만 대통령, 8·15 기념사」, pp. 137-139.

136 『서울신문』, 1949년 7월 12일,「이순탁 기획처장, 4283년도 예산편성 방침을 발표」.

137 『시정월보 제2호』, 1949년 3월 10일,「문교부, 의무교육 완성 6개년 계획 (1949-1956년)을 수립」, pp. 108-110.

138 『경향신문』, 1949년 12월 21일,「공보처와 조선은행, 생계비 조사를 위한 조사 요강을 마련」.

139 『서울신문』, 1948년 6월 8일,「이승만, 기자회견에서 대통령 중심제 및 임정 계승 등 언급」.

140 『조선일보』, 1948년 8월 10일,「김구·조소앙·안재홍, 정부 수립 등에 대해 기자회견」.

141 『서울신문』, 1948년 10월 13일,「조소앙, 대한민국의 지위 및 건국강령의 내용 등에 대해 성명서를 발표」.

142 『한성일보』, 1948년 10월 17일,「한민족의 진로: 안재홍」.

143 김재명, 『한국 현대사의 비극: 중간파의 이상과 좌절』, 선인, 2003, p. 83.

144 『서울신문』, 1949년 3월 1일, 「김규식 민족자주연맹 위원장, 3·1절 기념사에서 평화적 남북통일을 주장」.

145 『동아일보』, 1949년 3월 9일, 「남북통일을 지상목표로 민족진 통합 지향」.

146 『연합신문』, 1949년 10월 28일.

147 로빈슨, 1988, pp. 277-278.

148 조병옥, 1959, pp. 278-279.

149 『연합신문』, 1950년 3월 10일.

150 *FRUS* 1949, Vol. VII, Part 2, 1949년 3월 28일 "The Chargé of the American Mission in Korea(Drumright) to the Secretary of State," pp. 979-980.

151 이 책은 기본적으로 취약국가 대한민국의 형성을 다룬 것이므로 이승만에 대해서는 별도의 장을 할애하지 않았다. 이승만에 대한 관심이 있는 독자들은 나의 다음 연구들을 참조하라. "이승만의 공화주의와 리더십", 『한국동양정치사상사학회학술대회발표논문집』, 2015. "1950년대 중반 한국 정치인들의 리더십 연구: 제3대 대통령 후보자 이승만, 신익희, 조봉암을 중심으로", 『한국동양정치사상사연구』 제17권 제1호, 2018. "5·10 총선 논의 재검토", 『한국정치외교사논총』 제40권 제2호, 2019. "이승만의 공화주의와 리더십", 남광규 등, 『한국 근대 공화주의자 6인의 리더십』, 한국학중앙연구원출판부, 2019.

152 『서울신문』, 1950년 6월 8일, 「대한국민당과 사회당의 합당 교섭」.

153 『동아일보』, 1950년 2월 7일, 「이승만 대통령, 헌법 개정에 반대한다는 의견서를 국회 개헌안과 함께 공고」.

154 『서울신문』, 1950년 3월 15일, 「이승만 대통령, 개헌안 부결에 대해 담화를 발표」.

155 『자유신문』, 1948년 10월 10일, 「대한국민당 발기회, 위원장을 선출하고 정강을 결정」.

156 『서울신문』, 1950년 5월 15일, 「각 당의 선거운동 전략」.

157 『서울신문』, 1949년 12월 23일, 「대한국민당, 사회당, 대한노농당, 신생회, 평민당 결성에 잠정합의」.

158 『서울신문』, 1950년 6월 8일, 「대한국민당과 사회당의 합당 교섭」.

159 『한성일보』, 1950년 1월 21일, 「신당운동, 개헌작업을 둘러싼 정치계의 동향」.

160 『자유신문』, 1945년 12월 27일, 「자유사회건설자연맹, 시국수습대책 결의 발표」.

161 『주간서울』, 1949년 1월 1일, 「신년 정국의 동향과 전망」.

162 『대동신문』, 1949년 1월 13일, 「내외정평: 개헌운동과 정당, 각파 세력의 동향주목 (1)-(2)」.

163 정병준, 2005, pp. 399-424.

164 서주석, 2008, pp. 141-142.

165 『서울신문』, 1948년 10월 8일, 「이순탁 기획처장, 과도정부로부터의 사무인계 진행상황을 발표」.

166 박종철, "원조와 수입대체산업, 농업정책", 한배호 편, 2008, p. 444.

167 박성진, 2010, pp. 377-378.

168 『경향신문』, 1950년 3월 17일, 「경제안정 15원칙에 요망재정: 이순탁」.

169 『중앙일보』, 1982년 3월 31일, 「중앙청(7): 초대내각(2)」.

170 『서울신문』, 1949년 3월 9일.

171 「제2회 국회속기록 제13호」, 1949년 1월 25일, 「이윤영 사회부 장관, 여순사건·제주사건 피해·구호 상황에 대해 제2회 13차 국회본회의에서 보고」, pp. 243-245.

172 『조선중앙일보』, 1949년 2월 6일, 「이순탁 기획처장, 경제위원회 발족에 관한 담화를 발표」.

173 맥도널드, 2001, p. 376.

174 김명윤, 1971, pp. 54-55.

175 서주석, 2008, pp. 99-100.

176 도빈스, 2010, p. 280.

177 Central Intelligence Agency Report, June, 19, 1950, "Current Capabilities of the Northern Korean Regime," DNSA(Declassified National Security Archive).

6장 근대국가의 기틀을 마련하다

1 국사편찬위원회, "제1회 총인구조사 결과(1949년 5월 1일 기준: 1949년 6월 16일 발표)", 『실록 대한민국사 자료집: 한국 경제 정책자료 1(1948.8-1949.12)』, 2010, p. 333.

2 국사편찬위원회, 『실록 대한민국사 자료집 2: 한국 경제 정책자료 2(1950.1-1950.6)』, 2010, p. 3.

3 헨더슨, 2000, p. 229.

4 박종효, 2010, p. 191, p. 311.

5 박종효, 2010, p. 466, p. 311.

6 국사편찬위원회, 『주한미군사』 제3권, 1988, p. 439와 각각의 *Summation*은 이길상, 1990을, *G-2 Report*는 HQ, HUSAFIK *G-2 P/R*(전7권)을 참조했다. *Summation* 및 *G-2 Report*를 참조해 작성된 서주석, 2008, p. 215의 〈도표 V-3〉도 참조하라.

7 내무부 치안국 편, 1958, p. 397.

8 최광, 1989와 서주석, 2008, p. 293. 산업은행 조사부, 1955, pp. 359-360을 참조하라.

9 서주석, 2008, p. 295와 국사편찬위원회, 『실록 대한민국사 자료집: 한국 경제 정책자료 1(1948.8-1949.12)』, 2010, p. 691을 참조하라.

10 최광, 1989와 서주석, 2008, p. 269, p. 293. 산업은행 조사부, 1955, pp. 359-360을 참조하라.

11 서주석, 2008, p. 295와 국사편찬위원회, 『실록 대한민국사 자료집: 한국 경제 정책자료 1(1948.8-1949.12)』, 2010, p. 691을 참조하라.

12 서주석, 2008, p. 295와 국사편찬위원회, 『실록 대한민국사 자료집: 한국 경제 정책자료 1(1948.8-1949.12)』, 2010, p. 691을 참조하라.

13 도빈스, 2010, p. 66, p. 72.

14 도빈스, 2010, p. 265.

15 도빈스, 2010, p. 46, p. 62.

16 Michael Mann, "The Autonomous Power of the State: Its Origins, Mechanisms, and Results," *Archives européenes de sociologie* Vol. 25, 1984, pp. 185-213.

17 『경향신문』, 1949년 7월 5일, 「관재처 오리송청」.

18 『동아일보』, 1950년 3월 10일, 「관재처 오리파면」.

19 중앙일보 현대사연구소 편, 1996, pp. 652-654.

20 조선민족청년단에 대해서는 나의 다음 원고에 상당 부분 이미 기술되었다. "조선민족청년단과 한국의 근대민주주의 국가 건설", 『한국정치연구』 제23권 제2호, 2014.

21 해방 이후 한국 사회의 전반적인 미국화에 대한 학문적 논의는 김덕호·원용진, 『아메리카나이제이션: 해방 이후 한국에서의 미국화』, 푸른역사, 2008을 참조하라.

22 한국적 현실에 맞는 사회과학 이론이 개발되지 못한 이유에 대해서는 박상섭, 『국가, 주권』, 소화, 2008과 이택선, "5·10 총선거의 과정과 논의에 관한 재검토", 『5·10 총선거와 주권자의 탄생: 제헌의원선거 71주년 기념토론회 논문집』, 대한민국국회, 2019를 참조하라.

23 노재봉, 『사상과 실천』, 녹두, 1985.

24 사사끼, 1977, p. 460.

25 박광주, 1992.

〈1차 자료〉

국내 자료

■신문
『국도신문』,『국민신문』,『국방일보』,『국제신문』,『경향신문』,『대동신문』,『독립신문』,『독립신보』,『동광신문』,『동아일보』,『매일신보』,『민국일보』,『민주일보』,『부산신문』,『부산일보』,『상공일보』,『서울신문』,『세계일보』,『수산경제신문』,『신한민보』,『연합신문』,『자유신문』,『전단』,『조선일보』,『조선중앙일보』,『중앙신문』,『중앙일보』,『평화일보』,『한성일보』.

■잡지
『관보 제3호』, 1948년 9월 13일, 대통령비서실.
『관보 제26호』, 1948년 12월 31일, 기타.
『시정월보 창간호』, 1949년 1월 6일, 기획처.
『시정월보 제2호』, 1949년 3월 10일, 기획처.
『신동아』, 2001년 7월호, 동아일보사.

『주간서울』, 1945년 12월 5일, 「나를 왜 일민주의자라 하나: 배은희」, 서울신문사.

『주보 6호』, 1949년 4월 27일, 공보처 출판국 편집과.

『주보 39호』, 1949, 공보처 출판국 편집과.

『주보 52호』, 1950, 공보처 출판국 편집과.

『한국전란 2년지』, 1953, 국방부 정훈국 전사편찬위원회.

■ 연감

대한금융연합회 조사부, 『한국농업연감』, 1955, 대한금융연합회.

대한민국 공훈사 발간위원회, 『대한민국 삼부요인 초람』, 1987, 국사편찬위원회.

문교부, 『문교행정개황』, 1946, 조선교학도서주식회사.

조선경제사, 『조선경제요람』, 1947, 조선경제사.

조선은행 조사부, 『경제연감』, 1948, 조선은행.

조선은행 조사부, 『조선경제연보』, 1948, 조선은행.

조선은행 조사부, 『조선경제통계요람』, 1949, 조선은행.

한국은행 조사부 편, 『경제연감』, 1955, 한국은행.

한국은행 조사부, 『경제통계연보』, 1962, 한국은행.

■ 자료집

단행본

공국진, 『한 노병의 애가』, 원민, 2001.

국사편찬위원회, 『러시아 연방 국방성 중앙문서보관소 소련군정문서: 남조선 정세 보고서 1946-1947』, 국사편찬위원회, 2004.

_____, 『실록 대한민국사 자료집: 한국 경제 정책자료 1: 1948.8-1949.12』, 선인, 2010.

_____, 『실록 대한민국사 자료집: 한국 경제 정책자료 2: 1950.1-1950.6』, 선인, 2010.

_____, 전현수 역, 『쉬띠꼬프 일기』, 국사편찬위원회, 2004.

김두한, 『피로 물들인 건국 전야: 김두한 회고기』, 연우출판사, 1963.

김두한, 『김두한 자서전(2)』, 메트로서울홀딩스, 2002.

김구, 도진순 엮고 보탬, 『백범어록: 평화통일의 첫걸음, 백범의 마지막 말과 글』, 돌베개, 2007.

김구, 도진순 엮어 옮김, 『쉽게 읽는 백범일지』, 돌베개, 2011.

김정렬,『항공의 경종: 김정렬 회고록』, 대희, 2010.

대한민국국회 편,『남조선과도입법의원 속기록』, 선인문화사, 1999.

박종효 편역,『러시아 연방 외무성 대한정책 자료 I』, 선인, 2010.

방기중 편,『일제 파시즘기 한국 사회 자료집』, 선인, 2005.

백선엽,『조국이 없으면 나도 없다』, 월간아미, 2010.

사오위린, 이용빈 외 옮김,『사오위린 대사의 한국 외교 회고록: 중화민국과 한국의 근대 관계사』, 한울, 2017.

선우기성,『어느 운동자의 일생』, 배영사, 1987.

선우종원,『사상검사』, 계명사, 1992.

이기택,『우행: 내 길을 걷다』, 이상, 2017.

이응준,『회고 구십 년: 이응준 자서전』, 산운기념사업회, 1982.

이철승,『전국학련』, 중앙일보, 1976.

이치업,『번개장군』, 원민, 2001.

이한림,『이한림 회상록: 세기의 격랑』, 팔복원, 1994.

유세열·김태호, 옥계 유진산 선생 기념사업회 편,『(옥계) 유진산: 생애와 사상과 정치』, 사장, 1984.

유영익 편,『이승만 동문 서한집(상)』, 연세대학교출판부, 2009.

―――,『이승만 동문 서한집(하)』, 연세대학교출판부, 2009.

유재흥,『격동의 세월: 유재흥 회고록』, 을유문화사, 1994.

장택상,『대한민국 긴국과 나: 창랑 장택상 자서전』, 창랑 장택상 기념사업회, 1992.

정태수,『미군정기 한국 교육사 자료집 상, 1945-1948』, 홍지원, 1992.

조병옥,『나의 회고록』, 민교사, 1959.

중앙일보 현대사연구소 편,『미군 CIC 정보 보고서』(전4권), 중앙일보 현대사연구소, 1996.

짐 하우스만, 정일화 역,『한국 대통령을 움직인 미군 대위』, 한국문원, 1995.

한림대학교 아시아문화연구소 편,『법무국·사법부의 법해석 보고서: 1946.3-1948. 8』, 한림대학교 아시아문화연구소, 1997.

한국정신문화연구원 한민족문화연구소 편,『구술자료 총서 1: 내가 겪은 해방과 분단』, 선인, 2001.

____,『구술자료 총서 3: 내가 겪은 건국과 갈등』, 선인, 2004.

____,『구술자료 총서 4: 내가 겪은 한국전쟁과 박정희 정부』, 선인, 2004.

신문, 잡지, 연재물

이경남, 「청년운동 반세기」, 『경향신문』(1987년 1월-4월).

이영근, "여운형 '건준'의 좌절: 통일일보 회장 고 이영근 회고록(상)", 『월간조선』(1990년 8월호).

최하영, "정무총감, 한인과장 호출하다", 『월간중앙』(1968년 8월호).

■주요 기관 소장 자료

『제1회 국회속기록 제59호』.

『제1회 국회속기록 제82호』.

『제1회 국회속기록 제83호』.

『제1회 국회속기록 제93호』.

『제1회 국회속기록 제105호』.

『제2회 국회속기록 제13호』.

『제2회 55차 국회본회의 국회속기록』.

국가기록원, 「미군정관보 임명사령 제118호(1947년 3월 29일)」, 1947.

대통령기록관, 1950년 개헌안(AA0003855), 1954년 1월 23일의 정부 제안 개헌안(AA0003857), 농지개혁법 실시 연시延施에 관한 건(AA0000103), 식량배급 실시에 관한 건(AA0000040), 실책 공무원 처벌 보고 요청에 관한 건(AA0000059).

국사편찬위원회 한국사 데이터베이스 http://db.history.go.kr/

외국 자료

■미간행 자료

디지털 자료

⊙DNSA(Declassified National Security Archive)

NSC Report(National Security Council Report)

-*National Security Council Report 8*, April, 2, 1949.

-*National Security Council Report 8/2*, March, 22, 1949.

-*National Security Council Report 61*, January, 27, 1950.

-*National Security Council Report 73*, July, 1, 1950

CIA Report(Central Intelligence Agency Report)
-*Central Intelligence Agency Report*, June, 19, 1950.

⊙*FRUS*(Foreign Relations of the United States)
DIGITAL COLLECTIONS, University of Wisconsin-Madison Libraries
http://digicoll.library.wisc.edu/cgi-bin/*FRUS*/*FRUS*-idx?type=
browse&scope=*FRUS*.FRUS1
-*Foreign relations of the United States: diplomatic papers, 1945. The
British Commonwealth, the Far East(1945)* (United States Department of
State, *Foreign relations of the United States: diplomatic papers, 1945. The
British Commonwealth, the Far East Volume VI*, Washington, D.C.: U.S.
Government Printing Office, 1945).
-*Foreign relations of the United States, 1946. The Far East(1946)* (United
States Department of State, *Foreign relations of the United States, 1946. The
Far East Volume VIII*, Washington, D.C.: U.S. Government Printing Office,
1946).
-*Foreign relations of the United States, 1947. The Far East* (United States
Department of State, *Foreign relations of the United States, 1947. The Far
East Volume VI*, Washington, D.C.: U.S. Government Printing Office, 1947).
-*Foreign relations of the United States, 1948. The Far East and Australasia*
(United States Department of State, *Foreign relations of the United States,
1948. The Far East and Australasia Volume VI*, Washington, D.C.: U.S.
Government Printing Office, 1948).
-*Foreign relations of the United States, 1949. The Far East and Australasia*
(United States Department of State, *Foreign relations of the United States,
1949. The Far East and Australasia Volume VII, Part 2*, Washington, D.C.: U.S.
Government Printing Office, 1976).
-*Foreign relations of the United States, 1950. Korea* (United States
Department of State, *Foreign relations of the United States, 1950. Korea
Volume VII*, Washington, D.C.: U.S. Government Printing Office, 1950).

■간행 자료
Commander in Chief, Far East, *Summation of U. S. Military Government*

Activities in Korea, No. 16-22. 이길상, 『미군정 활동 보고서』(전6권), 원주문화사, 1990.

Commander in Chief, United States Army Forces, Pacific, *Summation of U. S. Military Government Activities in Korea*, No. 7-15. 이길상, 『미군정 활동 보고서』(전6권), 원주문화사, 1990.

Headquarter USAFIK, *G-2 Periodic Report*. 한림대학교 아시아문화연구소, 『주한미군 일일 정보요약』, 한림대학교 아시아문화연구소, 1989.

_____, *G-2 Weekly Summary*. 한림대학교 아시아문화연구소, 『주한미군 주간 정보요약』, 한림대학교 아시아문화연구소, 1989.

_____, *Intelligence Summary Northern Korea*. 한림대학교 아시아문화연구소, 『주한미군 북한 정보요약』, 한림대학교 아시아문화연구소, 1989.

Headquarters KMAG, *G-2 Periodic Report, G-2 Weekly Summary*. 한림대학교 아시아문화연구소, 『미 군사고문단 정보일지』, 한림대학교 아시아문화연구소, 1989.

Leonard Hoag, *American Military Government in Korea: War Policy and the First Year of Occupation, 1941-1946* (1970). 레너드 호그, 신복룡·김원덕 옮김, 『한국분단보고서 상』, 풀빛, 1992.

Record Group 59, General Records of the Department of State, 895 Internal Affairs of Korea. 국사편찬위원회, 『미국의 대한 원조관계문서』(전2권), 국사편찬위원회, 2006.

Record Group 84, Records of the Foreign Service Posts of the Department of State. 국사편찬위원회, 『미국의 대한 원조관계문서』(전2권), 국사편찬위원회, 2006.

Record Group 165, ABC 014 Japan, 1947. Report of the Special Inter-Departmental Committee on Korea (Feb, 1947). 레너드 호그, 신복룡·김원덕 옮김, 『한국분단보고서 하』, 풀빛, 1992.

Record Group 332, Box 45, 1953. Office of the Chief of Military History: OCMH, Department of Defense. 레너드 호그, 신복룡·김원덕 옮김, 『한국분단보고서 하』, 풀빛, 1992.

Record Group 332, Boxes 29&65, Trusteeship: Third Draft (Manuscript). 레너드 호그, 신복룡·김원덕 옮김, 『한국분단보고서 하』, 풀빛, 1992.

Record Group 332, Box 66, 1947. Report of US Delegation on US-USSR Joint Commission(20, August, 1947). 레너드 호그, 신복룡·김원덕 옮김, 『한국

분단보고서 하』, 풀빛, 1992.

Supreme Commander for the Allied Powers, South Korean Interim Government Activities of Non-Military Activities, No. 1-6. 이길상, 『미군정 활동 보고서』(전6권), 원주문화사, 1990.

United States Armed Forces in Korea, History of the United States Armed Forces in Korea, Manuscript in the Office of the Chief of the Chief of the Military History, Washington, D.C. 국사편찬위원회 편, 『주한미군사』(전4권), 돌베개, 1988.

_____, Summation of South Korean Interim Government Activities, No. 23-34. 이길상, 『미군정 활동 보고서』(전6권), 원주문화사, 1990.

Albert C. Wedemeyer, "Report to the President Submitted by Lt. Gen, A. C. Wedemeyer: Korea, September 1947" USGPO, Washington D.C., 1951. 레너드 호그, 신복룡·김원덕 옮김, 『한국분단보고서 하』, 풀빛, 1992.

〈2차 자료〉

단행본

■ 한국어

강만길, 『20세기 우리역사: 강만길의 현대사 강의』, 창비, 2011.

강만길 외, 『해방전후사의 인식 2』, 한길사, 1985.

강성재, 『참군인 이종찬 장군』, 동아일보사, 1987.

강준식, 『대한민국의 대통령들: 누구나 대통령을 알지만 누구도 대통령을 모른다』, 김영사, 2017.

건국청년운동협의회, 『대한민국건국청년운동사』, 건국청년운동협의회총본부, 2007.

고명섭, 『지식의 발견: 한국 지식인들의 문제적 담론읽기』, 그린비, 2005.

고영자, 『일본의 파시즘과 대한민국임시정부기』, 탱자, 2008.

국군보안사령부, 『대공 30년사』, 국방부, 1978.

국방부 전사편찬위원회, 『국방사 1: 1945.8.15-1950.6.25』, 국방부, 1981.

국회도서관 입법조사국, 『선진제국의 대아시아 경제협력』, 국회도서관, 1964.

권명아, 『역사적 파시즘: 제국의 판타지와 젠더 정치』, 책세상, 2005.

김국후, 『소련의 평양군정』, 한울, 2008.

김규항, 『나는 왜 불온한가: B급 좌파 김규항, 진보의 거처를 묻다』, 돌베개, 2005.

김기원, 『미군정기의 경제구조: 귀속기업체의 처리와 노동자 자주관리운동을 중심으로』, 푸른산, 1990.

김남식, 『남로당연구』, 돌베개, 1984.

김남식 외, 『해방전후사의 인식 5: 북한의 혁명전통, 인민정권의 수립과 반제반봉건민주주의 혁명과정』, 한길사, 1989.

김덕호·원용진, 『아메리카나이제이션: 해방 이후 한국에서의 미국화』, 푸른역사, 2008.

김동춘, 『전쟁과 사회』, 돌베개, 2000.

김득중, 『빨갱이의 탄생: 여순사건과 반공국가의 형성』, 선인, 2009.

김명인, 『조연현, 비극적 세계관과 파시즘 사이』, 소명, 2004.

김명윤, 『한국재정의 구조』, 고려대학교출판부, 1971.

김사량 외, 이상경 편, 『일제 말기 파시즘에 맞선 혼의 기록』, 역락, 2009.

김상봉, 『도덕교육의 파시즘: 노예도덕을 넘어서』, 길, 2005.

김석준, 『미군정 시대의 국가와 행정』, 이화여대출판부, 1996.

김성국 외, 『한국자본주의의 정치 경제학적 연구』, 정신문화연구원, 1988.

김성호 외, 『농지 개혁사 연구』, 한국농촌경제연구원, 1989.

김성희, 『정치사』, 박영사, 1976.

김영명, 『제3세계의 군부통치와 정치경제』, 한울, 1983.

김용일, 『미군정하의 교육정책연구: 교육정치학적 접근』, 고려대민족문화연구원, 1999.

김용직 등, 『대한민국 정부 수립과 국가체제 구축』, 대한민국역사박물관, 2014.

김운태, 『고려정치 제도와 관료제』, 박영사, 2005.

김운태, 『미군정의 한국통치』, 박영사, 1992.

김일영, 『건국과 부국: 한국현대정치사 강의』, 생각의나무, 2004.

김일영, 『건국과 부국』, 기파랑, 2010.

김재명, 『한국 현대사의 비극: 중간파의 이상과 좌절』, 돌베개, 2003.

김점곤, 『한국전쟁과 노동당전략』, 박영사, 1973.

김종영, 『지배받는 지배자: 미국 유학과 한국 엘리트의 탄생』, 박영사, 2015.

김주환 편, 『미국의 세계전략과 한국전쟁』, 청사, 1989.

김진배, 『두 얼굴의 헌법』, 폴리티쿠스, 2013.

김행선, 『해방정국 청년운동사』, 선인, 2004.

남광규 등, 『한국 근대 공화주의자 6인의 리더십』, 한국학중앙연구원출판부, 2019.

내무부 치안국 편, 『경찰 십년사』, 내무부 치안국, 1958.

내무부 치안국, 『한국 경찰사』, 광명인쇄공사, 1972.

내무부 치안국, 『한국 경찰사 2』, 내무부 치안국, 1973.

노재봉, 『사상과 실천』, 녹두, 1985.

농수산부 편, 『한국 농정사』, 농수산부, 1978.

대한민국 국방부 전사편찬위원회 편, 『한국전쟁사 1권: 해방과 건군, 1945-1950』, 국방부 작전편찬위원회, 1967.

조선민족청년단, 『민족과 청년: 이범석 논설집』, 백영회, 1948.

대한서울상공회의소, 『상공회의소 구십년 사상』, 대한서울상공회의소, 1976.

문정인·김세중 등 편, 『1950년대 한국사의 재조명』, 선인, 2004.

박길용·김국후, 『김일성 외교비사』, 중앙일보사, 2008.

박광주, 『한국권위주의 국가론: 지도자본주의체제하의 집정관적 신중상주의 국가』, 인간사랑, 1992.

박기덕 편, 『한국 민주주의 10년: 변화와 지속』, 세종연구소, 1998.

박동서, 『한국 관료 제도의 역사적 전개』, 한국연구도서관, 1961.

박명림, 『한국 1950: 전쟁과 평화』, 나남출판, 2002.

_____, 『한국전쟁의 발발과 기원』(전2권), 나남출판, 1996.

박명림 외, 『해방전후사의 인식 6: 쟁점과 과제』, 한길사, 1989.

박상섭, 『자본주의 국가론: 현대 마르크스주의 정치이론의 전개』, 한울, 1985.

박상섭, 『국가, 주권』, 소화, 2008.

박지향 등, 『해방 전후사의 재인식 1-2』, 책세상, 2006.

박찬표, 『한국의 국가 형성과 민주주의』, 후마니타스, 2007.

박현채, 『한국 경제구조론』, 일월서각, 1986.

박현채 외, 『해방전후사의 인식 3: 정치·사회운동의 혁명적 전개와 사상적 노선』, 한길사, 1987.

박현채·조희연, 『한국사회구성체 논쟁 I: 80년대 한국사회변동과 사회구성체논쟁의 전개』, 죽산, 1989.

방기중, 『일제하 지식인의 파시즘체제 인식과 대응』, 혜안, 2005.

방기중 편, 『일제 파시즘 지배정책과 민중생활』, 혜안, 2005.

백영철, 『제1공화국과 한국 민주주의: 의회정치를 중심으로』, 나남출판, 1995.

변형윤 외, 『분단시대와 한국 사회』, 까치, 1985.

부산대학교 산학협력단, 『대한민국 법원 재건 시기의 미군정 법률 고문 '에른스트 프랭켈' 등 대한민국 법원의 재건 및 성립에 관한 인물들에 대한 연구: 제1권 연구보고서』, 법원행정처, 2016.

산업은행 조사부, 『한국산업 경제 10년사』, 산업은행, 1955.

서울신문사, 『주한미군 30년: 1945-1978년』, 행림출판사, 1979.

서주석, 『한국의 국가체제형성』, 학술정보, 2008.

서중석, 『이승만의 정치이데올로기』, 역사비평사, 2005.

서중석, 『한국 현대 민족운동 연구: 해방 후 민족국가 건설운동과 통일전선』, 역사비평사, 1991.

서중석, 『한국현대사 60년』, 역사비평사, 2007.

서중석, 『지배자의 국가, 민중의 나라: 한국 근현대사 100년의 재조명』, 돌베개, 2011.

선우기성, 『한국청년운동사』, 금문사, 1973.

손호철, 『한국정치학의 새 구상』, 풀빛, 1991.

송건호 외, 『해방전후사의 인식 1: 미군정과 민족분단, 친일·반민족세력의 실상과 해방 직후의 경제구조』, 한길사, 1979.

송남헌, 『해방 3년사 2: 1945-1948』, 까치, 1985.

안호상, 『일민주의의 본바탕』, 일민주의연구원, 1950.

양호민, 『38선에서 휴전선으로』, 생각의나무, 2004.

유영익 편, 『수정주의와 한국 현대사』, 연세대학교출판부, 1998.

유진오, 『헌법의 기초이론』, 일조각, 1956.

유팔무·김호기, 『시민사회와 시민운동』, 한울, 1995.

육군본부 군사연구실, 『한국전쟁시 학도의용군』, 육군본부, 1994.

이경남, 『분단시대의 청년운동』(상·하), 삼성개발, 1989.

이기열, 『정보통신 역사기행』, 북스토리, 2006.

이대근, 『한국전쟁과 1950년대 자본축적』, 까치, 1987.

이선민, 『대한민국 임시정부와 대한민국』, 지식산업사, 2019.

이인호·김영호·강규형 등, 『대한민국 건국의 재인식』, 기파랑, 2009.

이정식, 『대한민국의 기원: 해방 전후 한반도 국제정세와 민족지도자 4인의 정치적 궤적』, 일조각, 2006.

이철순 편, 『남북한 정부 수립 과정 비교 1945-1948』, 인간사랑, 2010.

이현식, 『일제 파시즘체제하의 한국 근대문학비평: 1930년대 후반 한국근대문학

비평 이론 연구』, 소명출판, 2006.

이현진, 『미국의 대한경제원조정책 1948-1960』, 혜안, 2009.

이현희, 『대한민국 임시정부사』, 집문당, 1982.

이형, 『한국의정사』, 청아출판사, 2016.

이혜숙, 『미군정기 지배구조와 한국 사회: 해방 이후 국가–시민사회관계의 역사적 구조화』, 선인, 2008.

임지현 외, 『우리 안의 파시즘』, 삼인, 2000.

장준익, 『북한 인민군대사』, 서문당, 1991.

재무부, 『재정금융의 회고: 건국 십 주년 업적』, 재무부, 1958.

재정금융 삼십년사 편찬위원회 편, 『재정금융 삼십년사』, 재정금융 삼십년사 편찬위원회, 1978.

전국경제인연합회 편, 『한국 경제정책 30년사』, 사회사상사, 1975.

전상인, 『고개 숙인 수정주의: 한국현대사의 역사사회학』, 전통과현대, 2001.

정병준, 『몽양 여운형 평전: 머리가 희일수록 혁명 더욱 붉어졌다』, 한울, 1985.

____, 『우남 이승만 연구』, 역사비평사, 2005.

____, 『한국전쟁: 38선 충돌과 전쟁의 형성』, 돌베개, 2006.

정석균, 『대비정규전사』, 국방부 전사편찬위원회, 1988.

정용욱 등, 『해방의 공간, 점령의 시간』, 푸른역사, 2018.

정일준 등, 『한국의 민주주의와 한미관계』, 대한민국역사박물관, 2014.

정태영·오유석·권대복 공편, 『죽산 조봉암 전집』(전6권), 세명서관, 1999.

정해구, 『10월 인민항쟁연구』, 열음사, 1988.

제주 4·3 사건 진상규명 및 희생자 명예회복위원회, 『제주 4·3 사건 진상 보고서』, 선인, 2003.

조기안, 『미군정기의 정치행정체제: 구조분석: 조직·법령·자원을 중심으로』, 아람, 2003.

조선민주주의인민공화국 사회과학원 역사연구소, 『조선전사 제24권』, 과학백과사전출판사, 1981.

주섭일, 『프랑스의 대숙청』, 중심, 1999.

중앙선거관리위원회, 『대한민국 선거사 제1집』, 중앙선거관리위원회, 1973.

진덕규, 『한국 현대정치사 서설』, 지식산업사, 2000.

진덕규, 『한국정치의 역사적 기원』, 지식산업사, 2002.

최장집 외, 『해방전후사의 인식 4: 민중항쟁·무장투쟁·문화예술운동·한국전쟁의 해명』, 한길사, 1989.

최장집, 『한국 민주주의의 이론』, 한길사, 1993.

_____, 『한국현대정치의 구조와 변화』, 까치, 1990.

최정운, 『한국인의 발견: 한국 현대사를 움직인 힘의 정체를 찾아서』, 미지북스, 2016.

_____, 『한국인의 탄생: 시대와 대결한 근대 한국인의 진화』, 미지북스, 2013.

차태서 등, 『북한과 국제정치』, 늘품플러스, 2018.

하영선 편, 『한국전쟁의 새로운 접근: 전통주의와 수정주의를 넘어서』, 나남, 1999.

한국미래학회 편, 『제헌과 건국』, 나남, 2010.

한국사학회 편, 『한국 사회 어디로 가고 있나』, 현대사회연구소, 1983.

한국산업사회연구회 편, 『한국 사회의 지배이데올로기』, 녹두, 1991.

한국산업은행 조사부 편, 『한국산업 경제 십년사 1945-1955』, 한국산업은행조사부, 1955.

한국은행 조사부, 『한은조사월보』(1953년 2월), 한국은행, 1953.

한국정치연구회, 『한국정치론』, 백산서당, 1989.

한국정치학회 편, 『현대 한국정치와 국가』, 법문사, 1987.

한국정치학회 엮음, 『한국정치연구의 쟁점과 과제』, 한울, 2011.

한배호 편, 『한국현대정치론 I: 제1공화국의 국가 형성, 정치과정, 정책』, 오름, 2000.

한승조 외, 『해방 전후사의 쟁점과 평가 1』, 형성출판사, 1990.

한용원, 『창군』, 박영사, 1984.

한홍구, 『대한민국사 1』, 한겨레신문사, 2003.

홍성민 등, 『지식과 국제정치』, 한울아카데미, 2008.

홍성유, 『한국 경제와 미국원조』, 박영사, 1962.

■영어(국역 포함)

Alice Amsden, *Asia's Next Giant: South Korea and Late Industrialization* (New York: Oxford University Press, 1989).

Allan R. Millett, *The War for Korea, 1950-1951: They Came From the North* (Kansas: University Press of Kansas, 2005).

Andrei Lankov, *From Stalin to Kim IL Sung: The Formation of North Korea, 1945-1960* (New Bruswick N.J.: Rutgers University Press, 2002).

Antonio Gramsci, *Selections from the Prison Notebooks* (New York:

International Publishers, 1971).

Anupam Sen, *The State, Industralization and Class Formations in India: A Neo-Marxist Perspective on Colonialism, Underdevelopment and Development* (London: Routledge and Kegan Paul, 1982).

Barrington Moore, *Social Origins of Dictatorship and Democracy* (Boston: Beacon Press, 1966).

Bertrand Badie and Pierre Birnbaum, *The Sociology of the State* (Chicago: University of Chicago Press, 1983).

Bruce Cumings, *The Origins of the Korean War volume I: Liberation and the Emergence of Separate Regimes, 1945-1947* (Princeton, N.J.: Princeton University Press, 1981). 브루스 커밍스, 김자동 옮김, 『한국전쟁의 기원』, 일월서각, 2001.

_____, *The Origins of Korean War volume II: The Roaring of the Cataract, 1946-1950* (Princeton, N.J.: Princeton University Press, 1990).

_____, *Korea's Place in the Sun: A Modern History* (New York: Norton, 1997). 브루스 커밍스, 김동노 외 옮김, 『브루스 커밍스의 한국현대사』, 창작과비평사, 2005.

Chalmers Johnson, *MITI and The Japanese Miracle: The Growth of Industrial Policy, 1925-1975* (Stanford: Stanford University Press, 1982).

Charles Armstrong, *The North Korean Revolution, 1945-1950* (Ithaca: Cornell University Press, 2003).

Charles Tilly (ed), *The Formation of National States in Western Europe* (Princeton, N.J.: Princeton University Press, 1978).

_____, *Coercion, Capital, and European States, AD 990-1992* (Cambridge, Mass., USA: B. Blackwell, 1992).

Cho Soon Sung, *Korea in World Politics, 1940-1950: An Evaluation of American Responsibility* (Berkeley: University. of California Press, 1967).

Denna Frank Fleming, *The Cold War and its Origins, 1917-1960* (New York: Doubleday, 1961). D・コンデ 著, 岡倉古志郎 監譯, 現代朝鮮史(An Untold History of Modern Korea) (東京: 太平出版社, 1972).

Donald Stone Macdonald, *U.S.—Korean Relations from Liberation to Self-Reliance: The Twenty-Year Record: An Interpretative Summary of the Archives the U.S. Department of State for the Period 1945 to 1965* (Boulder:

Westview Press, 1992). 도널드 스턴 맥도널드, 한국역사연구회 1950년대반 옮김, 『한미관계 20년사(1945-1965년): 해방에서 자립까지』, 한울아카데미, 2001.

Eric Nordinger, *Soldiers in Politics: Military Coups and Governments* (Englewood Cliffs N.J.: Prentice-Hall, 1977).

Frances Stewart and Graham Brown, "Fragile States," Center for Research on Inequality, Human Security, University of Oxford, *Crise Working Paper*, No. 51 (January) (London: Oxford, 2009).

George M. McCune, *Korea Today* (Cambrige: Harvard University Press, 1950).

Grant E. Meade, *American Military Government of Korea* (New York: King's Crown, 1951). 그란트 미드, 안종철 옮김, 『주한미군정 연구』, 공동체, 1993.

Gregg Brazinsky, *Nation Building in South Korea: Koreans, Americans, and The Making of a Democracy* (Chapel Hill, N.C.: University of North Carolina Press, 2007).

Gregory Henderson, *Korea: The Politics of the Vortex* (Harvard University Press, 1978). 그레고리 헨더슨, 박행웅·이종삼 옮김, 『소용돌이의 한국정치』, 한울, 2000.

Guillermo A. O'Donnell, *Modernization and Bureaucratic-Authoritarianism: Studies in South American Politics* (Berkeley: Institute of International Studies, University of California, 1973).

Immanuel Wallerstein, *The Capitalist World-Economy* (Cambridge: Cambridge University Press, 1979).

_____, *The Politics of the World Economy: The State, the Movements, the Civilizations* (Cambridge: Cambridge University Press, 1984).

Isidor F. Stone, *The Hidden History of the Korean War* (New York: Monthly Review Press, 1952). I. F. 스토운, 백외경 옮김, 『비사 한국전쟁』, 신학문사, 1988.

James B. Palais, *Politics and Policy in Traditional Korea* (Cambridge, Mass.: Harvard University Press, 1975).

James Dobbins, Seth G. Jones, Keith Crane and Beth Cole DeGrasse, *The Beginner's Guide to Nation-Building* (RAND NATIONAL SECURITY RESEARCH DIVISION: RAND Corporation, 2007). 제임스 도빈스 외, 임을출·손희경 옮김, 『미국 랜드 연구소의 국가건설 어떻게 할 것인가』, 한울, 2010.

James F. Schnabel, *History of the Joint Chiefs of Staff: The Joint Chiefs of Staff and National Policy 1945-1947* (Washington, D.C.: USGPO, 1996).

James Irving Matray, *The Reluctant Crusade: American Foreign Policy in Korea, 1941-1950* (Honolulu: University of Hawaii Press, 1985). 제임스 I. 매트레이, 구대열 옮김, 『한반도의 분단과 미국: 미국의 대한 정책, 1941-1950』, 을유문화사, 1989.

John. R. Meril, *Korea-Peninsular Origins of the War* (New York: University of Delaware Press, 1989).

John S. Saul, *The State and Revolution in Eastern Africa* (New York: Monthly Review Press, 1979).

Jon Halliday and Bruce Cumings, *Korea: the Unknown War* (New York: Pantheon Books, 1988).

Jon Halliday and Jung Chang, *Mao: the Unknown Story* (New York: Knopf, 2005).

Joyce Kolko and Gabriel Kolko, *The Limits of Power* (New York: Harper& Row, 1972).

Karl Marx, *Capital Volume III: A Critique of Political Economy* (London: Penguin Books, 1981.

Karl Marx and Friedrich Engels, *The Communist Manifesto* (New York: Appleton-Century-Crofts, 1955).

＿＿, *Selected Correspondence* (New York: International Publishers, 1942).

Kevin Passmore, *Fascism: A Very Short Introduction* (Oxford; New York: Oxford University Press, 2002).

Louis Althusser, *For Marx* (New York: Penguin Press, 1969).

Mark Mazower, *Dark Continent: Europe's Twentieth Century* (London: Penguin, 1999). 마크 마조워, 김준형 옮김, 『암흑의 대륙: 20세기 유럽 현대사』, 후마니타스, 2009.

Max Weber, Guenther Roth and Claus Wittich (eds), *Economy and Society: an Outline of Interpretive Sociology* (Berkely: University of California Press, 1978).

Nicos Poulantzas, *Fascism and Dictatorship: The Third International and the Problem of Fascism* (London: Verso, 1979).

Perry Anderson, *Lineages of the Absolutist State* (London: Verso, 1974).

Peter Evans and Theda Skocpol (eds.), *Bringing the State Back In* (Cambridge: Cambridge University Press, 1985).

Ralph Miliband, *The State in Capitalist Society* (New York: Basic Books, 1969).

Robert I. Rotberg, *State Failure and State Weakness in a Time of Terror* (Washington D.C.: Brookings Institution Press, 2003).

_____, *When States Fail: Causes and Consequences* (Princeton, N.J.: Princeton University Press, 2004).

Robert M. Slusser and Jan F. Trisk, *A Calendar of Soviet Treaties, 1917-1957* (Stanford: Stanford University Press, 1959).

Robert O. Paxton, *The Anatomy of Fascism* (New York: Knopf, 2004). 로버트 O. 팩스턴, 손명희·최희영 옮김, 『파시즘: 열정과 광기의 정치혁명』, 교양인, 2005.

Robert Tarbell Oliver, *Syngman Rhee: The Man Behind the Myth* (New York: Mead, London: R. Hale, 1954). 로버트 올리버, 황정일 옮김, 『이승만: 신화에 가린 인물』, 건국대학교출판부, 2002.

Rostow Walt, *The Stages of Economic Growth: A Non-Communist Manifesto* (Cambridge: Cambridge University Press, 1960).

Samuel Huntington, *Political Order in Changing Societies* (New Heaven: Yale University Press, 1968).

Seymour Martin Lipset, *Political Man: The Social Bases of Politics* (New York: Doubleday, 1960).

Shin Gi Wook, *Peasant Protest and Social Change in Colonial Korea* (Seattle: University of Washington Press, 1996).

_____, *Ethnic Nationalism in Korea: Genealogy, Politics and Legacy* (Stanford: Stanford University Press, 2006).

Suh Dae-Sook, *The Korean Communist Movement, 1918-1948* (Princeton, N.J.: Princeton University Press, 1967).

William Appleman Williams, *The Tragedy of American Diplomacy* (Cleveland: World Pub. Co, 1959).

William Whitney Stueck, *Rethinking the Korean War: A New Diplomatic and Strategic History* (Princeton, N.J.: Princeton University Press, 2002).

Xenia Joukoff Eudin and Robert M. Slusser, *Soviet Foreign Policy, 1928-*

1934: Documents & Materials (University Park : Pennsylvania State University Press, 1967).

J. R. 메릴, 신성환 옮김, 『침략인가 해방전쟁인가』, 과학과 사상, 1988.

브루스 커밍스 등, 『분단전후의 현대사』, 일월서각, 1983.

마크 네오 클레우스, 정준영 옮김, 『파시즘』, 이후, 2002.

리차드 D. 로빈슨, 정미옥 옮김, 『미국의 배반: 미군정과 남조선』, 과학과 사상, 1988.

안드레이 란코프, 김광린 역, 『소련의 자료로 본 북한 현대정치사』, 오름, 1995.

잔 프랑코 폿지, 박상섭 옮김, 『근대국가의 발전』, 민음사, 1995.

조이스 콜코·가브리엘 콜코, 『한국 현대사의 재조명』, 돌베개, 1982.

프랭크 볼드윈 편, 『한국 현대사: 1945-1975』, 사계절, 1984.

■일본어·러시아어(국역 포함)

木村光彦·安部桂司 著, 戰後日朝関係の研究: 対日工作と物資調達 (東京: 知泉書館, 2008). 기무라 미쓰히코·아베 게이지, 차문석·박정진 옮김, 『전쟁이 만든 나라, 북한의 군사 공업화』, 미지북스, 2009.

佐佐木春隆, 建軍と戰爭の勃發前まで (東京: 原書房, 1976). 사사끼 하루다까, 강창구 편역, 『한국전비사』, 병학사, 1977.

예프게니 바자노프·나딸리아 바자노바, 김광린 역, 『소련의 자료로 본 한국전쟁의 진말』, 열림, 1998.

```
그 외
```

■한국어

학술지

강민, "관료적 권위주의의 한국적 생성", 『한국정치학회보』 제17집, 한국정치학회, 1983.

권혁주, "취약국가의 이해: INCAF와 국제협력 기구의 논의를 중심으로", 『국제개발협력』(2010년 제3호), 한국국제협력단, 2010.

권혁주·배재현·노우영·동그라미·이유주, "분쟁과 갈등으로 인한 취약국가의 개발협력: 취약국가 모형과 정책대안 모색을 중심으로", 『행정논총』 제48권 제4호

(2010년 12월), 서울대학교 한국행정연구소, 2010.

김수자, "미군정의 군정기구 운영과 관료임용 정책", 『향토 서울』 제71호(2008년 2월호), 서울특별시사 편찬위원회, 2008.

김일영, "부산정치파동의 정치사적 의미", 『한국과 국제정치』 17(93년 6월), 경남대학교 극동문제연구소, 1993.

김태명·조성제, "우리나라 관세정책, 제도의 변천 및 향후 과제", 『경영사학』 Vol. 47, 한국경영사학회, 2008.

박명림, "헌법, 국가의제, 그리고 대통령 리더십: '건국헌법'과 '전후 헌법'의 경제조항 비교를 중심으로", 『국제정치논총』 제48집 1호, 한국국제정치학회, 2008.

박성진, "1950년대 한국 발전국가의 태동", 건국대학교 정치외교학과 박사 학위논문, 2010.

박준규, "조약협정으로 본 한미관계", 『청맥』 제2집 1호, 청맥사, 1965.

안병직, "식민지 반봉건 사회론의 쟁점", 『산업사회연구』 제1집, 한울, 1986.

원구환, "미군정기 한국 관료제의 소극적 대표성", 『행정논총』 제41권 제4호 (2003년 12월호), 서울대학교 한국행정연구소, 2003.

이병천, "전환시대의 한국 자본주의론: '61년 체제'와 '87년 체제'의 시험대", 『역사비평』 통권 71호(여름), 한국역사연구회, 2005.

이선아, "한국전쟁 전후 빨찌산의 형성과 활동", 『역사연구』 제13호, 역사학연구소, 2003.

이성형, "신식민지파시즘론의 이론구조", 『현실과 과학』 2집, 새길출판사(서울사회과학연구소), 1989.

이조원, "취약국가 모델과 북한에 대한 개발협력 연구", 『북한연구학회보』 12권 2호, 북한연구학회, 2008.

이택선, "1910~40년대 식민지 한국에 관한 외부 국가들의 시각과 권력의 작동", 『한국동양정치사상사연구』 제15권 제2호, 한국동양정치사상사학회, 2016.

_____, "1950년대 중반 한국 정치인들의 리더십 연구: 제3대 대통령 후보자 이승만, 신익희, 조봉암을 중심으로", 『한국동양정치사상사연구』 제17권 제1호, 한국동양정치사상사학회, 2018.

_____, "5·10 총선거의 과정과 논의에 관한 재검토", 『5·10 총선거와 주권자의 탄생: 제헌의원선거 71주년 기념토론회 논문집』, 대한민국국회, 2019.

_____, "5·10총선 논의 재검토", 『한국정치외교사논총』 제40권 제2호, 한국정치외교사학회, 2019.

_____, "대한민국 임시정부에서의 이승만 탄핵에 대한 재검토", 『세계지역연구논

총』제37집 제1호, 한국세계지역학회, 2019.

_____, "미군정 법률고문 퍼글러의 생애: 퍼글러 페이퍼를 중심으로", 『숭실사학』제37권, 숭실대학교 사학회, 2016.

_____, "미군정 법률고문 퍼글러의 한국에서의 활동에 관한 연구", 『세계헌법연구』제24권 제1호, 국제헌법학회 한국학회, 2018.

_____, "이승만의 공화주의와 리더십", 『한국동양정치사상사학회학술대회발표논문집』, 한국동양정치사상사학회, 2015.

_____, "조선민족청년단과 한국의 근대민주주의국가 건설", 『한국정치연구』제23권 제2호, 서울대학교 한국정치연구소, 2014.

_____, "한국인들과 그들의 민족국가 대한민국을 거울 앞에 세우다", 『현대사 광장』제10호, 대한민국역사박물관, 2017.

_____, "해방 후 이범석 정치노선의 성격: 파시즘 논의와 국제정치적 배경을 중심으로", 『한국민족운동사연구』제94권, 한국민족운동사학회, 2018.

_____, 『취약국가 대한민국의 형성 과정(1945-50년)』, 서울대학교 박사 학위논문, 2012.

이현진, 『제1공화국기 미국의 대한경제원조정책 연구』, 이화여자대학교 박사 학위논문, 2004.

임종명, "조선민족청년단(1946.10-1949.1)과 미군정의 '장래 한국의 지도 세력' 양성정책", 『한국사연구』제95호, 한국사연구회, 1996.

정성기, "80년대 한국 사회구성체논쟁, 또 하나의 성찰적 재론", 『역사비평』통권 71호(여름), 한국역사연구회, 2005.

정용욱, "해방 직후 주한미군 방첩대의 조직 체계와 활동", 『한국사론』제53집, 서울대학교, 2007.

정일형, "해방 이후의 인사행정 실체", 『法政』제1권 제1호(1946년 9월), 1946.

정태수, "현대 한국 군정교육의 역사적 평가에 대한 토론", 『한국교육사학』13, 한국교육학회 교육사연구회, 1991.

조형제, "한국 국가에 대한 신식민지파시즘론의 적용", 한국산업연구회 편, 『경제와 사회』4(겨울호), 한울, 1989.

최광, "미군정하의 재정제도와 재정정책", 『재정학연구 3』, 한국재정학회, 1989.

최진근·이은진, "취약국가와 새마을운동 개발협력 증진방안", 『새마을운동과 지역사회개발 연구』제6권, 경문대학교 새마을연구소, 2010.

캐스린 웨더스비·강규형, "북-중-소 삼각관계가 6·25전쟁 과정과 전후 북한외교 행태에 미친 영향", 『정신문화연구』Vol. 33 No. 3, 한국학중앙연구원, 2010.

황승흠, "제헌헌법제정과정에서 신익희의 역할에 관한 연구", 『법학논총』 제56호, 국민대학교 법학연구소, 2017.

출판물

고지훈, "점령과 분단의 설득기구: 미군정 공보기구의 변천(1945.8-1948.5)", 정용욱 등, 『해방의 공간, 점령의 시간』, 푸른역사, 2018.

김성호·최선, "제1장 1948년 건국헌법에 나타난 혼합적 권력구조의 기원: 미군정기와 제헌국회의 헌법안 및 헌법논의를 중심으로", 한국미래학회 편, 『제헌과 건국』, 나남, 2010.

김영호, "한국전쟁 원인의 국제정치적 해석: 스탈린의 롤백 이론", 유영익 편, 『수정주의와 한국 현대사』, 연세대학교출판부, 1998.

김일영, "농지개혁을 둘러싼 신화의 해체", 한국정치학회 엮음, 『한국정치연구의 쟁점과 과제』, 한울, 2011.

노재봉, "제3부 제3장 한국 경제개발에 따르는 정치적 cost", 『사상과 실천』, 녹두, 1985.

류상영, "8·15 이후 좌우익 청년단체의 조직과 활동", 『해방전후사의 인식 4』, 한길사, 1989.

박기덕, "한국 국가의 성격과 능력: 통계지표에 의거한 민주화 전후의 비교 연구", 박기덕 편, 『한국 민주주의 10년: 변화와 지속』, 세종연구소, 1998.

박상섭, "제9장 결론: 네오마르크스주의 국가이론에 대한 평가", 『자본주의 국가론: 현대 마르크스주의 정치이론의 전개』, 한울, 1985.

_____, "한국정치와 자유민주주의", 한국정치학회 편, 『현대 한국정치와 국가』, 법문사, 1987.

박현채, "제3부 경제구조와 사회발전론, 제4장 현대 한국 사회의 성격과 발전단계에 관한 연구 (1)", 『한국 경제구조론』, 일월서각, 1986.

유팔무, "시민사회의 성장과 시민운동", 유팔무·김호기, 『시민사회와 시민운동』, 한울, 1995.

이완범, "해방 전후사 연구 10년의 현황과 자료", 한승조 외, 『해방 전후사의 쟁점과 평가 1』, 형성출판사, 1990.

이택선, "미국과 소련의 한반도 정책과 한국전쟁의 발발: 공격적 현실주의의 시각을 중심으로", 차태서 등, 『북한과 국제정치』, 늘품플러스, 2018.

_____, "이승만의 공화주의와 리더십", 남광규 등, 『한국 근대 공화주의자 6인의 리더십』, 한국학중앙연구원출판부, 2019.

_____, "한국의 민주주의 국가 건설: 1945년 9월-1948년 8월의 한미관계와 미국 사법제도 도입을 통한 제도권력의 이식", 정일준 등, 『한국의 민주주의와 한미관계』, 대한민국역사박물관, 2014.

장달중, "국가와 자본주의 발달", 김성국 외, 『한국자본주의의 정치 경제학적 연구』, 정신문화연구원, 1988.

전상인, "고개 숙인 수정주의", 유영익 편, 『수정주의와 한국현대사』, 연세대학교출판부, 1998.

_____, "고개 숙인 수정주의: 한국현대사 연구의 새로운 출발", 『고개 숙인 수정주의: 한국현대사의 역사사회학』, 전통과현대, 2001.

정용덕, "이승만 정부의 관료제", 문정인·김세중 등 편, 『1950년대 한국사의 재조명』, 선인, 2004.

조효제, "머리글", 로버트 O. 팩스턴, 손명희·최희영 옮김, 『파시즘: 열정과 광기의 정치혁명』, 교양인, 2005.

최장집, "과대성장국가의 형성과 정치균열의 전개", 『한국현대정치의 구조와 변화』, 까치, 1990.

_____, "노동조합에 대한 조합주의적 통제", 변형윤 외, 『분단시대와 한국 사회』, 까치, 1985.

최장집·이성형, "한국 국가론의 비평적 개관", 최장집, 『한국민주주의의 이론』, 한길사, 1993.

_____, "한국 사회의 정치 이데올로기", 한국산업사회연구회 편, 『한국 사회의 지배이데올로기』, 녹두, 1991.

_____, "한국정치균열의 구조와 전개", 『한국민주주의의 이론』, 한길사, 1993.

하영선, "냉전과 한국", 『한국전쟁의 새로운 접근: 전통주의와 수정주의를 넘어서』, 나남, 1999.

한국정치연구회, "제1장 한국국가 성격에 관한 이론적 고찰", 『한국정치론』, 백산서당, 1989.

한배호, "서론: 제1공화국의 정치체제", 『한국현대정치론 I: 제1공화국의 국가 형성, 정치과정, 정책』, 오름, 2000.

한상진, "관료적 권위주의하에서의 민주주의의 전망", 한국사회학회 편, 『한국 사회 어디로 가고 있나』, 현대사회연구소, 1983.

한용원, "남북한 군대창설 과정 비교", 이철순 편, 『남북한 정부 수립 과정 비교: 1945-1948』, 인간사랑, 2010.

가브리엘 콜코, 1983, "국제정치적 역학관계와 전후처리문제", 브루스 커밍스

등, 『분단전후의 현대사』, 일월서각.

조이스 콜코·가브리엘 콜코, "미국과 한국의 해방", 『한국 현대사의 재조명』, 돌베개, 1982.

_____, "미국의 세계전략과 한국전쟁", 김주환 편, 『미국의 세계전략과 한국전쟁』, 청사, 1989.

문헌 해제

박태균, "이승만 대통령 시기 공개문서를 통해 본 1950년대 대한민국 정부의 정책과 그 특징: 자료 해제: 1954년 1월 23일의 정부 제안 개헌안(AA0003857)", 대통령기록관(2010년 12월 2일), 2010.

정병준, "미 국립문서기록관리청 소장 RG 59(국무부 일반문서) 내 한국 관련문서", 국사편찬위원회 편, 『해외사료총서 2: 미국소재 한국사 자료 조사보고 제1권』, 국사편찬위원회, 2002.

_____, "미 국립문서기록관리청 소장 RG 84(국무부 재외 공관문서) 내 한국 관련문서", 국사편찬위원회 편, 『해외사료총서 2: 미국소재 한국사 자료 조사보고 제1권』, 국사편찬위원회, 2002.

■영어

Andrei Lankov, "Soviet Politburo Decisions and the Emergence of the North Korean State, 1946-1948," *Korea Observer*, Vol. 36, No. 3, Institute of Korean Studies, 2005.

Charles Tilly, "Reflections on the history of European State-Making," *The Formation of National States in Western Europe* (Princeton, N.J.: Princeton University Press, 1978).

George M. McCune, "Post-War Government and Politics of Korea", *The Journal of Politics*, Volume 9, No. 4 (Chicago: The University of Chicago Press Journals, 1947).

Hamza Alavi, "The State on Post-Colonial Societies: Parkistan and Bangladesh", *New Left Review*, Vol. 74 (Jul.-Aug. 1972).

Harold D. Lasswel, "The Garrison State," *The American Journal of Sociology*, Vol. 46, No. 4, 1941.

John S. Saul, "The State in Post-Colonial Societies: Tanzania," *The State and Revolution in Eastern Africa* (New York: Monthly Review Press, 1979).

Karl Marx, "The eighteenth Brumaire of Louis Bonaparte and Capital," Karl Marx and Friedrich Engels, *The Communist Manifesto* (New York: Appleton-Century-Crofts, 1955).

Louis Althusser, "Contradiction and Overdetermination," *For Marx* (New York: Penguin Press, 1969).

Michael Mann, "The Autonomous Power of the State: It's Origins, Mechanisms, and Results," *Archives européenes de sociologie*, Vol. 25, 1984.

Theda Skocpol, "Bringing the State Back in: Strategies of Analysis in Current Research," Evans, Peter and Skocpol, Theda (eds.), *Bringing the State Back In* (Cambridge: Cambridge University Press, 1985).

찾아보기

지은이 이택선

서울대학교 정치외교학부 대학원에서 해방 전후의 한국 정치사와 동아시아 국제관계사 연구로 박사학위를 받았다. 조지타운대학교 외교학대학원 아시아연구소 방문연구원을 거쳐 서울대학교를 비롯한 여러 대학교에서 강의했다. 현재 충남대학교 사회과학연구소 교수 연구원과 서울대학교 국제문제연구소 객원 연구원으로 재직 중이며 윤보선민주주의연구원 연구위원, 한국동양정치사상사학회와 한국정치외교사학회 연구이사로 활동하고 있다.

주요 연구 분야는 문명 전환기 권력의 이동에 따른 한국의 국가 건설과 외교이며, 한국과 동아시아 역사의 보편성을 중시하면서도 한국의 특수성을 고려한 역사적 설명과 독자적 이론 개발에 힘쓰고 있다.

주요 저서로 『동아시아 문화협력체 추진방안 연구』(공저, 2020), 『한국 근대 공화주의자 6인의 리더십』(공저, 2019), 『북한과 국제정치』(공저, 2018), 『한국의 민주주의와 한미관계』(공저, 2014), 『지식과 국제정치』(공저, 2008) 등이 있다.

취약국가 대한민국의 탄생

발행일	2020년 11월 30일 (초판 1쇄)
지은이	이택선
펴낸이	이지열
펴낸곳	미지북스
	서울시 마포구 성암로 15길 46(상암동 2-120번지) 201호
	우편번호 03930
	전화 070-7533-1848 팩스 02-713-1848
	mizibooks@naver.com
	출판 등록 2008년 2월 13일 제313-2008-000029호
편집	오영나, 이지열
출력	상지출력센터
인쇄	한영문화사
ISBN	979-11-90498-07-4 93910
값	18,000원

블로그 http://mizibooks.tistory.com
트위터 http://twitter.com/mizibooks
페이스북 http://facebook.com/pub.mizibooks